Gaodeng Zhiye Xuexiao
Gonggongke Xilie Jiaocai

应用文
写作技能与规范

■ 高等职业学校 公共课 系列教材

YINGYONGWEN
XIEZUO JINENG YU GUIFAN

主 编◎师 思 杨忠祥 冉 政

副主编◎彭馨莹 王 宇

参 编◎温云兰 冯 洁 向秀清 刘 丹

重庆大学出版社

内容提要

　　本书是将传统纸质教材与数字化教学资源融为一体的新形态教材,重点讲解应用文的基本知识,事务文书、日常文书、党政机关公文和科技文书中常用文种的结构、特点、写作技能与行文规范等。本书旨在提升学生应用文写作能力的同时,培养学生的写作素养、大局意识、规范意识和思辨意识。

　　本书可作为通识教育类应用文写作课程的教材,也可作为普通读者自学和训练的参考书。

图书在版编目(CIP)数据

应用文写作技能与规范 / 师思,杨忠祥,冉政主编
. --重庆:重庆大学出版社,2023.2
高等职业学校公共课系列教材
ISBN 978-7-5689-3445-9

Ⅰ. ①应… Ⅱ. ①师… ②杨… ③冉… Ⅲ. ①汉语—
应用文—写作—高等职业教育—教材 Ⅳ. ①H152.3

中国版本图书馆 CIP 数据核字(2022)第 120779 号

应用文写作技能与规范

主　编　师　思　杨忠祥　冉　政
副主编　彭馨莹　王　宇
责任编辑:顾丽萍　版式设计:顾丽萍
责任校对:邹　忌　责任印制:张　策

＊

重庆大学出版社出版发行
出版人:饶帮华
社址:重庆市沙坪坝区大学城西路 21 号
邮编:401331
电话:(023)88617190　88617185(中小学)
传真:(023)88617186　88617166
网址:http://www.cqup.com.cn
邮箱:fxk@cqup.com.cn(营销中心)
全国新华书店经销
重庆紫石东南印务有限公司印刷

＊

开本:787mm×1092mm　1/16　印张:15.75　字数:386 千
2023 年 2 月第 1 版　2023 年 2 月第 1 次印刷
印数:1—3 000
ISBN 978-7-5689-3445-9　定价:47.00 元

前 言

Preface

作家、教育家叶圣陶先生曾说："大学毕业生不一定要能写小说、诗歌，但一定要能写工作、生活中的实用文章，而且非写得既通顺又扎实不可。"叶圣陶先生此处所提到的"写工作、生活中的实用文章"指的就是应用文。应用文集中体现语文"工具性"和"人文性"相统一的特点。我国当代应用文写作，更是集中体现了为人类文明发展服务的品格。此外，应用文还注重实用性，香港大学中文系的陈耀南教授就提出，应用文就是"应"付生活、"用"于实物的文章，是用来办事、解决实际问题的。因此，随着社会对职业人才应用写作能力的需求越来越迫切，作为公共基础课的应用写作课程，日益受到高等院校的重视。许多院校都开设了这门课程，以提升学生的社会适应能力。本书以适应时代需求、突出实用为原则进行编写，对促进学习者写作水平的提高有很强的指导及示范作用。

本书在编写过程中，始终贯彻"贴近学生、贴近职业、贴近社会"的原则，突出应用文写作的实用性和技能性，在内容和形式上精心策划、精良编排，意在给读者提供良好的学习体验。本书的内容具有以下几个特点。

一、精选实用文种，拓展电子资源。应用文种类繁多，为便于读者学习，同时兼顾教学课时安排，本书基于大学生校园生活和初入职场的需求，精选事务文书、日常文书、党政机关公文和科技文书中常用的文种进行理论讲解、案例分析。同时，为满足不同专业及学校的需求，本书提供了丰富的电子资源，将未涉及的文种及案例资料呈献给读者。

二、创设写作攻略，提升写作技能。本书先讲解不同文种的基础知识，再辅以案例分析巩固写作要点，并尝试将应用文写作的理论知识与写作技能相结合，具体体现在"任务驱动"中。任务驱动旨在与读者交流不同文种的写作技巧与行文规范，帮助读者快速掌握写作要领，实现由知识到能力的飞跃。

三、评析范文案例，直观呈现批注。本书在对精选范例进行点评的同时，也注重对病文或者普通案例的评析。范例固然可以引导读者学习、模仿，但读者往往会觉得范例高不可及。本书对部分范例进行简析，帮助读者领会优秀的作品好在哪儿；重点对案例的标题、文章结构、遣词造句、格式规范等方面进行批注式剖析，帮助读者直观了解病文的缺点和错误。

本书由师思、杨忠祥、冉政担任主编，并由师思筹划、组织及统稿；由彭馨莹、王宇担任副主编。具体编写分工为：师思编写第二章任务三、第二章任务七、第三章、第四章任务一、第五章和附录;杨忠祥编写第一章、第四章任务二、第四章任务三和第四章任务十一;冉政编写第二章任务四、第二章任务五和第四章任务六、第四章任务七;彭馨莹、温云兰编写第二章任务六;冯洁编写第二章任务一、第二章任务二和第四章任务四;向秀清编写第四章任务九和第四章任务十;王宇编写第四章任务五;彭馨莹、刘丹编写第四章任务八。

本书在编写过程中,参考了大量的文献资料,引用了一些党政机关、学校官方网站发布的写作材料,在此向在本书中直接引用和参考的已注明与未注明的教材、专著、文章、案例的作者致以诚挚的谢意。

编　者

2022 年 2 月

Contents ▬▬ ■目录■

第一章　应用文写作概述 ·· (001)

任务一　应用文概说 ·· (001)

任务二　应用文的主旨和材料 ·· (008)

任务三　应用文的结构和语言 ·· (012)

第二章　事务文书 ··· (019)

任务一　计划类文书 ·· (019)

任务二　总结类文书 ·· (027)

任务三　策划类文书 ·· (037)

任务四　调查报告 ··· (044)

任务五　新闻 ··· (051)

任务六　简报 ··· (057)

任务七　规章制度类文书 ··· (064)

第三章　日常文书 ··· (077)

任务一　书信类文书 ·· (077)

任务二　求职类文书 ·· (088)

任务三　演说类文书 ·· (096)

第四章　党政机关公文 ·· (101)

任务一　党政机关公文概述 ·· (101)

任务二　通知 ··· (109)

任务三　通报 ··· (120)

任务四　通告 ··· (128)

任务五　报告 ··· (134)

任务六　请示 ………………………………………………………（142）

任务七　批复 ………………………………………………………（148）

任务八　意见 ………………………………………………………（153）

任务九　纪要 ………………………………………………………（161）

任务十　函 …………………………………………………………（169）

任务十一　公文信息化处理 ………………………………………（176）

第五章　科技文书 …………………………………………………（186）

任务一　毕业论文 …………………………………………………（186）

任务二　实习报告 …………………………………………………（192）

附　录 ………………………………………………………………（196）

附录一　党政机关公文处理工作条例 ……………………………（196）

附录二　党政机关公文格式（GB/T 9704—2012）………………（202）

附录三　学位论文编写规则（GB/T 7713.1—2006）……………（220）

附录四　习题答案 …………………………………………………（244）

参考文献 ……………………………………………………………（245）

第一章　应用文写作概述

　　人类自从有了文字就开始了写作活动。人类最早的写作就是为了解决各种实际需要而开始的。就写作的目的而言可以分成两大类，一类是文学写作，一类是应用写作。文学写作主要用于抒发作者主观情感，反映社会现实，是为人们欣赏而进行艺术创作，如诗歌、小说、戏剧、散文等；应用写作是为了公务和个人事务而写的，用于解决实际问题。人们通常把应用型文章的写作称作应用写作。

任务一　应用文概说

任务驱动

　　理解应用文的概念、特点和分类。
　　了解应用文的作用，掌握应用文的写作要求。

知识导引

一、应用文的概念

（一）应用文的概念

　　应用文是各类党政机关、企事业单位、社会团体和个人在日常学习、工作和生活等社会活动中，用以处理各种公私事务、传递交流信息、解决实际问题所使用的具有实用价值、格式规范、语言简约的多种文体的统称。

　　应用文与我们的日常生活和工作有着密切的关系。政府要实行依法治国、有效管理，就要有各种法规文件等诸多公务文书；企事业单位要正常运转，也要有许多的计划、总结等事务文书；个人之间要进行商务往来、交流信息、沟通感情等，也都需要函件往来等。至于个人自身的发展，更离不开应用文，如写求职信、毕业论文和学术论文等。随着社会经济的发展、公共关系的活跃、日常交流信息的增加，应用文的使用将越来越多，越来越广泛。

(二)应用文写作与文学写作的区别

从功用性角度来看,应用文写作具有直接的功用性,它主要用来办理事务,解决工作和生活中的实际问题;文学写作不以直接办理事务为目的,而以塑造艺术形象、反映社会生活、提供审美享受为宗旨。

从真实性角度来看,应用文写作完全排斥虚构和杜撰,要求所依据的材料真实、准确,内容实事求是;文学写作要求的是艺术的真实,即文学作品中的人物和事件能反映社会生活的某些本质或发展趋向,因而不要求写真人真事,可以大胆进行艺术虚构。

从语言表达角度来看,应用文的表述要求准确,不能产生歧义,要简明精练,具有平实的特点,对比喻、比拟、借代、夸张、衬托等修辞方式的使用有一定的限制;文学写作则多用此类修辞方式,以达到特定的艺术效果。

从思维与结构角度来看,应用文写作更侧重逻辑思维,而文学写作侧重于形象思维。一般的应用文多数有惯用的格式,且具有一定的稳定性,而文学写作,除了旧体诗词,一般没有惯用的格式。

二、应用文的特点

(一)实用性

应用文的实用性体现在多个方面。在内容上,应用文有很强的目的性和针对性,要能反映社会生活实际,切实解决公私事务;在形式上,应用文的结构、格式、语言等要为直接实用性服务,语言要浅切、易懂、规范,讲求准确无误、直观明了;在时效上,应用文要讲求内容的单一性和强烈的时效性,一切从提高工作效率出发,要迅速及时,以免延误时机,影响工作,造成损失。

(二)真实性

应用写作以"应"对生活,"用"于事务为目的,它必须以事实为依据,不允许虚构、虚拟、合理想象、移花接木、张冠李戴。应用文材料的真实,是一种完全的真实。要做到完全的真实,至少要做到"三真":一是选用的材料本身必须是真实的,是符合客观实际和社会生活现实的;二是写作时动用材料的方式是得当的,反映给阅读者即受众的材料必须是真实可靠、准确无误的;三是材料的选用与事实核心或实质是一致的,即材料的取舍与应用文主旨之间的关系是紧密的,材料必须充分地支撑观点。

(三)规范性

应用文体都有相对固定的写作格式,这是应用文的基本写作要求和最显著的特点,是应用文必不可少的组成部分。

首先,不同的文种具有不同的写作格式,这种要求不仅有利于区分不同的文种,便于应用文的分类和管理,还可以提高工作效率;其次,规范格式本身就带有一定的权威性和严肃性,比如中共中央办公厅和国务院办公厅对国家党政机关法定公文规定了非常细致严格的格式,包括公文用纸、版面形式等;再次,相对固定的规范格式有利于应用文的作者根据文章的用途迅速理清自己的思路,确定主题,选择材料,写出符合要求的文书,同时也有利于读者迅速抓住文章的主要精神,理解领会作者的写作意图,以便贯彻执行,落实工作。

(四)特定性

文学作品的对象模糊不清,作家在写作时确立的读者对象是泛泛的,并无特定的读者。而应用文则不同,它的对象是十分明确的,写给谁看的,行文者一清二楚。党政公文和一般的书信类自不必说,就是海报、启事也是以其特定的读者为写作对象的。就写作目的而言,应用文就某一个事件为主要内容,发文所希望达到什么样的结果也是明确的。

(五)时效性

应用文总是针对工作学习或生活中所出现的具体事情而写的,往往是问题已摆在眼前或即将发生,必须想办法处理或解决时才使用的。如开会要先写通知,请假要先写请假条,入党入团要先写申请书等。应用文的时效性表现为制文需及时,发文需迅速,否则会耽误工作。

三、应用文的种类

应用文的种类繁多,根据不同的工作性质、内容要求以及使用对象,将现代应用写作文体划分为三大类。

(一)公务文书

公务文书,又叫公务文件、文书材料或文件,简称公文,古代也称"官书"。它是指机关团体、企事业单位在处理公务活动中,形成和使用的各种内容完整、体式规范的文书。公务文书包括通用公文与常用公文。前者通行于各级各类组织、机关、单位之间,主要指党政机关公文,共有 15 种:决议、决定、命令(令)、公报、公告、通告、意见、通知、通报、报告、请示、批复、议案、函、纪要;后者则指机关事务文书,如计划、总结、调查报告、简报等。

(二)行业专用文书

行业专用文书指由具有专门行业职能的机关,根据特殊需要而使用的具有特定内容和格式的公文。常用的专用文书有:法律文书、经济文书、科技教育文书、新闻出版文书、礼仪文书、涉外文书等。

(三)日常应用文书

日常应用文书是指满足人们日常生活、工作、学习或业余精神生活需要,处理公、私事务经常使用的有习惯格式的一种文体,如申请书、倡议书、讲话稿等。日常应用文书实用性很强,用途很广,种类繁多,写法各异。

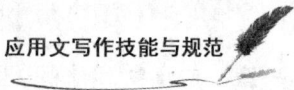

四、应用文的作用

（一）交流沟通信息

应用文在人与人之间、单位与单位之间起着交流沟通、上传下达的不可或缺的作用，为人与人之间、各级企事业单位及政府机关至各国之间的交流沟通合作提供了一个很好的平台。因而，应用文在社会生活中有着不可替代的地位。

（二）宣传贯彻政策

在我国，党和国家的大政方针、决策、措施等都是通过各种应用文（尤其是公文、红头文件）层层下达，广泛宣传，进而才能得到贯彻、落实和实施。这种情况即使是在电子政务已逐渐推广的今天，依然如此。因为虽然传播的媒介发生了变化，但应用文的拟写及其通过应用文来传达上级精神的目的依然没有改变。

（三）指导规范行为

用来制定政策、发布法规、指导工作的应用文，在特定的范围内对机关、组织以及个人都起着指导和规范的作用。

（四）记录传承历史

许多记录重要社会信息的应用文，在实现现实效能后，还具有史料价值，成为随时备查的历史档案资料，以供后人借鉴和研究。

五、应用文的写作要求

应用文是机关团体、单位或个人在日常工作、学习、生活中用以处理事务、沟通关系的具有一定的惯用格式的文体。它强调处理事务、沟通关系方面的直接的实用价值，因而在写作上有其特定的要求。应用文写作的基本要求，可以概括为明确、完备、合式、得体八个字。

（一）明确

明确是说行文的主旨要明确。写一篇应用文，不仅自己要明确行文的目的与中心，明确为什么要写这一篇应用文，主要反映什么内容，而且要让读者能迅速而准确地明了你行文的意图，了解你的观点、要求，了解你提出的主要问题，了解该文所涉及的事务与关系。不能让读者在读了你的来文后仍不明不白，无法了解问题的主次轻重，甚至对发文者的意图、观点产生误解。行文要实现主旨明确，首先要求作者对发文的目的、意图有清醒的认识；其次要求作者对行文的中心、内容的基本方面、问题的主次轻重做到心中有数；最后，要求作者在行文时做到"立主干，去枝蔓"，在确定主旨、中心以后，应紧紧围绕中心、主旨来选择有关的材料，组织有关的内容。

(二)完备

完备是说内容要素要齐全。所谓内容要素,指的是一篇应用文在处理事务、沟通关系上必不可少的内容因素。应用文写作总是直接地与具体的事务相联系,旨在解决工作、学习或生活中的某些具体问题,最讲究现实的效益。内容要素完备这一要求,正是由应用文实用性这一特点所决定的。看一篇应用文的内容要素是否齐全完备,关键就看其能否满足处理事务、沟通关系的实际需要。内容要素不完备,有时还会造成主旨不明,从而影响应用文的实用价值。不同的应用文体有其不同的内容要素。即使是同一文体的应用文,出于其处理的具体事务不同、写作目的不同等原因,其内容要素也会有所不同。因此我们写作应用文,一定要从实际出发,考虑该篇应用文有何非写不可、必不可少的内容,努力做到内容要素齐全完备。

(三)合式

合式是指符合所用应用文体的程式性要求。程式性是应用文的又一大特点,它主要表现为具有一定的惯用格式。这一点,法定的党政公文与电报表现得极为突出。拿公文来说,标题、发文字号、主送及抄送抄报机关名称、正文、附件标注、发文时间、秘密等级、缓急程度等项的写法及其书写位置等都有特定的要求,甚至连文字的书写排印、用纸的规格及装订等都有严格的规定。有些应用文虽未明确规定其书面格式、书写体例,但一般都有其较常用的结构形式。就一般的文章写作而言,格式大致包括以下三个方面的内容(或者说主要反映在三个方面):一是行款格式,主要指文字的书写排印的规定,标点符号的书写规定,标题、署名等位置的规定等;二是内容表达的书面形式,如分条列项式、篇段合一式、分部切块式、表格式等;三是正文的组织结构方式,包括行文顺序、开头结尾的安排等。

再具体到应用文的格式来说,还有一个重要的方面,即"结构要素"方面。所谓结构要素,指的是构成一种应用文体的各个部分和项目。它不同于内容要素。内容要素是就正文部分的内容来说的,而结构要素则是对于全文的结构来说的。相对于内容要素来说,结构要素具有一定的直观性与外部性。一篇应用文的内容要素是否完备,往往一眼看不出来,必须结合处理事务的现实需要,深入到文章的内部,通过对正文的内容做认真分析后才能了解。而一篇应用文的结构要素是否完备,则一般可以从文章的外部形式上把握,往往可以一目了然。

应用文的结构要素,可以分为一般结构要素与特殊结构要素两类。一般结构要素指的是一种应用文体中的所有篇章都必须具备的。例如,公文中的标题、发文字号、主送机关名称、正文、印章、发文时间等,这是每一篇公文都要具备的部分。至于特殊结构要素则不是一种应用文体中的所有篇章都必须具备的,而只是其中某些或某一篇章为了满足某种特殊的需要所特别具备的。仍以公文为例,除了上述那些一般结构要素外,秘密公文要标明秘密等级,紧急公文要标明缓急程度,有附件的公文要在正文之后注明附件名称与顺序,上报国务院的公文应注明签发人,会议通过的文件要在标题之下、正文之前注明会议名称与通过日期。秘密等级、缓急程度、附件标注、签发人姓名、会议名称与通过日期等,便是公文的特殊结构要素。应用文的结构要素,犹如一部机器的零部件,少了一个零部件往往会影响机器的组装与正常运转。一篇应用文的结构要素残缺不全,也会影响到结构的完整,影响到应用文正常的处理,会损害其现实效用。可以说,结构要素乃是应用文格式的主要方面。对应用文的一定的惯用格式,应着重从上述几个方面去了解把握,以便使自己写出的应用文达到"合式"的要求。

应用文的程式性也是由应用文的实用性所决定的。应用文作为信息的载体,其程式性掌握利用得好,有利于迅捷、准确地传递、接收与处理信息,有利于稳妥、及时地处理事务、沟通关系;否则容易影响接收者对信息的处理、储存,甚至贻误大事。因此,我们不能把应用文的程式性理解为纯属形式主义的东西,而无视应用文写作"合式"的要求。

(四)得体

所谓得体,就是得当、恰当。得体对于应用文来说显得十分重要,因其往往直接影响到应用文处理事务、沟通关系的现实效益。得体的要求是多方面的。就应用文写作而言,主要反映在三个方面:一是文体的选用方面。不同的应用文体有不同的功用,反映了不同的行文目的和要求,有的还反映了收发双方之间不同的身份关系。这就有一个使用文体是否得当的问题。例如,向非上下隶属关系的有关部门请求批准,就应用"函"而不能用"请示",否则便是"搞错对象",很不得体。又如,向上级汇报工作、反映情况、提出建议就应用报告而不是请示。又如,办学招生可用启事、广告,而不宜用通告。二是行文方面。这里主要指表达方式的运用与篇章结构的安排。前者指的是要根据文体的特点来正确运用表达方式。例如,会议通知具有告知性、规定性。就表达方式而言,主要是运用叙述、说明,而不用或少用抒情、描写。后者指的是篇章结构应适应文体的特点与要求。就拿开头来说,应用文旨在应用,要求"易见事",其开头一般应开门见山、开宗明义,而不宜搞"曲径通幽""烘云托月"之类。其他如层次、段落的安排、结尾的处理等方面,不同的应用文体都各有其习惯的做法。三是语言的运用方面。这是应用文写作"得体"的主要方面。我们说应用文写作要得体,主要也就是说其语言的运用要得体。

应用文语言要得体,应该注意以下几点。

1. 要符合作者在社会关系中的地位

叙事论理、遣词造句时要注意一定的身份,要能正确体现出收发双方之间一定的关系。《文心雕龙·书记》称"祢衡代书,亲疏得宜"。这"亲疏得宜"就是指正确体现了收发双方间一定的关系。如公文中的传送用语:"上报""呈报"用于上行,"印发""颁发"用于下行。这些专用语倘用错了便不符合作者在社会关系中的特定位置。《文心雕龙》所谓"若夫尊长差序,则肃以节文"不能仅仅视为维护封建等级观念,从处理事务求得实效而言,这还是有必要的。

2. 要注意特定的场合与氛围,要做到和谐协调

如贺喜时不说丧气话,严肃的场合不说俏皮话等。又如写请柬,用于商店开张、会议开幕的可以写"敬请光临指导",而用于结婚宴请的则不宜写"指导"之类字眼。

3. 要注意让对方乐于接受、易于接受

要分别对象,采用对方乐于接受、易于接受的言语。为了使对方乐于接受,有必要了解

对方的个性、习惯、情绪、忌讳等。如对比较幽默风趣的人说点俏皮话还可以,对一贯严肃、不苟言笑的人就不要耍噱头、说俏皮话。有的人很讲究忌讳,同这种人说话在这方面就应特别注意。一般人忌讳的话也要尽量少说。有一个储蓄所的营业员,把"要存定期还是存活期"说成"要死的还是要活的",结果把前来储蓄的一个老人气走了。这就是说话不得体的后果。同一个意思往往可以有不同的说法,其中有的说法人家乐于接受,有的说法则令人感到不堪入耳。这就要求我们在遣词造句以表情达意时要十分慎重,要尽量做到让对方乐于接受(在这方面可以说只有一个例外,那就是你是有意要激怒对方)。此外,还要注意适合对方的文化程度、专业水平等,使对方易于理解、易于接受。例如对文化程度不高的人,就尽量多用平易通俗的词语,而不要使用古奥的词语;对不熟悉某一专业的人,就不宜过多地使用该门类的专业术语,否则,"对牛弹琴",于己于人都毫无益处。

4. 语言色彩要符合特定的行文目的及内容性质的要求

如颁布政令的要庄重严肃,通报错误的要说理严正、义正词严,申请要求的要平和委婉,报喜祝捷的要热烈欢快,等等。《文心雕龙·诏策》里说:"故授官选贤,则义炳重离之辉;优文封策,则气含风雨之润;敕戒恒诰,则笔吐星汉之华;治戎燮伐,则声有洊雷之威;眚灾肆赦,则文有春露之滋;明罚敕法,则辞有秋霜之烈:此诏策之大略也。"这说的便是语言色彩与行文目的、内容性质的要求相符合的问题。

5. 要符合应用文体的语体要求,体现所用语体的个性

应用文主要使用事务语体,而事务语体最大的特点是平实,即通俗易懂、质朴实在。这就要求我们在写作中坚持"辞达而已矣"的古训,要坚决反对堆砌辞藻、生造词语、半文不白、古奥难懂、追求含蓄而流于晦涩、肆意夸大其词、说空话废话等现象。平实,是对应用文语言的总的要求。在这个总的要求下,不同的应用文体对语言的运用还有其具体的要求。如公文,其语言除了平实这一点以外,还要求简明、庄重。因此在写作应用文时,语言的运用要注意符合不同文体的要求,也就是要体现出所用语体的个性。写作应用文,说什么、不说什么、怎样说、何时说等,都要认真考虑。语言得体将有利于处理事务、沟通关系,达到预期的效果。而是否有利于处理事务、沟通关系,达到预期的效果,也是衡量语言运用是否得体的一把尺子。

以上着重从四个方面提出应用文写作的基本要求——主旨要明确、内容要素要完备、行文要合式、语言要得体,可以说这基本上符合应用文实用性、程式性这两大特点的客观要求。

知识拓展

谈谈写作能力与认识能力

实战训练

一、判断题

1. 实用性是应用文区别于其他文种的标志,是应用文最重要的特点。　　　　(　　)

2. 应用文写作只在一定的时间内产生直接效用,写作目的实现以后,其直接效用就随之消失。　　　　　　　　　　　　　　　　　　　　　　　　　　　　(　　)

二、简答题

1. 什么是应用写作?

2. 应用文的写作要求是什么?

任务二　应用文的主旨和材料

任务驱动

掌握应用文的主旨和材料方面的要求,为应用文的写作打好基础。

知识导引

一、应用文的主旨

(一)应用文主旨的概念

"主"是基本、中心,"旨"是主张、宗旨。应用文的主旨,就是一篇应用文在提出问题、分析问题、解决问题的过程中所表达出来的基本内容与中心观点,是作者具体的行文目的的体现。

(二)应用文主旨的特点

1. 意在笔先

应用文写作与文学创作不同,因为它讲求实用,是为用而写,为布置工作、传达精神、加强沟通、解决问题而写,所以往往是先确立主旨,再根据这个主旨来遴选材料,选取使用材料的角度,并在行文过程中围绕主旨,详细展开说明。

2. 主旨鲜明

应用文应旗帜鲜明地表达作者的主张与态度。鲜明意味着缘由明确、观点明确、意义明确、措施明确、要求明确。应用文的目的就是让人们知道某件事情,落实某种精神,故必须直截了当、确定无疑地告诉受众自己的观点和主张,让受众一看就明白,因而不允许主题表现隐蔽含蓄、含糊不清、模棱两可。如果一份公文的主题含蓄，经办者按自己的需要理解并执行了公务，往往就会误事、坏事。

3. 意蕴单纯

应用文的主旨要求单一、集中，讲究就事论事。比如请示要一事一文，年终总结必须集中于这一年的工作来写，当然，工作的内容可以分为几个方面，但这几个方面都必须围绕这一年的情况来展开。

4. 求实重用

实用性是应用文主旨的最本质特征。无论哪一种应用文，都有极为明确、直接、现实的目的：或宣传某种思想，或介绍情况，或传播信息，或介绍经验，或立字为据，其产生、确立、提炼的过程十分特殊。首先，受到领导、决策部门、约稿单位的制约，写作的文章要符合他们的要求；其次，受到政府现行方针、政策和国家的有关法律、法规的制约；最后，还受到具体情况、群众意愿以及行文规则的制约。其写作大多不是作者有感而发，而是客观需要，是被动的写作行为。

（三）应用文主旨的要求

1. 正确

这是对主旨的最基本要求。主旨正确，即必须符合党和国家的路线、方针、政策和法规，能反映客观实际，揭示事物的本质和发展规律。

2. 集中

所谓集中，就是文章不能有多个主旨。应用文写作要做到"立意要纯"，因为"意多乱文"。如果在一篇文章中，既要表达这个意思，又想表达那个意思，势必如蜻蜓点水，什么都想说又什么也说不清楚，什么也说不透彻。因此，对于应用文来说，要坚持"四个一"，即一稿一事、一事一议、一个主旨、一个中心，尽量把口子开得小一点。

3. 深刻

主旨是不是深刻，往往与作者对生活认识的程度有关，也与作者思考问题、眼界胸襟及透过现象看本质的能力有关。

4. 新颖

文章的主旨不但要深刻，而且要别开生面，使人耳目一新，这就要求作者富有独创性。对同一件事或同一个问题，我们如果从不同的角度和不同的方面去观察思考，必能看出和悟出新意。当然，我们在追求新意的时候，绝不能离开客观事物固有的本质，执意标新立异，以致牵强附会，那样反而会弄巧成拙。

（四）表现主旨的方法

1. 标题揭旨

用文章的标题直接概括出主旨，使读者一目了然。如《重庆市语言文字工作委员会 重庆市教育委员会关于开展中华诵·重庆市第五届经典诵读比赛暨中华经典诵写讲进校园活动的通知》《宽容是一种超然的人生境界》《关于对计生协会征求意见建议的报告》。

2. 开篇明旨

在开头点明主旨,即开门见山、开宗明义。如人力资源和社会保障部于 2018 年 3 月 2 日发布的《关于做好 2018 年全国高校毕业生就业创业工作的通知》开头写道:

"2018 届全国高校毕业生人数达到 820 万人,促进就业任务十分繁重。各地要以习近平新时代中国特色社会主义思想为指导,全面贯彻落实党的十九大精神,坚持把高校毕业生就业摆在就业工作首位,以实施就业创业促进计划为抓手,突出创业引领、基层成长两大方向,强化政策落实、服务保障、权益维护,千方百计拓展多元化就业渠道,确保高校毕业生就业水平总体稳定、就业局势基本平稳。"

这一段话开宗明义,指出 2018 届全国高校毕业生就业工作的意义,并提出工作要求,开头即点明了主旨。

3. 篇末显旨

在文末点明主旨。如《关于留守儿童情况的暑期社会实践调查报告》的结尾:

"农村留守儿童问题是社会发展所产生的必然现象,是我国城镇化、劳动力转移过程中出现的社会现象,解决留守儿童问题迫在眉睫。他们很难得到父母的关爱和帮助,得不到父母的言传身教,在他们的意识里,父母亲只存在于他们的印象中,是一个长期漂泊的身影,是可视而弗成及的希望。他们幼小的心灵是孤独的,他们的成长是寂寞的,他们的价值观是模糊的,人生观是惨淡的。他们希望社会关注他们,重视他们,他们需要我们对他们的学习、生活、心理上的扶持,他们需要的是社会对他们的认同,在社会上能被更好地对待。"

这一段话点明了这篇调查报告的目的,并提出了希望和号召。

二、应用文的材料

(一)应用文材料的概念

所谓材料,是指作者为了某一写作目的,从生活中搜集并写入文章用以说明主题的系列事实或论据,它是文章的血肉,支撑着主题的表现。

(二)材料的类型

从不同的角度来看,材料可以分为不同的类型。

(1)从材料的来源来看,可以分为直接性材料和间接性材料。直接性材料是指作者通过观察、实验、实地调查等途径获得的材料;间接性材料是指通过阅读文件、书籍、报刊以及听取别人谈话获得的各种材料。

(2)从详略的程度来看,可以分为具体性材料和概括性材料。具体性材料比较具体、详尽,注重反映细节和局部;概括性材料简略、概括,重在勾勒轮廓。

(3)从时间角度来看,可以分为历史性材料和现实性材料。这两种材料是相对而言的,今日的历史材料曾是昔日的现实材料,今日的现实材料将来又会变成历史材料。

(4)从材料的性质来看,可以分为正面材料和反面材料。正面材料具有先进的、积极的、经验性的、可褒奖的特点;反面材料具有落后的、消极的、需吸取教训的、可贬斥的特性。

（5）从材料在文中的地位及重要程度来看,可以分为主体材料和辅助材料。主体材料在文中占主导地位,其作用是不可或缺的;辅助材料处于一种从属地位,是捧月的"众星",是扶持红花的"绿叶"。

（6）从形态特点上来看,可以分为事实材料和理论材料。事实材料又称实证材料,是文章中最具说服力的部分,是应用文的基本材料,包括经验材料、实验材料、调查材料等;理论材料则表现为引经据典,凡各类权威、专家的言论,典籍之中的话语都可以看成是理论材料。

（三）应用文材料的选择

1. 选择真实的材料

所谓真实,就是指要符合客观实际的情况,也要反映事物的本质和主流,文章的真实来自材料的真实,因此我们必须选择真实的材料。

2. 选择最具代表性的材料

所谓最具代表性的材料,就是能够深刻地揭示事物本质,具有普遍意义和强大说服力的材料。这种材料,用到文章之中有助于深化主旨,使文章精辟有力,能够以一当十,增强文章表达效果。最具代表性的材料,它是具体的,个别的,富有鲜明独特的个性,同时又最能体现同一类事物的本质特征,它是个性与共性的统一,具体性与普遍性的统一。

3. 选择较为新鲜的材料

所谓新鲜的材料,就是新鲜、活泼、生动、有新意、具有时代精神和特征的材料。具体说,首先,是指新发现的、新产生的、别人尚未写过的材料;其次,是指有新的认识与感受的材料;再次,要求作者写出事物新的发展;最后,从新的角度发掘已有材料。

（四）应用文材料的占有

1. 应占有历史与现实的材料

历史材料与现实材料是从材料本身存在的时间背景来划分的材料类型。距离写作的时间较远的通常称为历史材料,距离写作时间较近的通常称为现实材料。

2. 应占有正反两方面的材料

这是从材料的性质及其作用来划分的。能够支持作者观点的、见解正确的材料叫正面材料;作者对其有所质疑的、排斥的、见解有错误的材料叫反面材料。

3. 应占有点上和面上的材料

这是从材料的范围与宽窄度来说的。所谓点上的材料,一般是指范围较小的带有局部性的材料,往往是指材料中的具体、个别情况。"面"上的材料,一般是指范围较大的、能够反映全局性情况的材料,往往是指某项工作或某一事件的全面情况。

4. 应占有直接和间接的材料

直接材料,也有人叫第一手材料,是作者在日常生活、工作、学习及社会实践中直接获取的材料。间接材料,也有人叫转手材料,是作者通过报刊、书籍、文献、广播等信息载体中间接获取的材料。

知识拓展

公文写作中切忌把材料搞成"肥料",你中招了吗?

实战训练

一、判断题

1.应用写作要求材料真实,但根据需要也可以进行艺术加工。　　　　　(　　)

2.直接材料,也有人叫第一手材料,是作者在日常生活、工作、学习及社会实践中直接获取的材料。　　　　　(　　)

二、简答题

应用写作的材料有哪些? 根据以往写作经验,试列举具体实例加以说明。

任务三　应用文的结构和语言

任务驱动

掌握应用文的结构和语言方面的要求,为应用文的写作打好基础。

知识导引

一、应用文的结构

(一)应用文结构的概念

结构是指文章内部的组织和构造,是作者按照主题的需要,对材料进行的有机组合和编排,又称谋篇布局。我们往往把主题称为文章的灵魂,把材料称为文章的血肉,那么结构就是文章的骨架,三者的有机结合,才能使文章骨肉丰满,充满生命力。

文章的结构具有两重含义:一是宏观结构,即文章的总体构思、大体框架;二是微观结构,即对文章的层次、段落、开头、结尾、过渡、照应和主次的具体设计。

（二）应用文结构的安排原则

1. 要服从表现主题的需要

主题是作者的写作目的、意图的体现，结构必须服从主题的需要，为表现主题、突出主题服务。例如怎样安排开头与结尾、怎样划分层次与段落、怎样设置过渡与照应、怎样确定主次与详略等，都要围绕主题进行。这样，才能使文章组成一个严谨周密、内容形式统一的有机整体。

2. 完整匀称

完整匀称指应用文各部分要配置齐全，比例协调，详略得当，完整合理，重点突出，符合格式要求。如应用文一般都有开头、主体和结尾三部分，三部分比例要协调，主体要内容充实，不能虎头蛇尾或尾大不掉；对并列内容的处理，要注意处理好详写和略写的关系，以保证结构的完整和匀称，使之浑然一体。

3. 清晰醒目

因为大多数应用文不要求行文曲折波澜，而要求纲举目张、清晰醒目，以便读者把握要领或贯彻执行，所以常采用加小标题、写段首撮要、条目式等形式。这在一些法规性文体中最为明显。

4. 要适应不同文体的要求

文种不同，结构的样式和要求也会不同。应用文不同于文学作品，不同类型的应用文体结构方式也存在着区别。

（三）应用文结构的基本内容及写法

1. 标题

应用文的标题大致有两种：一种是公文式标题，即由发文机关名称、主要事由、公务种类构成，或采用其省略形式，如《国务院关于第三批取消和调整行政审批项目的决定》《中华人民共和国公安部通告》等；另一种是文章式标题，即在标题中概括文章的中心内容或揭示文章的主题，如《小商品也要高质量》《积极财政政策仍将持续至少两到三年的时间》。

2. 开头与结尾

开头是全篇文章的第一步，可以起到统领全篇、展开全文的作用。结尾是全文的收束和结局，能帮助读者加深认识，把握全篇，达到预期的写作目的。

常见的开头方式有以下几种。

（1）目的式。就是在开头以简明的语言将写作的目的和意义直接说明。一些公文常用这种方式，常用介词"为""为了"领起。

（2）根据式。就是开头阐明撰文的根据，或引据政策法令和规定指示，或引述全文，或引据事实和道理，常用"根据""按照""遵照"等领起下文。

（3）原因式。就是以交待行文的缘由作为开头，常用"由于""因""鉴于"等引出原因或简述某种情况作为原因，再引出写作目的。

（4）概述式。就是在开头部分对文章内容的背景、基本情况、主要内容加以概述。采用这一方式,能起到提纲挈领的作用。报告、会议纪要、调查报告等文中也常用此开头方式。

(5)提问式。就是开篇提出问题,然后引起下文,这种开头方式能引起读者的注意和思考。这种开头方式常用于调查报告、学术论文的写作。

(6)引述式。常用于有具体规定格式的文体中,如"合同",或引述下级来文、上级指示精神,或有关政策法规,以此作为撰文的依据。如批复、函等常用这种方式。

常见的结尾方式有以下几种。

(1)自然收尾式。就是在主体部分写完之后,事尽言止,自然收结。

(2)总结归纳式。在主体写完后,对全文的主旨进行简要的概括,总结全文。

(3)强调说明式。在应用文的结尾处,对全文的主旨意义、重要性进行强调,以引起读者的注意。

(4)希望号召式。在结尾部分提出希望,发出号召,展望未来,以鼓舞斗志。

(5)专门结尾用语式。在结尾处,采用特定的用语结束全文。

3.层次与段落

层次是文章中作者表达主题的阶段和次序,是文章内容展开的次序。层次体现了事物发展的阶段,是问题的各个侧面和作者思维的过程,又称为"意义段""逻辑段""章""节"等。段落,又称"自然段",是组成文章、表达思想最基本、相对独立的最小单位。

段落的形式是层次的再分割,是文章意思的间歇或转换,以换行为标志。两者有明显的区别,层次侧重于内容的划分,段落侧重于文字形式的表现。有时一个段落恰好是一个层次,有时几个段落表现一个层次或一个段落内有几个层次。安排层次有两种模式。

(1)纵式结构,即思路纵向展开的结构方式。具体有两种类型:时间顺序式和逻辑顺序式。

前者是按照事物的生产流程、事情或事件的发展过程或时间的先后顺序安排层次。需要注意的是,采用这种结构方式,不能事无巨细地记流水账,要抓住事物发展的关键环节。

逻辑顺序关系是按照事理内在的逻辑顺序安排层次。这种逻辑关系表现为:现象——本质,原因——结果,宏观——微观,个别——一般等。按照这样的关系先后为序、环环相扣、层层递进地安排结构,就是逻辑顺序。

调查报告、会议纪要及诉讼状中对案件事实的陈述等常用纵式结构。

(2)横式结构,即思维横向发展的结构方式。表现在形式上,它是把整体划分为若干相对的层次,各层次之间互不交织、平等并列,从不同方面和角度共同揭示了事物的整体面貌和主旨,或按照空间方位的变换,或按照材料的不同性质和类型,或按照问题的不同侧面等。这种结构形式,在应用文写作中运用得很广泛,述职报告、总结等均可采用。

4.过渡与照应

过渡是指层次与段落之间的衔接与转换,在文章中起着承上启下、穿针引线的作用。照应是指文章内容的前后呼应和关照,可以使文章结构周密严谨、浑然一体,还能使某些关键内容得到强调,突出主题。

一般情况下,当内容由总到分或由分到总时、意思转换时以及表达方式变化时,需要安排过渡。过渡的形式有段落、句子或词语。如上下文空隙大,转折也很大,常用过渡段联结。

上下文空隙小,多用提示性的句子,如公文中,常有"特此如下通告""现将有关事项告知如下""为此,特制定本条例"等做过渡。在意思转折不大的情况下,多用关联词,如"因为""所以""但是"等作为过渡词。

在应用文中,常用的照应方法有以下几种。

(1)首尾照应,即在文章的结尾处,把开头交代的事或提出的问题再次提起,有的进一步加以概括、归纳、补充,如论文、总结、调查报告等。

(2)文题照应,即指在行文中时时照应标题,对主题加以强调、提示。如大多数公文标题中都包含着"事由",文章内容自然要与标题相照应。

(3)文中照应,即文章自身前后内容间的照应,如某些细节和问题在行文中不断被提起,这样能强化印象,更好地实现作者的表达意图。

总之,应用写作结构要求根据主旨及文种的需要,正确反映客观事物发展规律,做到严谨自然、完整统一。

二、应用文的语言

(一)应用文语言的特点

应用文作为一种实用性文体,语言上与其他文体相比较,主要表现出朴实、沿习、多元、明确、简练、生动等特征。

1. 朴实

应用文是一种处理公私事务的工具,是用来说明事实、解决实际问题的,侧重于"以事告人"。所以语言要求朴实无华、开门见山。例如在述职报告中就写"该干什么、干了什么、干得怎么样",直陈直述,不展开论述,不夸张,不掩饰,更不能虚构。大多数的应用文中不宜用比喻、比拟、借代、夸张等修辞手法。

朴实特征还表现在多用庄重典雅的书面语,少用或不用口语词、方言词、土俗俚语、歇后语。

2. 沿习

一般说"文无定法",但写作应用文应当遵循"惯例",应当符合相对稳定的格式、表述规定的内容、使用习惯的语言。标题、开头、结尾、转折过渡采用习惯的用语。例如,公文中"请示"的正文为"请示起因""请示事项"和"请示结尾"三段,而且把"请示起因"确定为行文重点;公文标题语95%以上运用"关于……"介宾短语;报告的结尾多用"特此报告";复函的引语常用"……来函收悉"等。不同的行文者沿习约定俗成的格式、内容和用语,有助于提高行文速度,也有利于受文者的阅读理解,提高办事效率。

3. 多元

一般文章多用文字表述,应用文除了用文字表述外,还可以用数据、表格、图形来说明事理,可谓"语出多门"。特别是财经类应用文则大量采用数据、表格、统计图形。

4. 明确

文学创作讲"文贵曲",而应用文有很强的政策性、实用性,要求语言明确,使人一看就懂,一懂就可执行、答复或办理,不能模棱两可,不能有再创造的余地。明确特征要求,不用或少用比喻,不用或少用具有描写性和感情色彩的词语。

各行各业的应用文中要用到许多专业术语,作者应顾及受文对象,如果面对社会公众行文必须用明白通晓、读者能够看懂的语言诠释专业名词。

5. 简练

"简"本来是战国至魏、晋时代的书写材料,是削制成的狭长竹片或木片。由于这种书写材料制作困难,就要求作者必须言简意赅,尽量争取以较少的文字,融入较多的意思。"练"是指把丝麻或布帛煮得柔软洁白,这里是要求文字写得明白。

应用文写得简练是高速传递信息的需要,是节省时间、提高办事效率的需要,也是朴实、明确特征在"文字量"上的体现。列宁曾经提出过:"写报告、文件要像电报那样写得简短。"应用文写作中要反复锤炼语言,像鲁迅先生提出的那样,毫不可惜地删去那些可有可无的字、词、句、段。为达到语言简练可多使用单音节词,酌情使用一些文言词语,合理使用简称。

6. 生动

语气庄重、言简意明、直来直去、明白显露是应用文用语的基本要求。但在调查报告、总结等应用文种里,也可以用生动活泼的语言表达事理,吸引读者,感染读者。诚然,上述应用文文种不会像文学作品那样借用种种写作手法来塑造形象,只可以有限使用比喻、借代、夸张等修辞技巧,穿插使用成语、俗语、歇后语等增强文章的吸引力、感染力、新鲜感。

(二)应用文的专用语言

应用文书具有独特的专用语言,常见的有以下8类。

1. 开头用语

开头用语用于说明发文缘由,包括意义、根据,或介绍背景材料及情况等。如为、为了,根据、按照、遵照、依照,鉴于、关于、由于,目前、当前,兹(指现在)、兹有、兹将、兹介绍、兹派、兹聘。

2. 承启用语

承启用语是用于连接开头与主体文部分,起承上启下作用的惯用语。如根据……决定,根据……特通告如下,依据……公告如下;为了……现决定,为……通报如下,现就……问题请示如下;现将……(情况)报告如下,现就……问题提出如下意见,经……批准(同意)将有关事项通知如下;拟采取如下措施;经……研究,答复如下。

3. 引述用语

引述用语是用于批复或复函引述来文作为依据的用语。如悉(知道)、收悉、电悉、文悉、敬悉、欣悉。

4. 批转用语

批转用语是用于批转、转发、印发通知时的用语。如批示、阅批、审批、批转、转发、印发。

5. 称谓用语

称谓用语是对各机关称谓的简称。如我(部)、贵(局)、你(省)、本(部门)、该(处)。

6. 经办用语

经办用语用于表明工作处理过程或情况。如经,业经,兹经,未经;拟,拟办,拟定;施行,暂行,试行,可行,执行,参照执行,贯彻执行,研究执行;审定,审议,审发,审批;会议听取了,会议讨论了,会议认为,会议指出,会议强调指出,会议通过了,会议决定,会议希望,会议号召,会议要求,会议恳切呼吁。

7. 表态用语

表态用语是用于表态的语言。如不同意,原则同意,同意;不可,可办,照办;批准,原则批准。

8. 结尾用语

(1)结尾用语用于请示,如当否,请批示;如无不妥,请批转各地执行;妥否,请批复。

(2)结尾用语用于函,如请研究函复;盼复;请予复函;不知尊意如何,盼函告;望协助办理,并尽快见复。

(3)结尾用语用于报告,如请指正,请审阅;用于批复、复函,如此复,特此专复,特函复。

(4)结尾用语用于知照性公文,如特此公告。

三、写作攻略

提高应用文写作能力的途径和方法

第一,应当积极阅读相关书籍,掌握应用文的定义、类型、写作要求等基础性知识,为实际写作打下良好基础。

第二,在掌握应用文写作的基础性知识之后,还应当进行应用文写作训练。通过对不同类型的应用文写作训练,不断加深对应用文基础知识的印象,提升应用文写作水平。

第三,在学会了基本的写作之后,可以通过向老师请教、和同学探讨、上网查找优秀应用文等方式,进一步"优化""美化"文章,使之更具规范性、实用性。

第四,实践出真知。只有在真正的日常生活中实际运用应用文,才能真正做到学有所用,才能真正检验出水平。

知识拓展

写作的顺序和结构要重视

实战训练

一、选择题（备选答案中至少有一个是正确的）

1.在应用文写作中，为做到条理清楚、层次分明，常使用层次序数来标注内容，其顺序排列规则为（　　）。

    A.一、（一）2.（2）　　　　　　　　　　B.（一）一、（2）2.

    C.2.（2）一（一）　　　　　　　　　　D.（2）2.（一）一、

2."为要""为盼"属于应用文结构用语中的（　　）。

    A.开头用语　　　　B.结尾用语　　　　C.过渡用语　　　　D.综合用语

3."现将有关事项通知如下"属于应用文结构用语中的（　　）。

    A.开头用语　　　　B.结尾用语　　　　C.过渡用语　　　　D.综合用语

4.与一般文章相比，应用文的特点是（　　）。

    A.时效性　　　　B.实用性　　　　C.形象性　　　　D.程式性

二、判断题

1.应用文以实际应用为目的，写作时要采用惯用的格式。　　　　　　　　　　（　　）

2.为了取得应用文较好的阅读效果，作者要努力调动各种各样的艺术表现手法。

                                                     （　　）

3.应用文在反映客观事物与人的思想时，可以进行一些合理的想象。　　　　（　　）

4.学习并写好应用文是人们必须练习的"内功"，也是对国家公务员最起码的要求。

                                                     （　　）

第二章　事务文书

　　事务文书是党政机关、企事业单位、社会团体或人民群众在处理日常事务时用来沟通信息、安排工作、总结得失、研究问题的实用文体,是应用文写作的重要组成部分。它属于处理公务所运用的一种工具,不过没有公文那么严格、缜密。

　　事务文书包括的种类很多,计划、总结、新闻、简报、策划书、调查报告等都属于事务文书的范畴。在日常的学习和工作中,事务文书的使用频率非常高,使用范围也非常广泛。

任务一　计划类文书

任务驱动

　　结合自身实际,撰写一篇大学生生涯规划。

知识导引

一、计划的概念

　　计划是党政机关、企事业单位、社会团体或个人对未来一定时期的生产、经营、工作、学习等,以书面形式做出有预定具体目标的一类文种,是为完成一定时期的任务而事前对目标、措施和步骤做出简要部署的事务文书。

　　计划必须从实际出发,根据有关政策、自身条件、客观形势和发展动态,确定明确的目标、任务,提出具体要求和相应措施,并在规定的时间里认真执行。制订出好计划是迈向成功的第一步。

二、计划的特点

(一)科学的预见性

　　在制订计划前,要对该项计划在目标、时间、步骤、措施、保障等方面的成功与不成功因素进行分析。对发展趋势和所能达到的目标、可能出现的问题做出科学的预判,以保证计划的科学性和成功率。

(二)明确的目的性

计划都是有目的的,并且应该是经过努力后才能实现。目标定得太高,经过努力都不能实现,就容易挫伤人们的积极性;目标定得太低,则不易调动人们的积极性,所以目标一定要结合实际情况合理确定。

(三)措施的可行性

完成计划不仅需要明确的目标,还需要有力的措施和保障,执行步骤要明确具体,要有可行性,这样才能保证目标的实现。

(四)执行的约束性

计划一经制订,就要对完成任务的实际活动起到指导和约束作用。工作的开展、时间的安排、经费的使用等,都必须按计划严格执行。计划也是后期总结的依据,是检查计划落实与否的约束性材料。

三、计划的种类

计划的种类很多,"计划"只是个总称,纲要、规划、计划、方案、安排、预案、工作要点等都属于计划类文书。不同的计划种类具有不同的表现形式和写法。

纲要,是对全局范围内带有远景发展设想的某项工作做出提纲挈领式的总体计划。一般由级别较高的党政机关来制定,内容上具有很强的政策性、原则性、指导性。纲要涉及的时长一般在十年左右。

规划,是从宏观角度对某项工作的指导思想、方向、规模等做出原则性的规定,是纲领性文件,具有全局性、长远性和指导性等特点。规划的时长一般为三年到五年,有的在五年以上。

计划,主要着眼于近期目标,从相对微观的角度对全局性工作或某一单项工作的任务、措施做出具体的规定,便于直接贯彻实施,具有指令性。

安排,常用于布置一定时限内的一项工作,适用范围比较小,内容单一,在内容和语言表述上比计划更加具体。"安排"很少写指导思想、工作原则等内容,常常是开门见山、开宗明义,写清工作方法、措施和步骤,文字简练,便于执行。在时间范围上,可以做每天的安排,也可以是一周、一个月、一个季度的安排,很少有超过一年的。

方案,一般是对即将开展的工作做出最佳安排时使用的一种计划性文书。比较来看,安排是对已经确定的一个时期工作计划的具体分解和贯彻,而方案一般是对尚未定局的新问题、新工作制订出的一套工作方案。在讲究科学决策、民主决策的今天,在工作中往往可以先从不同角度设计出多套方案,供领导决策参考,经过反复论证后,确定最佳方案。从时间期限来看,方案的时间范围比较模糊,没有明确的时间限制。

预案,是指用于党政机关、企事业单位为应对各种突发事件而预先制订的工作方案。预案都是为了应急之用,所以也叫应急预案。预案是为了防患于未然,预先设想一些问题,并对此提出解决方案,因此预案要尽可能周全、具体、可行。事先设想得越周全,预案的目标和措施就越准确。

工作要点,是计划的摘要形式,多用于领导机关对下属单位布置工作和交代任务。在写法上,多以分条列项式的方法来写,全文几个大点几个小点,分别依次排序。以文件形式下发的计划,一般采用工作要点的写法来写。

计划还可从不同角度进行分类。按内容分,有工作计划、生产计划、学习计划、科研计划等。按范围分,有国家计划、部门计划、单位计划、个人计划等。按时间分,有年度计划、季度计划、月份计划,有长期计划、中期计划、短期计划等。按性质分,有综合性计划和专题性计划。按呈现形式分,有条文式计划、表格式计划和文表结合式计划。

四、计划的写法

计划的文章结构一般由标题、正文和落款组成。

(一)标题

(1)公文式标题,一般包括四个要素:单位名称、执行时限、内容范围和计划种类,如《××大学20××—20××年科研工作发展规划》。

(2)省略时限的标题,如《××大学教学工作计划》。

(3)只写时间和文种,如《2021年工作计划》。

从标题信息的完整性来看,建议使用公文式标题。所拟计划如还需要讨论定称或需经上级批准,应在标题的后面或下方用括号加注"草案""初稿"或"讨论稿"等字样。个人计划的姓名不写在标题中,应写在文末日期之前。

(二)正文

正文一般包括前言、主体和结尾三个部分。

1. 前言

前言也叫开头,是计划的纲领性内容,主要是说明依据什么方针、政策以及上级的指示精神,然后是对基本情况的分析,或对计划的概括说明,完成任务的主客观条件怎么样,制订这个计划要达到什么目的,完成计划指标有什么意义。

2. 主体

主体部分是计划的核心内容,应包括计划的三要素:任务目标(做什么)、办法措施(怎么做)和进度安排(何时做)。主体部分要写明实施计划的具体要求、分工、程序、方法、时间等。计划三要素的繁简可以不同,但缺一不可。

3. 结尾

如果是整个单位的工作计划,可在结尾提出明确的执行要求,可以展望计划实现的情景,给人以鼓舞,也可以提出希望或发出号召。如果是个人的学习或工作计划,可以写一些自我激励或表示决心的话。当然,不是所有的计划都需要写结尾,有些工作要点也可以不写结尾部分。

计划中有些内容在正文里不便表述或影响排版时,如图、表等,可作为"附件"列在正文后面。

(三)落款

在正文的右下方写明制订计划的单位名称或个人姓名,在署名下一行写上日期。如标题中已经写明单位名称和日期的,此部分省略。

在行文格式方面,虽然事务文书不是法定公文,但可参照《党政机关公文格式》(GB/T 9704—2012)来处理。

例文赏析

教育部政策法规司2018年工作要点

2018年教育政策和法治工作总体要求:以习近平新时代中国特色社会主义思想为指导,全面贯彻党的十九大精神,以稳中求进为总基调、以狠抓落实为总基点、以攻坚克难为总要求,围绕中心、服务大局,认真落实教育部党组决策部署,全力写好教育法治建设、教育领域"放管服"改革、教育标准化工作三项奋进之笔,更好发挥政策研究和决策咨询作用,在新的历史起点上推动各项工作展现新气象、新作为。

1. 坚持把政治建设摆在首位。将学习贯彻习近平新时代中国特色社会主义思想作为首要政治任务,深入学习贯彻党的十九大、十九届二中全会、十九届三中全会和全国"两会"精神,强化"四个意识"、坚定"四个自信",自觉在思想上、政治上、行动上同以习近平同志为核心的党中央保持高度一致,坚决维护党中央权威和集中统一领导。严格遵守政治纪律和政治规矩,严格执行党内政治生活若干准则,注重营造风清气正的良好政治生态。按照统一部署和要求,认真开展"不忘初心、牢记使命"主题教育。大兴调查研究之风,坚持问题导向,改进调研方式,做到察实情、出实招、办实事。印发《中共教育部党组关于加强落实工作的意见》,建立健全落实工作机制。

2. 做好教育宏观形势研判和政策研究工作。组织精干力量,加强专题研究,广泛听取意见,起草好全国教育大会中央领导重要讲话。围绕中央关心、社会关注、群众关切的重大教育问题,依托教育研究基地,加强教育形势分析、政策研究和政策储备,增强教育政策研究的全局性、战略性、前瞻性,更好服务部党组决策。高质量做好领导讲话、文章等文稿研究起草工作,起草好部党组向党中央、国务院、中央纪委及相关部门重要报告。召开2018年全国教育政策法治工作会议。

3. 深入推进教育领域"放管服"改革。持续抓好《教育部等五部门关于深化高等教育领域简政放权放管结合优化服务改革的若干意见》贯彻落实工作。开展系统排查,梳理研究"放管服"改革进展中的问题,明确推进重点。跟踪指导、督促检查,推动改革各项举措在全国范围内及时落地。召开高教领域"放管服"改革推进会。

4. 加快推进教育标准化建设。加强教育标准化工作的顶层设计,制定出台"教育部关于完善教育标准化工作的指导意见""教育标准管理办法",做好文件宣传解读工作。

5. 建立教育法治新机制。筹备召开全面推进依法治教工作会议,部署新时代教育法治建设。制定全面依法治教考核办法,指导地方开展全面依法治教实践,推动运用法治思维和法治方式抓治理,化解教育领域热点难点问题。推动各级教育部门建立定期研究和汇报教育法治建设工作机制。加强教育立法研究,推进教育立法研究基地建设。做好教育司法案例库维护和更新工作,推动建立教育案例发布制度和部属高校重大案件通报制度,以案释法,以案普法。

6. 大力推进教育立法。完成《中华人民共和国民办教育促进法实施条例》修订草案的起草,报送国务院审议。推动《中华人民共和国学前教育法》《中华人民共和国职业教育法》《中华人民共和国学位条例》等法律起草修订,组织开展国家教育考试、学校安全、终身学习等立法研究。制定发布《教育统计管理规定》《学校食品安全与营养健康管理规定》等规章。起草"学校未成年学生保护规定""教育服务认证管理办法"。开展《残疾人教育条例》立法后评估试点。

7. 积极推进依法行政。发布关于加强教育行政执法体制机制改革的意见,指导各地健全教育执法机制和体系,明确执法程序与要求,开展专项行动。推动建立健全规范性文件管理与清理长效机制。研究制定教育系统规范性文件合法性审查工作指南,健全规范性文件合法性审查机制。推进教育部法律顾问制度和公职律师制度建设。做好行政复议及应诉工作,落实《教育部行政复议及应诉工作规程》,依法审查处理好每个案件,维护合法权益,化解矛盾纠纷。

8. 全面推进依法治校。出台《教育部关于进一步加强高等学校法治工作的意见》,制订依法治校评价体系和考核办法。开展高校章程建设和实施情况、学术委员会制度运行情况督查,推动中小学章程建设与实施工作。探索建立学校安全依法治理机制,推动中小学建立法律顾问制度,试点建立区域公益性未成年学生权益法律保护机制。

9. 深入开展青少年法治教育。在教育系统深入开展尊崇宪法、学习宪法、遵守宪法、维护宪法、运用宪法宣传教育活动。办好第三届全国学生"学宪法　讲宪法"活动,请宪法名家录制上百个视频,征集数千个多媒体课件,组织数万个学校、数千万学生开展"宪法小卫士"网络火炬传递。继续举办国家宪法日主题教育活动。充分发挥教育部全国青少年普法网作用,提供丰富的法治教育网络资源。指导各法治教育中心发挥各自优势,形成协同工作机制。推动各地建设青少年法治教育实践基地。成立青少年宪法教育研究中心。继续举办"中小学法治教育名师培育工程"。

【例文评析】

工作要点是对计划所要做的具体工作及其步骤、方法等方面提示要点的一种事务文书。此范例是采用分条列项式写成的工作要点,行文简洁、目标清晰、任务具体、措施明确,可操作性强。

(1)前言部分主要用于说明制订计划的依据、要达到的目标以及计划的意义等。

(2)主体部分每一个段落为一个要点,采用动宾结构的无主语句来表述,如"坚持把政治建设摆在首位""做好教育宏观形势研判和政策研究工作""大力推进教育立法"等。每个段落的第一句为中心句,这是计划的核心内容。

(3)学习每个段落的写法。下面选取第九点来分析。在段首中心句"深入开展青少年法治教育"之后,有八句话,这八句话是八个方面的措施,用来支撑中心句。每个措施按照内在的逻辑顺序进行排列,比如先宏观后微观,先重要后次要,先全局后局部。每句话都是以动词开头,形成一个个动宾结构,这正是计划类文书的写作要领,诸如"深入开展""办好第三届全国学生……""继续举办""充分发挥"等表达格式,正是用来表达计划中的"措施",即计划做什么。

案例分析

使命呼唤担当　实践铸就梦想

——×××大学生涯规划

机会总会留给有准备的人。卡耐基曾说:"不为明天做准备的人永远不会有未来。"话虽不至于如此绝对,但不可否认计划对未来发展的重要意义。一年之计在于春,一日之计在于晨,大学一年级对于整个大学生活至关重要。万丈高楼平地起,大学可以给予我们专业知识,开拓我们的视野,丰富我们的人生阅历,厚植我们的人生经历,培养我们多方面的能力。大学是我们人生道路的基石,若要走好这至关重要的一步,就需要从大一开始做好未来规划,明确人生目标,合理规划未来。有了科学的导向定位,在求学的道路上才能更精准发力,保持刻苦钻研的定力,在未来社会实践中以良好的姿态迎接机遇与挑战。

一、自我评估

大学生生涯规划应建立在对自己有清晰的认识的基础之上。正确评估和认识自我,可以针对弱点采取精准措施,发扬优点,做到取长补短。

1.在学习生活方面,对数学、物理等基础学科有较强的兴趣和探索欲望,积极完成老师布置的任务,并通过课外书籍来充实自我;在闲暇时间参加自己感兴趣的社团,初步掌握PS等软件,结交志同道合的朋友,增强团队意识和集体智慧,与同学们同出行,参观周邓纪念馆、天津博物馆等,用脚步丈量天津的宝地,开阔视野,增长见识。

2.在班团管理方面,作为团支书,在过去的一个学期协助辅导员解决同学学习、生活等方面的问题,与班长分工合作,管理班团

1. 标题:采用了双行标题(正副标题)的写法。这种标题可用于个人计划,在单位的工作计划中较少使用。

2. 前言:用于交代计划的背景,说明制订规划的目的和意义。

3. 正文:分三部分来写。整体来看,详略处理不太恰当。"自我评估"部分重在分析自身条件,在自我认识的基础上做出有针对性的计划。但内容较多,有喧宾夺主之感,可精练一下,不用分段叙述,用一段话概述即可。

日常事务,在校级团日活动评比中,与团支部的同学共同努力,带领团支部作为学院代表参加校级评审,并表现优秀。

3.在科研实践方面,计算机科学与技术专业是一个注重动手实践能力的学科,我在20××年末进行的国际大学生程序设计竞赛(ACM)寒假预备队选拔中不幸落选,由此总结反思,在扎实掌握课本知识后要动手实践,通过实践来检验真知。面对新知识、新领域,有的学科学得还不够扎实,实践能力还比较弱,动脑和动手还不能比肩同行。

二、规划导向

1.完善知识结构。知识是人类进步的阶梯。做到既要仰望星空、开拓视野,又要脚踏实地、勤恳苦读,不断开阔眼界,努力修完所有课程,认真钻研计算机专业知识,在学有余力的情况下阅读有关书籍,丰富知识结构,学思践悟,融会贯通。

2.提高实践能力。世界上没有坐享其成的好事,幸福都是奋斗出来的。实践是检验真理的唯一标准。在掌握课本基础知识的基础上,勤奋实践,强化实验,举一反三,敢于创新,努力与老师同学一道在实践中得出真知。

3.提升人文品格。班级是大学生活最温暖的一个集体。加强班集体建设对提高班级凝聚力、感召力,增强同学友谊,培养全局观念等起着决定性作用。在未来的"五四"调研及团日活动中,与团支部的同学勠力同心,组织开展有益活动,增强新时代感召,强化新思想认识。

4.确立奋斗目标。四年的大学生活稍纵即逝,恰同学少年,只争朝夕。着力把自己锻炼成为接受祖国挑选的有用人才。首先,如有机会继续深造,则务必在教学科研领域有所造诣;其次,奔赴实体经济主战场,为新时代中国特色社会主义贡献力量;再次,参加国家公务员选拔,务必成为一名合格公务人员;最后,自主创业实践,实现人生价值和梦想。

三、总结研判

山再高,往上攀,总能登顶;路再长,走下去,定能到达。我根据自身实际制订的大学生涯规划,由于受学识水平及阅历的限制,一定会有所欠缺、不够成熟,在未来的人生路上需不断修正与完善。我深知,梦想与现实是有差距的,但我将依靠自身实力努力缩小差距,朝着既定理想和目标,迎着新时代的气息坚定走下去。

×××(署名)

××××年××月××日

4.规划导向部分,根据自身情况从学习、实践、班团活动、毕业去向四个方面进行规划,较为全面。

知识拓展

写计划类文书应注意三点

实战训练

一、选择题（备选答案中至少有一个是正确的）

1. 计划的主体部分有（   ）。

    A. 目标任务   B. 开头   C. 结尾   D. 步骤程序

2. "凡事预则立，不预则废"讲的是（   ）。

    A. 通知   B. 计划   C. 调查报告   D. 总结

3. 计划的署名应该写在（   ）。

    A. 标题下   B. 日期下   C. 标题中   D. 正文右下方

4. 下列计划的完整式标题写法正确的一项是（   ）。

    A.《××学校教学 2007 年度第一学期计划》

    B.《2007 年度第一学期××学校教学计划》

    C.《××学校 2007 年度第一学期教学计划》

    D.《××学校教学计划》

5. 计划的特点是（   ）。

    A. 可行性   B. 约束性   C. 指导性   D. 预见性

二、判断题

1. 计划是预先拟订目标、措施、步骤、要求及规定完成期限并加以书面化或图表化的预先安排。（   ）

2. 为了能适应客观现实的变化情况，计划的步骤、措施、要求和时限不一定写得很具体、很细致。（   ）

3. 计划是为未来工作目标或实践活动做的一种预想性的部署和安排，具有一定的预测性。（   ）

三、病文修改

请改正下面这则计划的前言。

××县××站 2019 年工作计划

硕果累累的 2018 年过去了，光辉灿烂的 2019 年已经来临，为了开创我站工作的新局面，更好地完成上级布置的任务，特制订我站 2019 年工作计划。

四、写作训练

1.根据你在学校的学习和实际情况,写一份个人学期学习计划。要求内容翔实,语言表达得体,结构完整,字数在 600 字以上。

2.请结合学校的演讲比赛写一份计划。要求格式正确,语言清楚流畅,不少于 500 字。

任务二　总结类文书

任务驱动

期末到了,请为自己拟写一份个人总结,总结自己一年来在思想、学习、社会实践、体育锻炼等方面的情况。

知识导引

一、总结的概念

总结是党政机关、企事业单位、社会团体或个人,对过去一段时期内的工作进行回顾、检查、分析研究,从中找出经验与教训、成绩与问题,用来指导今后工作的一种应用文体。

总结是使用广泛的一种应用文,常见的小结、回顾、体会等都属于总结。通过总结,可以全面、系统地回顾过去一段时间的工作,并从中获得经验,吸取教训,以便指导下一阶段的工作。总结虽然不具有公文的约束力,但对于工作开展却至关重要,有助于提高人们对工作的理性认识,增强工作的信心,调动工作的积极性。

二、总结的特点

(一)回顾性

总结是对以往工作或活动的反思与回顾。写作总结的过程,就是对自身实践活动再思考与再认识的过程,思考在过去一段时间内做过什么、做得如何,并在回顾中发现问题,得出经验与教训。

(二)客观性

总结可以提高人们对以往工作与实践活动的认识,更有助于下一步计划的制订与执行。能否在总结中如实呈现以往工作的实际情况,直接影响着日后工作的开展。因此,总结在回顾过去工作时,要坚持实事求是,用事实说话,切忌弄虚作假、文过饰非;更不能避重就轻,只谈优点成绩,不谈缺点问题。

（三）理论性

总结是对以往实践活动的理性认识，是在对前一段工作回顾检查的基础上进行的分析、研究、评价、鉴定，并上升到理论高度，得出规律性的结论。因此，总结既要有材料，又要有观点；既要有事实，又要有理论。

三、总结的分类

根据不同的划分标准，总结可以分为不同的种类。

（1）按内容分，有工作总结、生产总结、学习总结、科研总结、经营总结、会议总结等。

（2）按工作涉及参与的范畴分，有个人总结、单位总结、部门总结、各级政府总结。

（3）按时间分，有年度总结、季度总结、月度总结、阶段总结、周小结等。

（4）按性质分，有综合性总结和专题性总结。

综合性总结又叫全面总结，即单位、部门对一定的时限内所做的各方面工作进行的综合性的分析、总结，是全方位、多角度、深层次的总结。它反映的是工作的全貌，内容包括基本情况、过程、成绩、经验、优点、教训等诸多方面。如《××学校 2020 年工作总结》，就是对学校在该年度的教学工作、科研工作、学生工作、后勤工作、财务工作等进行的全面总结。要求对材料的选择和处理既要全面，又要突出重点，做到点面结合。

专题性总结是对某方面的单项工作，如生产、思想、宣传等任务完成之后所进行的总结。例如一个公司抓好产品质量方面的总结，一个学校加强学生政治思想工作方面的总结等。这类总结，内容集中单一，重点突出，针对性强，偏重总结经验，有一定的思想深度，因此专题性总结的理论性较强。

四、总结的写作

总结一般由标题、正文、落款三个部分组成。

（一）标题

（1）公文式标题，一般由单位名称、时限、内容、文种构成，如《××单位 20××年度××工作总结》。

（2）文章式标题，以单行标题概括主要内容或基本观点，如《创新突破　转型发展　全面加快实现××目标》。

（3）双行式标题，分别以文章式标题和公文式标题为正副标题，正标题揭示观点或概括内容，副标题点明单位名称、时限、内容和文种，如《知名教授上讲台　教书育人放光彩——××大学德育工作总结》。

（二）正文

正文一般包括前言、主体和结尾三个部分。

1. 前言

前言一般用来说明相关背景、基本概况等，也可交待总结主旨并做出基本评价，其目的在于让读者有一个概括的了解。大学生在写个人总结时,前言一般交代个人基本信息,然后对过去一段时间的学习、社团、科研、实践等工作进行总体的自我评价,再转入下文。如果是在社会工作中,总结的前言一般应写明个人信息和工作岗位的基本情况,然后进行自我评价,再转入下文。如果是写一个单位、一个部门的工作总结,一般要写明工作依据、指导思想、总体业绩的自我评价等。

2.主体

主体应包括主要工作内容、成绩及评价、经验和体会、问题或教训等,这些内容是总结的核心部分。首先是写工作情况,即对某个阶段开展了什么工作,采用了哪些方法措施,效果怎样,有哪些成绩,分别加以叙述说明。叙述时可以总体介绍,也可以分项说明。其次是写主要的经验体会,即对取得成绩的原因进行分析,以便总结经验,获得对工作规律性的认识。最后是写失败或失误的教训,探索防止或减少失误的途径。如果是典型性经验总结,这部分可以不写。

3.结尾

以归纳呼应主题、指出努力方向、提出改进意见或表示决心信心等语句来结尾即可。如果主体部分没有指出工作中的缺点和存在的问题,可在结尾部分来写,并写明今后的打算和努力的方向。

(三)落款

落款要写明总结的单位或个人、成文时间,一般标识在正文的右下方。如果是单位总结,还需要加盖公章。

五、总结的写作要求

(一)实事求是,切忌虚假

总结要如实反映工作中的成绩和问题、经验和教训,不能只报喜不报忧,也不能脱离实际随心所欲地拔高观点。反映情况不能片面,更不能前后矛盾。

(二)突出重点,切忌平淡

总结要根据工作实际、写作目的和不同性质,内容有所侧重,不要不分主次、不分详略地平均用笔,也不能堆砌材料、平铺直叙,记流水账。

(三)写出特色,切忌平庸

总结要抓住事物的主要特点,反映出本单位工作的特点,要有自己的观点,不要人云亦云。

(四)注重分析,切忌肤浅

总结要善于从取得的成绩和出现的问题中寻根问底,不能只罗列现象,堆砌材料,应当对实践中的成功与失败、成绩与问题进行分析研究,把感性认识上升到理性认识的高度,从而归纳出带有规律性的观点。

例文赏析

××大学××班委会工作总结

弹指一挥间,一学期一晃而过,在学校领导和辅导员的正确指导下,在同学们的努力下,特别是在团支部学生干部的配合下,我们班委较好地完成了本职工作,也顺利完成了学校交办的各项任务。班级制度得到了进一步的完善,形成了自己的班级文化,班委里每一个成员都从中获得了很多经验和知识。现将本期的班委工作总结如下:

一、思想方面

配合党组织、学生处加强对同学们的思想教育工作。通过班委努力,以聊天、茶谈、班会等多种形式,向同学们传达学校有关思想教育方面的知识,并向大家详细介绍入党的程序与入党需要具备的条件,让多数同学下定了入党的决心。同时促进了班级文化建设,进行"内强素质、外树形象、争做文明大学生""安全、文明、法制教育"等活动,并制订了《班级宿舍管理规定》,确定了班徽、班训等。做到思想统一、行动一致和树立班级观念,为形成自己的班级文化奠定了思想基础。

二、学习方面

从开学到现在,纪律工作一直是我们的难题。许多同学上课的时候不认真听讲,窃窃私语,玩手机,看与课堂无关的书等。针对这些情况,我们班委决定尽自己最大的努力进行改善。这学期已经接近尾声,下学期我们要把工作重点放在纪律上面,要努力为同学们营造一个安静、向上的学习环境,要努力做好班内的纪律工作。

开学之初,我们的学习任务比较轻松,加上同学们还没有适应大学生活,学习兴趣和学习效率并不高。后来经过老师和学长们的教导,同学们学习的积极性、兴趣和效率有了大幅度的提高,晚上主动到教室学习的同学也逐渐增多。在辅导员的提议下,班级内形成了学习互助小组,在竞争和互助中学习,争取考试取得好成绩。我相信用不了多长时间,同学们就会适应大学的学习方式。

三、工作方面

班委和团支部制订了班级工作计划和班级管理制度,指导同学制订生涯规划和学习计划。11月,监督全班同学落实制度和计划,同时完成与机器人制造班的联谊活动。12月,指导同学进行考前复习和学期工作总结,举行考风建设主题班会,同时进行寒假工作安排。本学期,按计划完成各项工作的同时,班委还积极配合辅导员和学校交付的各项工作。

四、生活方面

在生活方面,同学们的表现比起开学之初有了很大的改善,同学们逐渐适应了离开父母后的集体生活。值得称赞的是,我们班在篮球比赛、拔河比赛、足球比赛中取得了很好的成绩。通过这些活动,同学们基本适应了大学生活。由班委组成的安全文明领导小组不定期对宿舍进行检查,发现问题及时整改,杜绝了在寝室内使用大功率电器、抽烟、酗酒等不良行为。

五、存在的问题

本学期虽然取得了很多成绩,如拔河比赛冠军、足球赛季军,班里也没有出现过违规违

纪事件,但是班级仍然存在一些不足之处,具体如下:

1.多数同学请假后不能按时销假。

2.上课仍然有迟到、早退、玩手机、说话等现象。

3.考试前同学们没有做到全面复习。

六、改进措施

1.对于同学们请假后不及时销假的问题,经过辅导员与班委会讨论,决定对请假不按时销假的同学按旷课处理。

2.对于上课早退、迟到、玩手机、说话等现象,班委应该严格制止。特别是对多次违反课堂纪律的同学,将会严格按照管理制度进行扣分,由班委记录存档并在每学期期末给予通报批评,与学期的评优评先直接挂钩。

3.对于考试,首先要让同学们知晓考试不合格的严重后果,其次由班委干部带头,组织班里的同学进行有效全面复习。

立足今日,我们擦亮眼睛,点燃新的希望,放飞新的梦想,争取在下一学期中取得更好的成绩。

×× 班委

××××年××月××日

【例文评析】

这是一份某班级班委的学期工作总结,行文思路清晰,材料翔实,有一定的理论高度。

总结标题使用公文式标题——《××大学××班委会工作总结》,简单明了。

前言部分采用常见的概括式写法,简要介绍了上个学期班级取得的一些成绩。正文分为思想、学习、工作、生活四个方面,如实反映班级工作中的成绩和问题、经验和教训,条理清楚。最后指出了班级工作中存在的三点不足并提出了具体的改进措施,为下一步工作的开展,防止或减少失误提供了依据。

落款要写明总结的班级、成文时间,一般标识在正文的右下方,格式正确。

全文结构规范、语言平实,是一份比较符合要求的总结。

案例分析

青岛市自然资源和规划局2021年上半年工作总结

上半年,市自然资源和规划局以习近平新时代中国特色社会主义思想为指导,扎实推进党史学习教育走深走实,持续聚焦市委、市政府"项目落地年"部署要求,把握重点、找准穴位、创新路数、改变打法,全力推动项目落地开工、经济社会高质量发展和城市能级跃升。

一、上半年主要工作完成情况

(一)国土空间治理效能稳步提升

1.优化国土空间布局。完成《青岛市国土空间总体规划(2021—

1. 标题:采用了公文式标题,简单明了。

2. 前言:简要介绍了写作的背景、任务完成情况、整体评价等内容。

2035 年)》阶段性成果，优化形成"多中心、网络化、组团式、集约型"环湾国际化大都市空间布局。指导平度、莱西完成国土空间总体规划初步成果。全市 36 个镇已全部启动镇级国土空间总体规划编制。

2. 发挥专项规划引领作用。深化《青岛市海岸带及海域空间专项规划（2021—2035 年）》，促进陆海统筹发展。完善《青岛市综合交通体系规划（2021—2035 年）》，推动国际性综合交通枢纽城市建设。

3. 推进 133 个村庄规划编制。即墨百里村村庄规划作为全省优秀案例上报自然资源部参评。

（二）要素支撑赋能作用持续彰显

制订《"项目落地年"土地规划保障工作实施方案》，成立工作专班，强化土地要素支撑和规划服务保障，为全市重点项目尽早落地、开工、达产保驾护航。

1. 推进"两规"一致性修改。将 139 个"六稳""六保"重点项目纳入修改方案，预支新增建设用地规模 12 453 亩①，为惠科微电子、中国石油大学科教创新区等重点项目落地提供用途管制依据。

2. 加大用地指标支持力度。深化"土地跟着项目走"机制，预支用地指标 7 100 余亩，保障了奇瑞新能源汽车零部件基地、莱西市循环经济产业园等项目用地需求。

3. 加快处置批而未供和闲置土地。上半年，处置批而未供土地 3 596 亩、闲置土地 3 341 亩，推动资源永续利用、城市长远发展。

4. 有序向市场投放土地。开展住宅用地分类调控，编制市辖区年度住宅用地供应计划，组织市辖区第一批次住宅用地集中供应。上半年，全市供应土地 3.6 万亩（其中住宅用地 8 128 亩），推动中国海洋大学海洋科教创新园区（西海岸校区）一期等项目顺利落地。

5. 加强土地储备。市内三区完成储备土地约 670 亩，近 3 000 亩土地进入实施收储阶段。

6. 释放用地政策创新红利。出台《关于促进民营和中小企业高质量发展若干土地规划支持政策的意见》，促进民营和中小企业创新创业发展。出台专门政策，指导各区（市）全面推行新增工业用地"标准地"出让，4 823 亩工业用地顺利成交。制订土地招拍挂出让条件"正面清单""负面清单"，将智慧社区等建设条件纳

---

① 1 亩 ≈ 666.67 平方米。

3. 主体：分三部分来写，上半年主要工作完成情况、存在的问题和下半年工作打算，详略得当，层次清晰。

入土地招拍挂方案,吸引更多优质项目落地。支持在即墨区、平度市、莱西市试点农村集体经营性建设用地入市,全市 12 宗、567 亩集体经营性建设用地成功出让,进一步激发了农村土地市场活力。

7. 做好重大基础设施项目服务监管。聚焦 2018 年以来省级重大基础设施项目,摸清底数,找准症结,集中攻坚,山东观龙 500 kV 输变电工程等 15 个省级重大项目完成规划、用地手续,全部开工建设;完成胶州湾第二海底隧道、新机场高速公路二期等重大线性工程土地预审、规划选址等前期工作,为项目落地创造了条件。

(三)国土资源监管更加严格

1. 开展自然资源统一调查和确权登记。完成白沙河试点登记单元预划。启动森林资源管“一张图”年度更新。完成自然资源资产价格信息采集。

2. 坚守耕地保护红线。印发《青岛市耕地保护“田长制”实施方案》,全市任命 6 101 名基层田长,推动实现每块耕地有田长、耕地和永久基本农田保护责任全覆盖。出台耕作层剥离再利用政策,促进耕作层资源合理利用。强化“长牙齿”的硬措施,大力推进农村乱占耕地建房问题整治,24 个新增问题全部整改到位;开展大棚房问题专项清理整治“回头看”,全市未出现大棚房问题“死灰复燃”;在执法检查中,对 2021 年卫片发现的 77 个违法用地案件进行了立案查处,坚决遏制耕地“非农化”。

3. 提升矿产资源管理水平。编制《青岛市矿产资源总体规划(2021—2025 年)》,推动全市矿产资源开发保护、产业布局、结构调整和绿色发展。平度市、莱西市开展采矿权“净矿”出让试点,提升砂石资源保障水平。

4. 推进国土空间生态修复。在莱西市河头店镇启动全域土地综合整治试点工作,规划整治土地规模 1 147 公顷。督促区(市)完成 11 处矿山地质环境治理主体工程。

5. 抓好地质勘查、调查。编制《青岛市地质勘查专项规划(2021—2025 年)》,合理安排基础性地质调查、矿产资源调查评价与勘查重大工程。灵山岛入选全国首批地质文化村(镇)。推进多要素城市地质调查,构建“一模一网一平台”的城市地质管理与服务体系。

6. 筑牢安全生产和地质灾害防治防线。开展《青岛市地质灾害防治规划(2015—2025 年)》中期修编。制订并落实《青岛市2021 年度地质灾害防治方案》。建成 21 处地质灾害自动化监测站。督导相关区(市)投资约 9 000 万元,治理 74 处地质灾害隐患点。

7. 强化测绘地理信息管理。完成《青岛市"十四五"基础测绘规划》《青岛市地理信息产业发展规划（2021—2025 年）》初步成果。积极建设"实景三维青岛"，为数字青岛建设提供权威、统一的空间信息底座，我市获批自然资源部"智慧城市时空大数据平台"建设试点。

（四）放管服改革不断深化

1. 做好审批权下放、承接工作。将有偿使用国有建设用地审查、建设工程规划许可等 43 个事项纳入"市县同权"范畴，赋予区（市）更大自主权，实现涉企审批服务扁平化、便利化。

2. 优化不动产登记。完成全省第一笔不动产登记"全省通办"业务。推行全市域"交房即可办证"服务常态化，全市 22 个项目 3 700 余户业主在交房现场领到了产权证。实现不动产登记与税收征管业务的"一窗办理"。

3. 化解土地房屋产权历史遗留问题。成立市级专班，全面深入摸排历史遗留问题，创新采取"管办分离，并行办理"方式，积极稳妥推进化解工作，非涉法涉诉问题项目 160 个、6 万余户已具备转移登记条件，化解率达到 98.7%。

（五）城市品质进一步改善提升

1. 推动历史城区复兴。完成《青岛历史文化名城保护规划（2020—2035 年）》初步成果，新增各类保护要素 2 000 余项。《青岛中山路及周边区域保护与更新规划》《中山路两侧建筑立面保护修缮方案》通过审议并实施，助力中山路区域打造国际化大都市"文化客厅"。完成青岛国际邮轮港启动区地下空间工程供地，其是全国第一个地下空间先行整体出让、统一开发建设的试点项目。

2. 推进城市更新。出台了我市第一个城市更新系统性政策文件《关于推进城市更新工作的意见》；完成了《青岛市城市更新专项规划（2021—2035 年）》阶段性成果；拟订了青岛市城市更新领导组织架构；编制城市更新三年行动初步方案，系统梳理出近期重点推进的 12 个城市更新片区；开展低效用地摸底调查，海尔西园区项目入选全省第一批低效用地再开发示范项目，推动城市空间、城市功能和城市质量全面升级。

3. 加强市政交通基础设施规划服务。编制《东岸城区道路网规划及近期建设实施方案》《中山路及周边区域停车场建设方案》，完善了东岸城区路网布局，在中山路及周边区域新增停车位 4 390 个。

4. 优化公共空间利用。编制了《胶州湾岸线公共空间规划》

《轨道交通土地资源开发利用专项规划》，优化胶州湾滨海岸线环境，提高轨道交通沿线土地资源开发效益和质量。启动《中心城区地下空间综合利用专项规划》，促进地下空间系统高效复合开发利用。全市25处城市空间"微更新"市办实事项目全部开工，两处基本完工。

二、存在的问题

一是违法用地时有发生，执法监管力度需进一步加大；二是批而未供和闲置土地存量仍然较大，土地资源利用效率有待进一步提高。

三、下半年工作打算

（一）高质量完成国土空间规划成果

按要求完成《青岛市国土空间总体规划（2021—2035年）》成果，为我市各类开发保护建设活动提供法定依据，引领和推动内涵式、集约型、绿色化高质量发展。

（二）坚决遏制耕地"非农化"

全面实施耕地保护"田长制"。推进耕地全生命周期管理。进一步加强设施农业用地监管。全面开展大棚房问题专项清理整治"回头看"，建立健全日常监管长效机制。积极推进农村乱占耕地建房问题专项整治。严加防范严肃整治挖湖造景问题。

（三）全力推动项目落地

继续实行"增存挂钩"，促进真项目、好项目快速落地。发起批而未供和闲置土地处置三年攻坚行动，推动土地存量转化为经济增量。实行规划审批"正面清单""负面清单"，进一步提升建设工程审批效率。

（四）纵深推进城市更新

按程序建立城市更新领导组织架构。制定《青岛市人民政府关于推进城市更新工作的意见》配套细则。深化《青岛市城市更新专项规划（2021—2035年）》《青岛历史文化名城保护规划（2020—2035年）》成果。集中开工建设邮轮母港山东港口航运金融中心、欢乐滨海城人工智能基地等一批重点城市更新项目，引领全市12个城市更新片区建设。

（五）持续提高不动产登记质效

推进不动产登记"跨省通办"。优化水电气暖有线与二手房协同过户流程。实现全市域"交房即可办证"服务常态化。持续推进土地房屋产权历史遗留问题化解工作。

2021年7月8日

4.落款：写明总结成文的时间，一般标识在正文的右下方，格式规范。

知识拓展

适用新年致辞、年底总结、工作报告的提纲思路

实战训练

一、选择题（备选答案中至少有一个是正确的）

1. 总结的正文包括（　　）。

　A. 前言　　　　　　B. 主体　　　　　　C. 结尾　　　　　　D. 落款

2. 总结的特点包括（　　）。

　A. 回顾性　　　　　B. 理论性　　　　　C. 真实性　　　　　D. 客观性

3. 总结的写作要求有（　　）。

　A. 实事求是　　　　B. 注重分析　　　　C. 突出重点　　　　D. 写出特色

4. 下列表述有错误的一项是（　　）。

　A. 总结是回顾过去，是对前一段时间的工作进行检验，但还是为了做好下一段的工作

　B. 总结既要报喜，又要报忧

　C. 总结的最后，应该注明总结单位或个人的名称及日期，即使标题已经交代清楚，此处也不可以省略

　D. 专题性总结是对某方面的单项工作，如生产、思想、宣传等任务完成之后所进行的总结

二、判断题

1. 写总结是探索规律，要有个性，主次分明，突出重点。　　　　　　　　　　（　　）

2. 写个人总结，要重在写明个人所承担的工作责任，不一定要写出个人的工作感受。　　　　　　　　　　　　　　　　　　　　　　　　　　　　　　　（　　）

3. 写总结在回顾过去工作时，要坚持实事求是，用事实说话，切忌弄虚作假，文过饰非。　　　　　　　　　　　　　　　　　　　　　　　　　　　　　　（　　）

三、病文修改

找出下面这份教学总结存在的问题，并进行修改。

教学总结

语文教学的关键是让学生掌握听说读写的能力。语文在日常生活中非常重要，一个人语文能力的高低，直接影响着他的工作和生活。尤其在这个飞速发展的信息社会，要想成为一个对社会有用的人，具备听说读写能力尤为关键，学生只有掌握了这两种能力，才能够走向社会，与别人沟通，传递信息。

我在教学中是这样做的：

1. 每天让学生进行朗读训练。

2. 每月举行一次辩论会或演讲比赛。

3. 上课时尽量让学生开口，锻炼他们的口头表达能力。

经过一个学期的努力，学生们在听说能力上有了很大的提高。

×××

2020 年 1 月 12 日

四、写作训练

根据自己学习"应用文写作"这门课程的情况写一篇总结，要求格式正确、完整，语言清楚、流畅，字数不少于 600 字。

任务三　策划类文书

任务驱动

校学生会、团委、图书馆将牵头在 5 月的第一周推出校园文化建设项目——"书香校园"读书周，请策划读书周的系列活动，并写出策划书。

知识导引

一、策划书的概念

中国最早出现"策划"一词是在《后汉书·隗器传》中："是以功名终申，策画复得。""画"与"划"相通，所以"策画"即"策划"，有"筹划、谋划、对策"的意思。对"策划"的理解，不同的学者有不同的看法，如"美国哈佛企业管理丛书"认为，策划是一种程序，在本质上是一种运用脑力的理性行为。《现代汉语词典》对策划的定义是"筹划、谋划"。到目前为止，策划的定义有几十个之多，尽管说法不同，但归纳起来，再结合策划的过程、目的和表现形式，可以将策划定义为"它是根据现有资源信息，判断事物变化的趋势，确定可能实现的目标和预算结果，再由此来设计、选择能产生最佳效果的资源配置与行动方式，进而形成决策计划的复杂思维过程"。将这一复杂思维过程用文字方式完整地呈出来的文本就是"策划书"。

二、策划书的特点

（一）前瞻性

分析市场环境，并由此判断市场的发展趋势，这是进行策划的前提。因此，一份优秀的

策划书必然具有高远的前瞻性。

(二)目的性

策划书的提出是为了达到一定的目标,比如为了推广新的产品、为了拓展新的市场或为了改善品牌的形象等,因此,只有目标明确,策划才能顺利进行并获得预期效果。

(三)创意性

创意是策划的生命,如果没有创意,就不能称为策划,只能说是一项工作计划。唯有充满新意的、独创性的策划方案才能被客户接纳,才有实施的可能。

(四)可行性

任何新奇的创意,只有付诸实施,才能变为现实。因此在制订策划方案时,一定要考虑实施的条件,必须是可以具体操作的。

(五)指导性

策划书是策划系列活动的纲要,策划书制订之后,后期所开展的任何活动都要以策划书为指导,这是策划活动的目的性和计划性的根本保证。

三、策划书的种类

策划书根据性质的不同,有不同的种类。

(1)根据内容不同,可分为活动策划书、广告策划书、营销策划书、创业策划书等。

(2)根据行业不同,可分为医疗策划书、婚礼策划书、网站策划书等。

(3)根据策划层次不同,可分为战略策划书、策略策划书和部门工作策划书等。

四、策划书的结构和写法

策划书一般是由封面、目录、摘要、正文组成。

(一)封面

策划书的封面由策划书的名称、被策划的客户、策划机构或策划人的名称、策划书完成的日期构成。策划书的名称要让人一目了然地明白策划内容,因此,它由策划对象、策划主题、策划种类等构成,如《"乐高"玩具展示会策划书》。另外,也可以在名称中加入策划开展的时间和地点,如《"童趣岛"2014年武汉市场上市推广策划书》。

(二)目录

一般说来,超过十页的策划书要制作目录,以便读者了解策划书的逻辑结构,也便于读者迅速找到自己感兴趣的部分。

（三）摘要

摘要是对策划书主要内容的概述,其目的是使读者对策划书有一个大致的了解,知晓策划书中所要开展的战略和策略。因此,摘要的语言要简练准确,一般控制在200字左右。

（四）正文

正文是策划书的核心,是策划方案成功与否的关键。正文的内容一般由策划背景、目标与任务、策划方案这几部分组成。该部分写作要求详细具体、逻辑清晰、层次分明。有的还要指出问题与困难之所在,分析产生问题与困难的原因,并提出行之有效的解决方案等。因此不同类型的策划书内容也有所不同。这里具体介绍三种常用策划书的正文写法。

1.营销策划书

营销策划,是指对一定时期内企业营销行为的方针、目标战略及实施方案的预先设计和规划。营销策划书则是关于设定企业营销活动及其行动方案的文字载体。其正文包括以下内容。

（1）营销宗旨及目标。这部分旨在说明企业通过本策划书所要达到的目的,所要完成的营销任务等,目的在于强调此次策划的重要意义,统一策划人员的认识,便于协调各部的工作,从而确保策划的完成。

（2）市场分析。这是对营销环境的一个总体分析,是制订营销策略的依据,主要有以下几个方面的内容:宏观环境分析,主要是对企业营销策划所涉及的政治、法律、文化、人口统计、经济发展状况等的分析;目标市场分析,主要分析市场规模、增长潜力、市场销售总量、需求特征、消费者状况等,其目的是预测目标市场的发展;产品分析,这是针对产品目前营销现状的分析,包括产品特性、产品定位、产品成本、产品市场销售状况等;竞争状况分析,主要是针对消费者对现有及潜在竞争者的认知程度等的分析,其目的是制订更有针对性、更有效的营销策略。

（3）SWOT分析。SWOT分析旨在分析企业的优势、劣势、机遇、挑战等,以便寻找合适的对策。

（4）方案执行。方案执行是指根据营销策略而制订的具体行动方案,从某种意义上来说它可以看作活动安排表。因此,方案要清楚明白地说明各项活动的具体内容、执行人、时间、方式、费用及其注意事项。

（5）经费预算。这部分是指整个营销策划方案实施过程中产生的所有费用,要求清楚详细地标明项目支出的具体金额。

2.广告策划书

广告策划书,是对广告策略及其实施步骤的完整说明,包括对某一具体产品或品牌的背景、历史及其过去为此所做的广告的执行记录;同时,也是在未来广告活动期间对广告、促销活动及其公关宣传的建议方案。它是提供给广告主以审核、认可的广告活动的策略指导性文件。

广告策划书一般包括以下几个方面的内容。

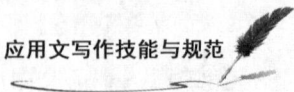

(1)情况分析。主要包括四个方面的内容:公司及产品历史、产品分析、消费者分析和竞争者分析。与营销策划书不同的是,广告策划书更注重广告方面的分析。

公司及产品历史的分析,主要围绕本产品或品牌的背景、社会影响、过去的广告预算、广告主题、过去的媒体或消费形态、目前在广告或推广中所使用的创意主题、目前本品牌所面临的问题和机会等方面来进行。

产品分析,即对一切可能影响产品或服务销售的要素进行概要分析。其要素包括产品特性,消费者对产品的态度,本品牌认知度、理解度和接受度等。

消费者分析的内容主要包括消费者的基本情况,指性别、年龄、收入、职业、教育、地理区域等;消费者的态度情况,指对本产品的知晓程度、喜爱程度、原因分析等;消费者的行动情况,指在何处使用本产品、使用频率、对同类产品尤其是竞争对手评价如何等。

竞争对手分析,指与竞争对手有关的广告分析,这是为广告主提供衡量的参照物。具体内容包括竞争对手包装设计,品牌命名的长处和短处,竞争对手目前的广告运作针对何人,正在使用何种策略,产生何种影响,广告费用支出与分配情况,广告主题的变化等。

(2)广告预算。广告预算指此次广告活动中所需的费用,包括广告制作费、媒体费用等。该部分要求详细列出每项开支的具体数额。

(3)广告建议事项。该部分是广告策划书的核心,主要包括以下内容。

①产品问题和机会:要用简明扼要的语言清楚地叙述存在的主要问题,它可能是一个产品问题,也可能是一个行销问题,但这些问题必须是在广告的影响范围之内。

②广告目标:是指此次广告策划所要达到的目的。

③广告定位:说明此次广告策划中将采用的广告定位。

④广告诉求对象:根据前面的消费者分析,指出此次广告活动的诉求对象,并说明选择这一目标市场的理由。

⑤广告表现:是指制作出来的广告创意作品的表现形式,如文稿图案、广播脚本、电视脚本、广告主题词、美工表现、包装设计、插图、户外广告牌的设计、广告特制品等。

3.活动策划书

相对上述两种策划书,活动策划书要简单些,其内容主要由以下几个方面组成。

(1)活动背景:指开展此次活动所涉及的社会背景和活动单位背景,主要是为了凸显活动的意义。

(2)活动目的及意义:主要指明开展此次活动所要达到的目的,有何商业价值和社会意义。

(3)资源需要:指开展活动时需要哪些物资或人力资源,也要说明这些资源的来源和具体配置。

(4)活动开展:指活动的流程和步骤,该部分是活动策划书的重要部分,因此要详细说明。

(5)经费预算:指此次活动所需的费用,这部分最好以图表形式表现,要明确指出每一笔经费的金额。

(6)活动负责人及参与者:活动负责人包括活动总负责人及活动中每一步骤的负责人;

参与者指此次活动所邀请的人员,要具体说明被邀请人的情况及应如何接待和安排。

(7)注意事项:指开展活动时所要注意的事项。

(五)附录

附录指所有不便收入正文,但对正文有补充说明的资料,包括正文中所引用数据、资料的来源,一些说明性的图表。

例文赏析

重阳节登山活动策划书

为促进全市青少年社会组织发展,发挥青少年社会组织在推动社会发展、促进社会和谐中的积极作用,团市委拟在重阳节来临之际,组织开展2020年重阳节登高一系列活动,努力实现"弘扬优秀传统文化,倡导绿色生活方式,投身志愿公益实践"的目标,并通过举办活动发现、凝聚一批在社会上具有广泛影响力的青少年社会组织,为推进市青少年社团之家建设打下坚实的组织基础。

一、活动主题

青山秀水时尚行,重阳登高敬老情

二、活动设想

总体设想:以我国重要的传统节日——重阳节为契机,深入挖掘重阳节登高的文化含义,结合全市"九养"政策的实施,弘扬敬老、爱老、孝老的优良传统;研究户外运动类、志愿公益类青少年社会组织的活动方式和组织特点,倡导绿色环保、文明健康、志愿公益等新风尚;围绕"人文、科技、绿色"建设理念,结合世界城市建设目标,积极传递国际文化名片。为此,推出"'九九重阳节'青少年社团组织九项行动"。

具体体现:

(1)"遍插茱萸登高,共扬重阳传统"——文化弘扬行动。所有活动参与者佩戴茱萸,并在活动手册中解读传统,弘扬重阳节传统文化。

(2)"老少携手同上,共享健康人生"——健康生活行动。青少年户外运动社团与老年登山队结伴登高,强身健体,共同倡导健康生活方式。

(3)"社团进养老院,共襄敬老盛举"——敬老爱老行动。举行青年社团与城乡社区(村)养老院共建仪式,以养老院为载体为老年人提供服务。

(4)"青年老人结对,共倡志愿行动"——志愿服务行动。青年社团向老人赠送重阳节礼物,并与老人结对,推出敬老爱老志愿服务。

(5)"重阳公交出行,共推低碳节能"——绿色出行行动。以车友会"少开一天车"活动为载体,要求乘公共交通参加活动,倡导低碳出行。

(6)"山区设立路牌,共发环保提示"——环保引导行动。在山路上树立环保提示牌,号召户外运动参与者亲近自然、保护自然。

(7)"登山捡拾垃圾,共护青山秀水"——文明登山行动。登山者随地清理垃圾,并宣传节水观念,为户外活动做示范,倡导文明登山。

(8)"联合发布倡议,共宣公益风尚"——公益宣言行动。发出敬老爱老、绿色环保、公益志愿等行动倡议,营造青少年社会组织公益氛围。

三、组织机构

指导单位:团市委

组织单位:团市委　青年联合会　某户外探索俱乐部

四、活动时间

××××年××月××日(星期六)

五、活动地点(略)

六、组织规模及范围

以定向邀请为主要方式,动员组织100家青少年社团,规模在300人左右。主要类型为户外运动类、志愿公益类及其他骨干青少年社会组织等,并邀请部分老年社团参加。

七、活动内容

(一)启动仪式

时间:上午8:30—8:45

地点:停车场内

议程:

1.介绍领导来宾;

2.宣读《青少年社会组织志愿公益行动倡议书》;

3.举行青少年社团和敬老院结对共建仪式;

4.向老人赠送青少年社团志愿服务联系卡和重阳节礼物;

5.揭开"户外运动绿色环保提示牌";

6.为青少年社会组织代表插茱萸;

7.领导致辞;

8.领导为登高活动发令。

备注事项:

1.检录登记时,发放活动手册(用于活动留念,内容包括活动介绍、检录打点盖印、传统文化解读等);

2.仪式开始前,由青少年社会组织做垫场表演(名篇诵读、仪式展演、古文今唱等活动);

3.主会场周围设展板,展示社团风采,宣传传统文化。

(二)登高活动

(三)时间

上午8:45—11:30

(四)地点

香山玉皇顶停车场为出发点及终点,附近山区4 500米环形山路为主要路线。

(五)内容

1.出发地点发放茱萸;

2.青少年社团共同登山,并清理山区垃圾;

3.沿途分布 4 个工作站,发放相关材料,宣传节约用水理念,并在手册上盖纪念章;

4.终点发放活动纪念品。

(六)线路

总长度 4 500 米,宽 4～5 米,路面为森林防火道,海拔 180 米,全程最高海拔 470 米,相对海拔 2 890 米,上坡路段 2 000 米。

八、宣传工作

1.报纸类:(略)。

2.电视台类:以新闻专题为主。

3.广播台类:

交通广播:重点宣传青少年社团倡导公交出行、环保户外行动。

城市管理广播:重点宣传青少年社团积极参与社会建设,参与社区养老敬老服务工作。

九、注意事项

(略)

××团市委

2020 年 9 月 20 日

【例文评析】

这是一份活动策划书。此活动策划书主题明确,要素齐全,内容详尽周到,对组织开展好活动有着很强的指导意义。

实战训练

改错题

阅读下面这个案例,回答后面的问题:2004 年 5 月,某商业开业庆典推出了一个策划项目:凡是手持百元人民币号码尾数为"88"的可当 200 元消费。结果顾客手持"中奖"人民币蜂拥而至,柜台被挤坏,还有人受伤,主办商家只好提前宣布终止活动。这次活动招致顾客不满,还受到中国人民银行的警告,工商部门也上门干预。

(1)分析以上案例策划失败的原因。

(2)为什么会造成如此局面?

(3)假如让你来策划这家商场的开业庆典,说说你的策划思路。

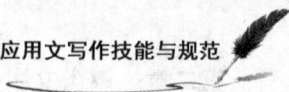

任务四　调查报告

任务驱动

结合自身所学专业,撰写一篇所学专业就业方向和需求的调查报告。

知识导引

一、调查报告的概念

调查报告,是对某项工作、某个事件、某个问题,经过深入细致的调查后,将调查中收集到的材料加以系统整理,分析研究,以书面形式向组织和领导汇报调查情况的一种文书。

二、调查报告的特点

(一)真实性

调查报告讲求事实。它通过调查得来的事实材料说明问题,用事实材料阐明观点,揭示出规律性的东西,引出符合客观实际的结论。调研报告的基础是客观事实,一切分析研究都必须建立在事实基础之上,确凿的事实是调研报告的价值所在。因此,尊重客观事实,用事实说话,是调研报告的最大特点。写入调研报告的材料都必须真实无误,调研报告中涉及的时间、地点、事件经过、背景介绍、资料引用等都要求准确真实。一切材料均出之有据,不能听信道听途说。只有用事实说话,才能提供解决问题的经验和方法,研究的结论才能有说服力。如果调研报告失去了真实性,也就失去了它赖以存在的科学价值和应用价值。

(二)针对性

调查报告的主要内容是事实,主要的表现方法是叙述。但调查报告的目的是从这些事实中概括出观点,而观点是调查报告的灵魂。因此,占有大量材料,不一定就能写好调查报告,还需要把调查的东西加以分析综合,进而提炼出观点。对材料的研究,要在正确思想指导下,用科学方法经过"去粗取精,去伪存真,由此及彼,由表及里"的过程,从事物发展的不同阶段中,找出起支配作用的、本质的东西,把握事物内在的规律,运用最能说明问题的材料并合理安排,做到既要弄清事实,又要说明观点。这就需要在对事实叙述的基础上进行恰当的议论,表达出论文的主题思想。议论是"画龙点睛"之笔。调查报告紧紧围绕事实进行议论,要求叙大于议,有叙有议,叙议结合。如果议大于叙,就成议论文了。所以要防止只叙不议,观点不鲜明;也要防止空发议论,叙议脱节。夹叙夹议,是调查报告写作的主要特色。

（三）逻辑性

调查报告的语言简洁明快，这种文体是充足的材料加少量议论，不要求细腻的描述，只要求用简明朴素的语言报告客观情况。但由于调查报告也涉及可读性问题，因此，语言有时可以生动活泼，可适当采用群众性的生动而形象的语言。同时注意使用一些浅显生动的比喻，增强说理的形象性和生动性，但前提必须是为说明问题服务。

三、调查报告的种类

（1）从内容上分，可分为情况调查报告、典型经验调查报告和问题调查报告。情况调查报告是比较系统地反映本地区、本单位基本情况的一种调查报告；典型经验调查报告是通过分析典型事例，总结工作中出现的新经验，从而指导和推动某方面工作的一种调查报告；问题调查报告是针对某一方面的问题，进行专项调查，澄清事实真相，判明问题的原因和性质，确定造成的伤害，并提出解决问题的途径和建议，为问题的最后处理提供依据的一种调查报告。

（2）从形式上分，可分为综合调查报告和专题调查报告。综合调查报告是以综合调查众多的对象及其基本情况为内容，做全面、系统的调查和反映的报告；专题调查报告就是侧重某个问题进行深入调查后形成的报告。

四、调查报告的写法

调查报告一般由标题、正文、落款、成文时间四个部分组成。

（一）标题

调查报告的标题写法比较灵活，有以下四种方式。

1. 公文式标题

公文式标题多由"事由+文种"的形式组成，如《关于普通高等学校艺术教育现状的调查报告》；也可以由"调查机关+事由+文种"的形式组成，如《全国农业规划委员会办公室关于开发区占地情况百县调查报告》。

2. 揭示主题式标题

用短语直接揭示调查报告的主题，给人的印象鲜明而强烈，如《切实解决农村党支部书记选用难的问题》。

3. 设问式标题

设问式标题即用提问的方式写标题，起到启发人和吸引人阅读的作用，如《生活富裕后艰苦奋斗的作风还要不要》。

4. 正副式标题

正副式标题即用正标题揭示报告的主题，副标题做补充说明，给人的印象清新活泼，如《科技与农村经济结合的成功之路——星火科技调查报告》。

（二）正文

正文一般包括前言、主体和结尾三部分。

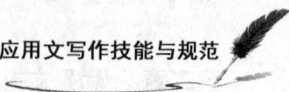

1. 前言

前言是以简要文字交代调查的目的、时间、地点、调查对象或范围、调查方式、取得的结果以及本文所涉及的主题。前言的写法有很多种,如概述式、结论式、设问式等。

(1)概述式前言。用概述方法,对调研目的、时间、地点、对象、方式等基本情况给予概括回顾。这种前言,强调调查主体开展调研的情况,进入主题朴实自然,拉近了与读者的距离。也可以从概述调查客体即调查对象的基本情况开头,使人们对调查有一个概貌的认识,给读者以更加客观的感受。

(2)结论式前言。打破常规,先交代结论性意见。结论性意见本应放在结尾,但是,作者把它提到前言部分表达,具有先声夺人、画龙点睛之功效,给人以强烈的震撼,"抓"住读者用心去阅读。

(3)设问式前言。将调查报告的重点内容用设问的方式放在前言部分,以引起读者注意。这种前言吸引力大,提醒人们带着问题读调查报告,这是很好的开头方式。

2. 主体

主体由调查情况和研究结果两部分组成。调查情况旨在详细具体地叙述调查对象的基本状况;研究结果则重点反映对调查对象基本情况的分析,找出规律性认识,提出解决问题的对策、方法、措施等。应当说,调查情况是形成研究结果的基础和前提条件;研究结果则是对调查情况的理性分析和提炼升华,是调查报告的主要价值之所在,主体部分可以采用横向式结构、纵向式结构、综合式结构。

(1)横向式结构。将主体部分概括成几个并列的问题分别阐述。这样的写法容易做到条理清楚、观点明确、重点突出,比较适合典型经验调查或社会基本情况调查。

(2)纵向式结构。按照事物发生发展过程或调查顺序展开议论和叙述。这样便于读者了解事实的来龙去脉和前因后果,比较适合事故或案件的调查报告和内容较为简单的调查报告。纵向式结构有两种形式。一种是按调查事件的起因、发展和先后次序进行叙述和议论。一般情况的调查报告和揭露问题的调查报告的写法多采用这种结构方式,有助于读者对事物发展有深入的全面的了解。另一种是按成绩、原因、结论层层递进的方式安排结构,一般综合性质的调查报告多采用这种形式。

(3)综合式结构。这种调查报告形式兼有纵式和横式两种特点,互相穿插配合,组织安排材料。采用这种调查报告写法,一般是在叙述和议论发展过程时采用纵式结构,而写收获、认识和经验教训时采用横式结构。

调查报告的主体部分不论采取什么结构方式,都应该做到先后有序、主次分明、详略得当、联系紧密、层层深入,为更好地表达主题服务。

3. 结尾

结尾是调查报告分析问题、得出结论、解决问题的必然结果。不同的调研报告,结尾写法各不相同。一般来说,调查报告的结尾有以下五种:对调查报告归纳说明,总结主要观点,深化主题,以提高人们的认识;对事物发展做出展望,提出努力的方向,启发人们进一步去探索;提出建议,供领导参考;写出尚存在的问题或不足,说明有待今后研究解决;补充交代正文没有涉及而又值得重视的情况或问题。调查报告结尾要简洁有力,有话则长,无话则短,没有必要也可以不写。

五、调查报告的写作程序

调查报告写作要经过以下五个程序。

(一)确定主题

主题是调查报告的灵魂,对调查报告写作的成败具有决定性的意义。因此,确定主题要注意以下方面。

(1)报告的主题应与调查主题一致。

(2)要根据调查和分析的结果,重新确定主题。

(3)主题宜小,且宜集中。

(4)与标题协调一致,避免文题不符。

(二)取舍材料

对经过统计分析与理论分析所得到的系统的完整的"调查资料",在组织调查报告时仍需精心选择,不可能也不必都写进报告,要注意取舍。如何选择材料呢?

(1)选取与主题有关的材料,去掉无关的、关系不大的、次要的、非本质的材料,使主题集中、鲜明、突出。

(2)注意材料点与面的结合,材料不仅要支持报告中某个观点,而且要相互支持,形成面上的"大气"。

(3)在现有有用的材料中,要比较、鉴别、精选材料,选择最好的材料来支持作者的意见,使每一材料以一当十。

(三)布局和拟订提纲

这是调查报告构思中的一个关键环节。布局就是指调查报告的表现形式,它反映在提纲上就是文章的"骨架"。拟订提纲的过程实际上就是把调查材料进一步分类、构架的过程。构架的原则是:"围绕主题,层层进逼,环环相扣。"提纲或骨架的特点是它的内在逻辑性,要求必须纲目分明、层次分明。

调查报告的提纲有两种:一种是观点式提纲,即将调查者在调查中形成的观点按逻辑关系一一地列写出来;另一种是条目式提纲,即按层次意义表达上的章、节、目,逐一地一条条地写成提纲。也可以将这两种提纲结合起来制作提纲。

(四)起草报告

这是调查报告写作的行文阶段。要根据已经确定的主题、选好的材料和写作提纲,有条不紊地行文。写作过程中,要从实际需要出发选用语言,灵活地划分段落。

在行文时要注意:一是结构合理(标题、导语、正文、结尾、落款);二是报告文字规范,具有审美性与可读性,如:"制定优惠政策,引进急需人才""运用竞争机制,盘活现有人才"(文章段落的条目观点);三是通读易懂,注意对数字、图表、专业名词术语的使用,做到深入浅出,语言具有表现力,准确、鲜明、生动、朴实。

(五)修改报告

报告起草好以后,要认真修改。主要是对报告的主题、材料、结构、语言文字和标点符号进行检查,加以增、删、改、调。在完成这些工作之后,才能定稿向上报送或发表。

例文赏析

关于2021年重庆市大学生网络购物的调查报告

一、大学生网络购物简介

在学校里、在宿舍里,怎样买到物美价廉的好东西,是每一天都能听到的话题。再看看那些快递公司,每一天中午就像开展销会一样,在宿舍楼下摆开一长串各式各样的邮件。可是还有许多同学不愿尝试网上购物,阻碍他们的原因是什么? 那些热衷于网上购物的学生,他们的购物动机、购买物品特点又是什么? 男女大学生在网上购物有什么样的区别……所以,网上购物对于大学生而言的利弊是同时存在的,我们将就此类问题进行简述与分析。

二、调查方案与结果

(一)调查方案

1.调查目的

经过对大学生网络购物的调查,了解并寻求大学生购物的趋向以及大学生的购物标准等问题。

2.调查方法

经过口头询问、访谈等方式对大学生进行调查、研究。

3.调查对象

在校大学生(包括大一至大四的学生)。

(二)调研结果

1.大学生网络购物的各特征分析

(1)大学生网络购物的性别特征。

(2)大学生网络购物的年龄特征。

(3)大学生网络购物的支付力特征。

大学生的基本生活花费大都来源于家庭的供给,因此,大学生的消费水平也必然与其家庭收入相符。大学生的生活费基本上集中于400~800元,过高或过低的人只占较少的一部分。

2.大学生网络购物的原因分析

经过访谈,多数有过网络购物经历的人表示,他们选择网络购物的原因主要有时效性、便利性、价格低以及商品的多样性。大学生选择网络购物多是看好了其便利的特性,网络购物更方便,更能够节省成本,同时也能够获得更加丰富的商品信息。

3. 大学生对购物网站的选择

(1)获知渠道。

(2)选择原因。

4. 大学生网络购物的购买行为特征

(1)购买的商品类型或服务类型。

(2)购买频率和购买金额。

经过调查,大学生网络购物的频率多数集中于每三个月一次,可是也有少数人每个月会有一次网络购物。而在购买金额方面,则普遍集中于 100 ~ 300 元,购买的金额与上述所说的大学生主要购买的商品和服务类型相吻合。

(3)价格期望。

(4)付款方式。

5. 大学生对于网络购物的评价

(1)网上购物的担心因素。

(2)需要改善的方面。

(3)未来购买意愿。

对于网络购物,绝大多数的大学生的购买欲望还是比较浓厚的,除去一些不可避免的因素,网络购物确实有存在的必然性,方便、商品种类多样、价格低等优点都是吸引大学生进行网络购物的主要因素。

(4)网络购物的前景。

绝大多数的大学生认为网络购物的前景广阔,发展空间大,易于被理解。

三、结论

(1)大学生网上购物的潜力巨大。

(2)大学生网络购物的市场已构成。

(3)购物首选网站高度集中。

【例文评析】

调查报告的核心是实事求是地反映和分析客观事实,主要包括两个部分:一是调查;二是研究。本文作者深入实际开展调查,准确地反映了大学生网络购物的客观事实,文章中没有主观想象,而是按照事物的本来面目了解事物,详细地钻研材料,在掌握客观事实的基础上,认真分析,透彻地揭示了大学生网络购物的本质,并提出结论性的建议和对策。

1. 前言部分简明扼要,精练概括地交代了调查的目的、地点、对象与范围等,也概括了调查报告的基本观点,使读者对全文内容、意义等获得初步了解。

2. 主体部分从调查方案、结果两个方面进行了介绍。

3. 标题层级及标点符号使用要规范(《党政机关公文格式》对公文文中结构层次序数的使用进行了规定,依次可以用"一""(一)""1""(1)"标注)。

案例分析

大学生课外阅读书籍的调查

阳光下、草坪上、教室里、图书馆里……到处可以看见书不离手的大学生,他们脸上洋溢着满足自信的笑容。

"你课外阅读的主要目的是什么?""你最喜欢阅读哪种类型的书籍?""你平时看一本书用多长时间?"……前不久我们对大学生的阅读取向进行了一次访问式调查,目的是了解当代大学生读什么书、读多少书和怎样读书的问题。

通过调查发现,有部分学生的课外阅读主要是为了休闲。他们认为,"平时专业课程的阅读量已经很大了,课外阅读当然选择内容较轻松的课外书籍,以缓解读书的压力"。这样的学生大约占44.9%。还有部分同学的课外阅读是为了拓展知识面。这样的学生所占比例较少,只有8%。

大学生不青睐具有专业知识的书籍是否合理呢?不少招聘企业都感慨现在的大学生专业能力很薄弱,学以致用的能力较差。在学校期间不注重专业知识的积累和自身专业技能的训练,不阅读、不关注相关专业课外书籍,是造成这种现象的原因之一。

在回答"你最喜欢阅读哪种类型的书籍"时,大多数学生选择报纸杂志。报纸杂志始终占据大学生阅读排行榜的首位。多数学生选择此类书籍的原因大多是"阅读起来方便"和"信息量大,来源广泛,易获得"。调查中发现,学校为学生免费提供的《文汇报》成为阅读人次最多的报刊,《青年报》、《环球时报》、《参考消息》、《电脑报》、《读者》有一定的市场。在阅读内容上,阅读新闻占61%,领先其他三项,阅读生活信息及收集资料占24%,阅读文学作品占16%,阅读评论文章占18%。

目前大学生的阅读结构对大学生正确世界观、人生观的形成非常不利,急需加以正确引导。

1. 标题表述不准确,不规范。

2. 调查的基本情况表述不完整,缺少调查的对象、调查的范围等具体情况。

3. 标点符号使用错误,连用书名号时,中间不用顿号。

4. 对调查结果的分析不够深入,未指出产生问题的原因及解决措施。

知识拓展

起草调查报告的"五个维度"

实战训练

一、选择题(备选答案中至少有一个是正确的)

1.调查报告是整个调查工作,包括( )、( )、( )、( )等一系列过程的总结,是调查研究人员劳动与智慧的结晶,也是客户需要的最重要的书面结果之一。

A.计划　　　　　B.实施　　　　　C.收集　　　　　D.整理

2.调查报告的特点有( )。

A.注重事实　　　B.论理性　　　　C.语言简洁　　　D.说理性

3.调研报告的文章结构一般由( )、( )、( )和有关建议的概要和本文( )构成。

A.题页　　　　　B.目录表　　　　C.调查结果　　　D.主体部分

4.调查报告的主题确定需要注意( )。

A.报告的主题应与调查主题一致

B.要根据调研和分析的结果,重新确定主题

C.主题宜小,且宜集中

D.与标题协调一致,避免文题不符

二、写作训练

根据你在学校所学专业的实际情况,写一份本专业近两年就业情况的调研报告。要求内容翔实,语言表达得体,结构完整,字数在1 000字以上。

任务五　新闻

任务驱动

根据你所在学生社团近期开展的一项活动,撰写一则新闻。

知识导引

一、新闻的概念

新闻,是用概括性的叙述方式,以简明扼要的文字或图片,迅速及时地报道国内外新近发生的、有报道价值的、群众最关心的事件的一种文体。

新闻又有广义和狭义之分。广义的新闻,是指报纸、电台、电视台、互联网等媒体上经常使用的记录与传播信息的一种文体,主要包括消息、通讯、特写、新闻评论等。

狭义的新闻一般专指消息。

二、新闻的特点

新闻有"新""真""简"的特点。

（1）"新"是指新闻的内容必须是刚刚发生的、人民群众普遍关心且有较大影响的新情况、新经验、新问题。

（2）"真"是指新闻的内容必须完全真实，准确无误。真实是新闻的生命，其构成要素——时间、地点、事件、人物以及引用的数字、例证都必须反复核实清楚，绝不允许虚构和失实。坚持新闻的真实性是消息应该把握的首要原则。

（3）"简"是指新闻的篇幅要简短，语言精练。要用尽可能少的文字传达尽可能多的信息，多数新闻的篇幅在 300 ~ 500 字，有时一句话就是一条新闻。

三、新闻的结构

新闻的结构比较固定、简单，大多数新闻的结构都采用"倒金字塔"式。所谓"倒金字塔"结构，是指将新闻中最重要的内容、概括性的内容放在开头，然后再具体展开内容的阐述。一般写作结构有标题、电头、导语、主体、背景材料、结尾六部分。

（一）标题

标题是揭示新闻主要内容并以醒目的形式刊出的简短文字。标题一般由引题（眉题）、正题（主题）和副题（辅题）三部分组成。引题用来交代背景，说明来源，揭示意义；正题概括与说明主要事实和思想内容，是整个标题的中心；副题揭示报道的事实结果，是对正题的补充说明。

1. 多行标题

多行标题一般由引题、正题、副题组成，它基本概括了新闻为读者提供的丰富信息，常用于重要信息。例如：

昨日万盛秀山最高气温 30 ℃，主城最高气温 38. 4 ℃（引题）

在春天的季节，我们迎来了夏日的灼热（正题）

这个三八节重庆 63 年来最热，周一开始降温（副题）

2. 双行标题

第一，引题+正题：引题位于正题之上，常从一个侧面对正题进行引导、说明或烘托。例如：

体验网购新变化（引题）

新消法实施首日无理由退货仍有障碍（正题）

第二，正题+副题：副题位于正题之下，对正题起着补充和解释的作用。例如：

山舞银蛇，原驰蜡象（引题）

江淮大地，好大雪（主题）

万众上街铲雪，交通畅行无阻（副题）

3. 单行标题

单行标题指只有一行字的标题。这种标题以叙事为主，要求简洁明了地反映新闻的主

要内容或意义,让读者一目了然。例如:

北京冬奥的世界意义:团结应对共同的挑战

(二)电头

电头是新闻的标志,是新闻发出媒体、时间和地点的交代与说明,其形式主要有"讯"与"电"两大类,如"本报讯""本台消息""新华社某地某日电"等字样。消息头空两格书写,用黑体字标明。

"讯"主要指通过邮寄、书面递交或网络等形式向报社传递的新闻报道。若稿件是报社通过自身的新闻渠道获得的本埠消息,一般都标"本报讯";若稿件是从外埠寄来的,应该标明发布新闻的时间和地点,如"本报北京××月××日讯"。

"电"主要指通过电报、电传、电话等形式向报社传递的新闻报道。一般由"传递者+地点+时间+电"构成,如"新华社北京××月××日电"。

(三)导语

导语是新闻开头的第一自然段,用一句话或几句话概括新闻中心内容,起提示全文作用。导语中要概括说明新闻的时间、地点、人物、事由、结果等内容,用最简洁的文字将新闻中最新鲜、最重要的事实反映出来。导语是全文最关键的部分,具体写法上,可以用叙述式、评述式、描写式、引语式等多种方法。

1. 叙述式导语

叙述式导语又称直叙式导语,用直接叙述的方法,简要地写出新闻中最新鲜、最重要的事实。如:

在人们的印象中,联合国是个开会的地方,很少有人知道联合国也是个蕴藏巨大商机的市场。联合国及其附属机构近日公布了4月份在全球的采购招标计划,面对一系列科技含量并不高的商品,本市众多企业却无动于衷,任商机从身边溜走。

2. 评述式导语

评述式导语对新闻的主要内容进行评论,说明意义,进行判断。这类导语又可分为"结论式""评论式""提问式"三种类型。如:

今天,新中国颁布的第一部专利法正式生效了。从此,脑力劳动成果被无偿占用的历史在我国宣告结束。(评论式)

目前世界上究竟有没有贫困的"第四世界"? 有! 尽管在这不断繁荣的年代里不多见,然而它却一直存在着。(提问式)

11月4日,海军舰载直升机在黄海海域首次进行夜间行进间着舰训练,并取得圆满成功,此举标志着我舰载机部队战斗力提升。(结论式)

3. 描写式导语

描写式导语对新闻中的人和事,或现场环境做简洁形象的描绘,渲染气氛,以达到某种情绪效果。如:

一盆盆翠绿的麦冬、松柏、万年青和盛开的鲜花装点在人民大会堂的大厅里,全国妇联今天下午在这里举行联欢会。中外妇女一千五百多人欢聚一堂,相互握手问好,亲切交谈,共同庆祝"三八"国际劳动妇女节。

4.引语式导语

引语式导语即引用新闻人物精彩而生动的语言来揭示新闻主题,恰当地使用引语以补充陈述新闻事实、提示阐明事件的意义及其影响。这样的导语说服力强,比较客观、可信,能触动读者的认同感。如:

"我们就是要通过升国旗强化农民的爱国意识,教育广大农村干部群众更加自觉地维护祖国统一,珍惜各民族之间的团结。"巴楚县色力布亚镇党委书记色买提·司马义对记者说。

(四)主体

主体是新闻的主干,紧接导语之后。其主要功能是对导语进行解释、具体化、深化;补充新的事实,充分而有力地体现新闻主题的核心部分。主体的写作应紧扣新闻主题取材,叙事具体,内容充实、生动,详略得当。

(五)背景

新闻的背景材料指新闻材料中涉及与新闻人物和事件发生、发展相关的历史原因和环境、条件等方面的材料。背景材料在新闻中可独立成段,也可穿插于导语、主体或结尾中,起到衬托、深化主题的作用。有些新闻比较简短,可以不用背景材料。

(六)结尾

结尾即结语,是新闻的结束语。并不是所有新闻都有结尾,如正文内容已经交代清楚的,可自然结尾。常见的新闻结尾方式有小结式、展望式、补充式、含蓄蕴藉式等。结尾要写得简短精练、新颖生动。

四、新闻的写作要求

(一)要素齐全

每一篇新闻都应具有一些不可缺少的要素,即时间、地点、人物、事件、原因、结果六要素必须齐全。这也就是世界新闻界通常所说的 5 个"W"和 1 个"H":When(何时)、Where(何地)、Who(何人)、What(何事)、Why(为何)和 How(何果)。新闻写作,要把六要素交代清楚,而且必须写得准确、真实。有时六要素中的某一个或几个也可以省略,但必须是在一定的前提和条件下才行。如新闻的个别要素是人所共知的,不会使读者产生误解,也可以省略。

(二)结构合理

新闻的结构安排,应以最大限度地突出中心和表现内容为原则,按实际需要来选择最佳的结构方式。新闻的结构方式经过长期的演变与发展,形成了固定的结构类型和模式,即倒金字塔式结构、金字塔式结构和混合式结构三种。其中最常用的是倒金字塔式结构，一般是把最重要、最新鲜或最精彩的事实放在开头，其他事实按重要程度递减顺序来安排，形成前重后轻、上大下小的格局，形如倒过来的金字塔。这种结构方式有利于加快写作和编辑的速度，保证新闻的时效性，并能满足读者的新闻需求。金字塔式结构和倒金字塔式结构刚好相反，通常是把最重要或最精彩的事实放在最后，以增强读者的期待感，并采用"剥笋式"的方法层层深入，给人一种渐入佳境的感觉。混合式结构是倒金字塔式结构和金字塔式结构的混合形式。它集合了这两种结构方式的全部优点，使用日益广泛，越来越受到人们的欢迎。

（三）叙述简明

读者阅读新闻主要是为了了解事实真相，而不需要艺术赏析。因此，新闻的叙述一般不需要详尽地描写事件的全过程，而是简明扼要地舍去一切可以舍弃的成分，以便更准确地概括出事情的发生和发展的概况，以及事实本身的内在联系。当然，在特殊情况下，新闻中也可以有一些描写，用以渲染气氛，增强感染力。

（四）形式精悍

短小精悍的新闻有利于抢时间、争速度，向读者提供更多的新信息，扩大报道领域。报道的内容要精，要善于剪裁，要舍得割爱。

例文赏析

环保刻不容缓

红光居委会组织环保宣传文艺晚会

新华网柳州 7 月 16 日讯　7 月 15 日晚 8 点，红光小区街道居委会组织小区居民在小区内开了一次别开生面的文艺晚会，这次晚会的目的是宣传环保知识，增强群众的环保意识。

晚会在 8 点准时开演，参加演出的演员是居委会干部和普通的小区居民，有 20 余人，表演的节目有演讲、小品、唱歌等。晚会上，一小区居民的演讲《绿色奥运与环保》博得了全场观众最热烈的掌声，掀起了晚会的高潮。晚会在 9 点 40 分落下帷幕，一居委会领导立即上台讲话，他说柳州前几年才脱掉全国四大酸雨城市的帽子，但最近水污染又成了大问题。因此，大力宣传环保是必不可少的。申奥已成功了，绿色奥运是北京的主题，我们要和北京同步，把环境搞好，只要大家都动起手来保护环境，柳州就会变成舒适的绿色家园！话毕，全场掌声四起，台下观众也跟着踊跃发言。一位老爷爷说，他没有什么文化，以前环保意识不强，但这次晚会让他受益匪浅，让他深刻体会到了环保的重要性。晚上 11 点，人们才渐渐散去。

会后了解，这次文艺晚会是小区居委会在小区开展的第二次宣传环保的活动。一居委会领导表示，今后还会开展更多这样的环保宣传活动，把全民动员起来，使环保意识进一步深入到每一个家庭。

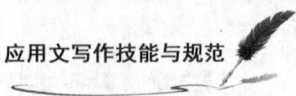

【例文评析】

本文的标题有引标、主标。引标交代了事件的背景，主标是多行标题的中心，集中概括了新闻的主要事实。文章精练，真实，通俗易懂，结构清晰，让人一目了然。本文由经过采访后的第一手材料组织而成，时效性强。文章第一段为导语，它用简洁明快的语言概括了新闻的主要事实，吸引读者阅读下文。第二段是文章的主体部分，首先介绍了晚会的节目及参与人员，接着写了晚会中掀起高潮的节目，紧接着写了居委会领导和老爷爷在晚会闭幕后所说的话，这部分是按时间顺序来写的。最后写居委会领导的讲话，总结了这台晚会的内容，结语部分再次点明本则消息的主题，中心突出。

案例分析

北洋园校区召开新学期第一次物业、能源全体工作会

2月15日，后勤保障部物业、能源管理办公室在学五食堂三层会议室召开本学期第一次全体工作会。本次会议由后勤保障部副部长××主持，物业办、能源办全体及各外包单位负责人参加。

会议首先对假期工作做了全面总结，接着对新年新学期的物业、能源相关工作做了重点部署。副部长××强调，新学期务必继续加强校园安全检查工作，要改变以往的工作方式方法，使安全检查工作前置，加强预防性巡视。其次，要求相关工作人员从宿舍入住、供暖调节、用电提醒及卫生清理等方面提前做好学生返校的准备工作，全方位保障学生返校后安全、整洁、有序的生活、学习环境。

此次会议，既对过去一年的工作进行了总结，同时也为新一年的工作指明了方向；既积累了信心，又激发了大家的斗志。新的一年，新的学期，物业办、能源办将卯足干劲儿，不断提升服务品质，与北洋园师生一起前行！

1. 标题有语病，召开会议的主体不是"北洋园校区"；标题与导语重复，没有提供新信息，不吸引人；标题中一般不使用标点符号。
   如要修改，可修改如下（供参考）：（1）后勤保障部部署新一年物业和能源管理工作；（2）加强检查与巡视工作，做好物业与能源保障；（3）年初部署物业与能源工作，探讨工作方式与方法改革。

2. 新闻六要素基本符合导语的要求，但没有突出年初第一次会议的重要性。会议的目的和意义没有写出来，显得很平淡，没有多少新闻价值。会议的参与人是物业办、能源办全体员工和各外包单位负责人，这与标题不太一致。

3. 正文有些内容交代得不够具体；行文逻辑关系有问题（首先、其次）；第二自然段最后一句不通顺，目的表达得不明确。

4. 最好不进行自我评价。不应采用第一人称来写。新闻应该是一种客观的报道，除了新闻社论、评论以外，最好不要进行主观评价。新闻是写给读者看的，不是用来激励自己的。

5. 新闻的卖点在哪儿？可增加背景材料，写一下上一年度北洋园校区在物业和能源管理方面的经验，展示一下工作业绩。客观陈述后勤保障部在办学中的保驾护航作用，然后归结到"服务"上来。

知识拓展

新闻写作技巧浅谈

实战训练

一、选择题(备选答案中至少有一个是正确的)

1.新闻最明显的特征是"新"、(　　)、"简"。

A."真"　　　　　　B."短"　　　　　　C."繁"　　　　　　D."文采"

2.新闻的(　　)概括与说明主要事实和思想内容,是整个标题的中心。

A.引标题　　　　　B.正标题　　　　　C.副标题　　　　　D.单标题

3.评述式导语:对新闻的主要内容进行评论,说明意义,进行判断。这类导语又可分为"结论式""评论式"、(　　)三种类型。

A."叙述式"　　　　B."描写式"　　　　C."引语式"　　　　D."提问式"

二、写作训练

请根据学校春季/秋季运动会情况拟写一篇新闻(消息)。要求格式正确,语言得当(相关信息可自拟)。

任务六　简报

任务驱动

根据你所在学校或班级最近举行的一次活动,编写一份简报。

知识导引

一、简报的概念

简报,是情况的简要报道,是各级各类机关、企事业单位及社会团体内部用来反映情况、汇报工作、交流经验、沟通信息的一种内部事务性文书。它是具有汇报性、交流性和指导性的简短、灵活、快捷的简要报道。根据内容性质不同,又可称为"动态""简讯""要情""摘报""工作通讯""情况反映""内部参考""会议简报"等；也可以说，简报就是简要的调查报告，或简要的情况报告，或简要的工作报告，或简要的消息报道等。

二、简报的特点

（一）"新"

"新"是指简报反映的情况内容要新。简报通常反映经济和社会发展或是某项工作、某项活动中出现的新情况、新问题、新经验、新成果、新思想、新趋势等。

（二）"准"

"准"就是指简报要抓确有价值的信息。简报要抓热点问题，普遍的情绪意见；抓典型材料，准确反映事物的真相和本质。

（三）"快"

"快"就是简报的编写要快，传递要快，处理解决要快。简报能够以最快的速度，对新情况、新问题、新经验及时地予以反映。

（四）"简"

"简"一是指语言要简，开门见山，要言不烦；二是指内容要简，不做铺展，精当概括；三是指篇幅要简，以最少的文字传达最丰富的信息内容。

三、简报的种类

（一）工作简报

工作简报是反映本地区、本系统、本部门日常工作或问题的经常性简报。它包含的内容较广，工作情况，成绩问题，经验教训，表扬批评，对上级某些政策或指示执行的步骤、措施都可以反映。

（二）专题简报

专题简报是一种阶段性的简报，反映某项专门工作的动态。它往往是针对机关工作中某一时期的中心工作、某项中心任务办的简报。

（三）会议简报

会议简报是及时反映、交流会议情况，引导会议发展的一种临时性简报。它主要反映会议进程，与会者反映的问题、意见、建议等。

（四）动态简报

这种简报扼要反映某一领域新近发生的情况，出现的问题和动向。这种简报内容新、时效性强、信息量大。

四、简报的作用

（一）上情下达

向下级通报有关情况，推广先进经验，传达上级机关意图。

（二）横向沟通

平行机关之间交流经验、沟通情况。用于平级单位、部门之间交流经验、沟通情况，以便于相互学习借鉴，促进工作。

（三）下情上达

迅速及时地向上级反映本单位、本系统的日常工作、业务活动、思想状况等，便于上级及时了解情况，分析问题，做出决策，有效地指导工作。

五、简报的结构和写法

简报结构由报头、报核和报尾三部分组成。

（一）报头

首页横隔线以上称为报头，由简报名称、期数、编发单位、印发日期、密级程序、编号、横隔线等项目组成。

1. 简报名称

常见的名称有"简报""工作简报""工作动态""内部参考"等。名称确定后，一般不要经常更换。简报名称用大号字套红印刷。名称的位置应固定在第一页上方正中。

2. 期数

简报期数一般放在简报名称下方，横隔线之上。

3. 编发单位

编发单位一般在简报名称下面的左侧。

4. 印发日期

印发日期标在简报名称下面的右侧。

5. 密级程度

密级程度一般标在报头的左上角。根据简报内容所涉及机密的程度，可注明"绝密""机密""秘密"或"内部参考"等字样。如果有传阅范围限制，可以在密级程度下面注上"供××级以上领导参阅"等字样。

6. 编号

编号根据印发份数依次编号，每份一号，以便登记、保存和查核利用。编号一般放在报头的右上角，与密级形成对称。

7. 横隔线

在报头的下方用一条醒目横线将报头与报文隔开，一般为红色，称为横隔线。

（二）报核

报头以下、报尾以上的部分都是报核。

1.按语

对于内容重要的简报,有时要在正文之前加写一段文字,以表示发文单位的意见,这段文字就是简报的按语。按语是介绍和评价正文,或者就正文所涉及事件、现象等所发表的评论意见。按语放在正文之前,有时也以编者的话或编后语,放在正文之后。

2.标题

简报的标题和新闻的标题相似,要揭示主题,简短醒目,可分为单标题、双标题两种基本类型。

(1)单标题,用一句话概括正文的主要内容。如《××区举行"我为党旗添光彩"诗词讲读大赛》《我校举办库区腹地高校 2019 届毕业生双选会》《××市超额完成全年税收计划》。

(2)双标题,正标题揭示正文的内容或意义,副标题起补充说明作用,强化正标题的含义。如《三年埋头苦干,如今硕果累累(正题)——×××市地方税务局征管信息网络正式开通(副题)》。

3.正文

(1)前言部分,一般用简洁、明确的一段话,总括全文的主要事实,先给人一个总的印象。简报的前言类似新闻开头中导语的写法,有摘要式、描述式、提问式等多种形式。摘要式是以简明的语言,概括介绍简报的主要内容。描述式是以生动的笔触,选取简报叙述的内容中最能吸引读者的一点进行描写,吸引读者。提问式导语,是围绕简报反映的内容,以提问或反问的形式入题,吸引读者注意。

(2)主体部分,是简报的主要部分,是对开头部分概括内容的进一步具体化。这部分要选择富有说服力的典型材料,加以合理安排,中心内容要突出、具体,条理要清楚,语言要简洁。一个自然段最好写一层意思,不要把各个方面的内容都汇集在一个自然段里。段与段之间应按照事物的内在逻辑联系层层深入、环环紧扣,以便叙述清楚正文内容。

(3)结尾部分,用一句话或一段话,概括正文的主要内容,或指明事件发展的趋势,或发出号召,或提出今后的打算。事情单一,篇幅短小的,可不写结尾部分。

4.供稿单位

简报一般不具名,必要时在正文的右下方写明"×××供稿"。

(三)报尾

在简报末页,用横隔线和报核分开。报尾内容较简单,横隔线下左边写明发送范围,可报上级单位,送平行或不相隶属的单位,发下级单位;在平行的右侧写明印刷份数。

六、简报的写作要求

(一)简明扼要

简报的写作必须注意做到简短、明快,用尽可能少的文字说清楚必须说明的问题。一是注意主题集中,一稿一事,不贪大求全。一份简报只抓住一个问题,不搞面面俱到才能使简报的主题凝聚,篇幅短小,问题说得透彻。二是注意精选材料,围绕主题精心挑选典型事例。凡是能够表现主题的材料,都要注意加以精选,不可轻易放过;凡是与主题无关的材料,即使十分生动,也必须坚决舍弃。筛选使用典型材料,做到不堆砌,不罗列,不雷同,少而精。三是注意既要求简,又要写清。简报求简,是在说明问题的前提下求简。"简",应该是服从内容的需要,不能由一个极端走向另一个极端。

(二)讲究时效

及时捕捉信息,快速成文。简报的功能,决定了简报的编者必须讲求时效。这就要求简报的作者思想敏锐、行动敏捷,对问题反应得快,对材料分析得快,写作构思快,动笔成稿快。

(三)内容真实

真实是简报的生命所在,简报的材料不能虚构,更不能任意想象、捕风捉影。用事实说话,是简报的主要特征之一,也是我们编写简报应该注意的一个重要问题。

(四)信息新

简报中反映的事件要有新闻性,要写新情况、新经验、新趋势。唯有"新"的东西,才值得编发简报。

例文赏析

重庆市精神文明建设工作简报

第 20 期

重庆市文明委编　　　　　　　　　　　　　　2020 年 1 月 10 日

垫江县着力弘扬孝善文化

重庆市垫江县针对谁来孝、怎么孝、如何传承孝等问题,积极探索实践,以弘扬孝善文化为切入点,大力培育家庭文明风尚。

一、打造孝善课堂。全县 90 余所中小学在班队活动、升旗仪式、课间操等时间开展敬老孝老思想教育,用经典孝心故事、典型事迹等引导师生学习践行,强化敬老孝老意识。组建兴趣小组、活动策划组、师生 PK 联盟等校园团体,开展孝善主题绘画创作与展览、征文与演讲、辩论与评选等活动 230 余场次,寓教于乐,培育文明之风。定期组织学生到敬老院和孤寡老人、留守老人家中陪护、打扫,争做孝心少年。

二、倡导孝善理念。立足家庭孝善故事和理念,开展编写孝训、晒家风活动,整理出孝和家事兴,孝报亲恩、三生践行,百善孝为先、吾身必躬行等孝训 60 余条,丰富家风孝德内涵。坚持立足基层,以媒体发现、群众推荐、官方发布、社会评议方式,树立孝心典型 300 余人,评选出"最美孝心媳妇(女婿)""最美孝心儿女""最美孝心家庭"等 100 个,发挥典型示范引领作用,弘扬倡导孝善文化。

三、开展活动引导。组建孝心服务队,党员志愿者、优秀志愿者带头开展"一个志愿者,一名孝心大使""跟着榜样学敬老"等志愿服务活动 81 场,开展"孝心像花儿一样绽放"志愿服务 600 余场。联合垫江慈善会、基金会、公益组织,组织学校、医院、企业等各行业志愿者 300 名,进敬老院、进社区、进农村开展敬老孝老志愿服务活动 560 余场。邀请重庆师范大学、西南大学志愿者驻地开展孝心募捐和多项志愿服务活动,在报纸、电视台、电台、网络、微信微博和户外广告等阵地刊播敬老孝老志愿服务公益广告,营造浓厚氛围,传递孝善文化正能量。

四、选树孝善典型。开展"身边孝星微访谈"活动,宣传孝善故事、传播孝善文化。以村(社)为单位,组织民间艺人和专门采写小组,挖掘宣传孝心人物真实故事和感人事迹。坚持"规模机动、场地流动、内容生动"原则,在微访谈中融入本土孝善主题文艺作品,访谈对象涵盖党员干部、企业工人、村(社)群众等,以身边典型激励人们弘扬孝善美德。

五、宣传孝善法规。结合"阳光司法进万家"活动,组织村(社)群众现场观摩对恶劣赡养案件的巡回审判,引发群众思考,唤起孝善责任感。组建法院调解服务队,针对一般案件,以劝诫、法律惩戒等方式,教育引导当事人自觉履行赡养义务。积极宣传赡养相关法律法规,印发孝心人物故事手册2 000本、法律常识5 000册,培育群众"不孝为耻,尽孝为荣"的自觉性和道德感。

(供稿者:×××)

报:中央文明委
送:重庆市×××
发:市属各单位文明办,各区县文明办　　　　　　　　　　　　　　　(共印100份)

【例文评析】

报头由简报名称、期数、编发单位、印发日期等构成,套红印刷。横隔线以下是报核,标题准确、鲜明地概括了主题,导语概括出主要内容,正文叙述翔实具体,选择材料典型。报尾能分三层标注"报"上级机关,"送"平级机关,"发"下级机关,印发份数标注准确。

案例分析

××集团职工代表大会简报

集团办公室　　　　　　　　　　　　　　　2021 年 4 月 22 日

××集团职工代表大会胜利召开

2021 年 4 月 20 日上午 8:30,××集团在集团大礼堂隆重召开职工代表大会。集团张××总经理、李××副总经理、王××副总经理及 25 名职工代表出席了会议,刘××为大会致贺词,张××总经理代表集团作了工作报告,王××副总经理作了财务报告,陆××主持了会议。

刘××代表上级单位对我集团的工作给予了充分的肯定,并对今后的职代会提出了一些建议。

下午 2:00,分四个小组对张××总经理的工作报告进行了讨论,代表们踊跃发言。代表们认为报告对过去的工作总结客观、真

1. 报头应由简报名称、期数、编发单位、印发日期等构成,此处缺期数,可补充"第 30 期"。

2. 本部分内容阐述较为简略,可适当补充完善。

实,成绩确实鼓舞人心;对存在的问题分析透彻,一针见血,指出了面临的机遇和挑战;对未来的发展指明了方向,是一篇实事求是和迎接挑战的时代宣言。<u>张××总经理的报告分工作总结和工作规划两大部分,回顾了集团成立三年来所取得的成绩,指出了存在的问题,对集团的发展提出了宏伟的蓝图,振奋人心。</u>

下午4:00代表们举手表决一致通过了工作报告、财务报告,最后李××副总经理作了"振奋精神再创辉煌业绩"的闭幕词,大会在欢快的气氛中结束。

报:上级主管单位

（共印20份）

3. 逻辑顺序不清,应是张总经理先做报告,大家再分组讨论,将本句放到段首为宜。

4. 报尾应包含报送和发送单位名称和印刷份数,此处缺发送单位,可补充"发:各部门处室"。

知识拓展

写好活动简报需把握3个要点

实战训练

一、单选题(备选答案中至少有一个是正确的)

1.简报在写作上有五个字的要求。其中"材料真实确切,问题切中要害,政策把握准确",讲的是简报写作要(　　)。

A."新"　　　　B."快"　　　　C."简"　　　　D."准"

2.简报的结构分为三部分,即(　　)。

A.简报名称、期数、编发单位、印发日期　　B.报头、报核(正文)、报尾

C.导语、主体、结尾　　D.发送单位和印数

3.事务文书简报的期数指的是(　　)。

A.本年度的简报总数　　B.年度所编简报顺序编号

C.公文的文号　　D.编发单位所注明的日期

二、写作训练

根据你所在工作单位近期开展的主要工作,编写一期简报。

任务七　规章制度类文书

任务驱动

针对公交车上出现的一系列不文明现象,请制定一份《文明乘车公约》。

知识导引

一、规章制度的概念

规章制度是机关、团体、企事业单位为了维护正常的工作、劳动、学习和生活的秩序,依据国家的方针、政策,在一定范围内制定的一种具有法规性和约束力,要求有关人员必须按章办事、共同遵守的事务文书。也就是说,它是在一定范围内要求人们必须共同遵守的规范和准则。

二、规章制度的特点

(一)作者的限定性

任何规章制度的制发者,都必须是依法在职权范围内制发相应层次的规章制度,超越权限的规章制度无效。

(二)法定的强制性

这是规章制度类文书最突出和最基本的共同点。规章制度类文书在规定的时间、空间范围内,对所适用的社会组织和个人具有法定的强制力和执行效力,一经正式颁布,有关单位和人员必须遵照执行。违背相关规约内容,则要受到责任追究。

(三)严格的程序性

规章制度类文书的制发要符合法定程序,在制定前要认真进行调查研究,掌握准确的资料数据,要集体讨论,反复修改,草稿完成后要反复征求意见,并经过法定会议批准,按照法定程序下发。

(四)效用的稳定性

规章制度类文书一经发布,其效力具有较长时间的稳定性,不能朝令夕改,也不能部分执行,部分不执行,更不能断章取义。任何规章制度类公文,在其生命周期内才能发挥自身的权威和效力,若要废除,需由制发机关或权威机构以一定的公文形式宣告失效,新的规章制度产生后,与其不一致的原规章制度即行废止。

三、规章制度的种类

规章制度的种类很多,"规章制度"只是个总称,章程、条例、规定、办法、细则、规则、守则、公约、须知等都属于规章制度类文书。不同的规章制度种类具有不同的表现形式和写法。

(一)章程

章程是指党团组织、社会团体、学术组织等对其性质、宗旨、任务、组织结构、组织成员、权利、义务、纪律及活动规则等做出的规定。一般由该组织、团体制定并经其代表大会讨论通过后公布施行,如《中国共产党章程》。章程在组织内部有很强的规范性和约束力。国家行政机关及其职能部门一般不用章程。

(二)条例

条例是为指导某一方面长期的工作、活动正常开展而制定的较为全面的规范,一般由主管该方面工作、活动的党和国家的相关部门根据国家的有关法律、政策制定,由党的领导机关、国家权力机关或国家最高行政机关批准(通过)颁发。条例是具有强制性和约束力的文件。条例一般用于规定国家政治、经济、军事或文化等某一方面的工作、活动的准则,如《中华人民共和国居民身份证条例》;或用于对某一机关的组织、职权以及某些专门人员的任务、职责、权限等做出原则、系统的规定,如《会计人员职权条例》。

(三)规定

规定是政府机关、社会团体、企事业单位等针对特定范围内的工作、事务或专门问题等制定的要求和规范,是一种具有强制性和约束力的法规性文件。从规定的制发机关来看,有政府机关制定发布的规定,如国务院 1990 年 10 月 22 日发布的《中外合资经营企业合营期限暂行规定》;有社会团体、企事业单位处理本团体、本单位的某种工作和事务所制定的规定,如《上海市公安局关于国庆期间交通管理的暂行规定》。

(四)办法

办法是政府机关、社会团体、企事业单位针对某项工作或某一方面的活动制定的具体要求与规范。办法也是一种具有强制性和约束力的规定性文件,与条例、规定相比,它所规定的内容更具体。有些办法就是根据相关条例规定中的某些条款制定的,如国务院发布的《产品质量监督试行办法》,就是根据国务院发布的《中华人民共和国标准化管理条例》中的有关条文制定的,它比条例更具体、更具操作性。

(五)细则

细则是对某项法令、条例、规定或其中的部分条文进行解释或说明的文书。它是一种派生性的文件,是对有关法令、条例的辅助性规定和补充说明,使之具体化,更便于执行。细则往往又称"实施细则"和"施行细则"。细则的条款比条例规定的条款更详尽、更具体、更细致。

(六)规则

规则是在某一局部范围内对有关人员或某项活动做出的具体规定,要求大家共同遵守执行。规则在实际使用中,常见的有两种。第一种可称为"文件规则",由主管部门依照其职权范围制定,以文件形式下达。这种规则法规性强,约束力大,效力范围较广。它多数由国家机关公布,常用于交通规则、消防安全、工作程序、专业职权等方面,如《仓库防火安全管理规则》。第二种可称为"内部规则",它由单位、团体内部指定,在特定的范围、场所使用,规则内容比较单一,约束力也较小,如《演讲比赛规则》。

(七)守则

守则是国家机关、社会团体、企事业单位制定的内部成员共同遵守的道德和行为规范的文书,如《学生守则》。因为是面向一定范围内的全体人员,所以守则的内容要求比规则有较强的适用性、包容性和概括性。

(八)公约

公约是一定范围内的社会成员为保证有良好的生活、工作、学习和娱乐环境,在自愿协商的基础上制定的行为准则和道德规范,要求大家自觉遵守,如《首都市民文明公约》。公约往往强调社会公德,其法规性、约束力没有规章制度强。

需要说明的是,通常国际上由若干国家共同缔结的多边条约,也叫公约,如联合国通过的《公民权利和政治权利国际公约》。这是一种用来维护国际生活的正常秩序和国与国之间的正常关系的国际性文书,不在我们的讨论范围之内。

(九)须知

须知是告诉人们在公共场合进行某项工作或活动时,必须遵守或注意的事项的一种应用文书,如《游园须知》等。

四、规章制度的写法

由于规章制度的种类不同,内容、范围各异,因此,写作格式和写法也有所不同。但结构又有许多相同之处,一般包括标题、正文和落款三部分。

(一)标题

规章制度的标题一般有以下三种写法。

(1)由单位名称、事由和文种三部分组成,如《财政部关于企业财务检查中处理财务问题的若干规定》《中央和国家机关会议费管理办法》等。

（2）由制发单位名称和文种组成，如《中国作家协会章程》。

（3）由事由和文种组成，如《关于企业国有资产办理无偿划转手续的规定》。

如果该规章制度是试行、暂行，则应在标题内文种前写明，也可在文种后用括号注明，如《房屋权属登记信息查询暂行办法》《北京市商业零售企业促销行为规范》（试行）；如果该规章制度是草案，则应在标题后用括号加以注明。有些规章制度在标题下面括号注明该规章制度何时由何部门、何会议发布、通过、批准、修订等内容。

（二）正文

规章制度的种类很多，各种文体的写法也有所不同。从正文来看，规章制度的基本结构主要有两大类。

1. 章条式

即正文由"章、条、款"组合而成，适合内容比较复杂、篇幅较长的文种。各条内容按照通篇一个流水号排列。

章条式其基本内容通常分为总则、分则、细则三个部分。

第一章为总则，阐明制发公文的法律依据或事实根据、行文目的、适用范围、基本要求等。这相当于总纲，要使人明确制定法规的意图，增强对立法必要性的理解。

第二章及以后为分则，分则部分的各标题由各章内容而定，章下分条，条下分款，款下还可分目。各条一律采用文字序数词，如"第一条"的方式排序；款和目则大多采用汉字数词，如"一""（一）"等，一般不用阿拉伯数字标注条款、过账制度类文书的章、条、款内容，通常按照内容的逻辑关系，或按照工作程序要求，依次排列表达。这种结构形式适合于内容较为繁杂的规章制度。

2. 条款式

这种写法不分章，而是分条列项来阐述，适用于内容比较简单的规章制度，如守则、公约、须知等。条款式有两种形式：一种是前言条款式；一种是条款到底式。

（1）前言条款式。这种形式分前言和主体部分。前言不设条，而是简要概述制定该文的目的、依据、性质、意义，通常是"为了……特制订本规定"或"为了……根据……特制订本守则"。主体部分通常分若干条款写明规定的事项，一般按先后主次、先原则后具体的顺序逐条来写。

（2）条款到底式。这种形式全文都用条款来表述，一贯到底，不另分段做说明。这种写法并非不要前言，不要结尾，而是将前言、结尾都用条款标出。

（三）落款

在正文结尾的右下方写制定本规章制度的单位名称，名称下方写发文日期，如果标题已反映出这一部分内容，末尾则不必再写。

例文赏析

机关团体建设楼堂馆所管理条例

（2017 年 10 月 5 日中华人民共和国国务院令第 688 号公布）

第一章　总则

第一条　为了严格控制机关、团体建设楼堂馆所，厉行节约、反对浪费，制定本条例。

第二条　机关、团体建设楼堂馆所，适用本条例。

本条例所称建设，是指新建、扩建、改建、购置；所称楼堂馆所，是指办公用房以及培训中心等各类具有住宿、会议、餐饮等接待功能的场所和设施。

第三条　建设办公用房应当严格履行审批程序，严格执行建设标准。未经批准，不得建设办公用房。

禁止以技术业务用房等名义建设办公用房或者违反规定在技术业务用房中设置办公用房。

第四条　建设办公用房应当遵循朴素、实用、安全、节能的原则。

国务院发展改革部门会同国务院住房城乡建设部门、财政部门制定办公用房建设标准，并向社会公布。

第五条　机关、团体不得建设培训中心等各类具有住宿、会议、餐饮等接待功能的场所和设施。

第二章　项目审批

第六条　建设办公用房的，应当向负责项目审批的机关（以下简称审批机关）报送项目建议书、可行性研究报告、初步设计；购置办公用房的，不报送初步设计。

根据办公用房项目的具体情况，经审批机关同意，项目建议书、可行性研究报告、初步设计可以合并编制报送。

第七条至第十二条（略）

第三章　建设资金

第十三条至第十五条（略）

第四章　监督检查

第十六条至第二十条（略）

第五章　法律责任

第二十一条至第二十五条（略）

第六章 附则

第二十六条 本条例所称团体,是指工会、共青团、妇联等人民团体。

第二十七条 财政给予经费保障的事业单位和人民团体以外的其他团体建设楼堂馆所,参照适用本条例。

第二十八条至第二十九条(略)

第三十条 军队单位建设、维修楼堂馆所,按照军队的有关规定执行。

第三十一条(略)

【例文评析】

以上条例有章有节,因涉及内容较为丰富,故采用了典型的"章条式"结构形式。在体例安排上,第一章为总则部分;第二章至第五章为分则部分,从项目审批、建设资金、监督检查、法律责任四个方面做了清晰明确的规定;第六章是附则部分,用来说明本条例的适用范围、管理办法、实施日期等。全文概念清楚,规范对象明确,内容周密具体,结构严谨合规,语言表达严谨庄重,为解决机关团体楼堂馆所建设提供了明确的依据。

例文赏析

重庆市家庭经济困难学生认定办法

第一章 总则

第一条 为全面落实家庭经济困难学生资助政策,实现精准识别、精准资助,确保不让一个学生因家庭经济困难而失学,根据《教育部等六部门关于做好家庭经济困难学生认定工作的指导意见》和我市具体实际,制定本办法。

第二条 本办法所称家庭经济困难学生认定工作的对象是指本人及其家庭的经济能力难以满足在校期间的学习、生活基本支出的学生。

第三条 本办法中的学生包括根据有关规定批准设立的普惠性幼儿园幼儿;根据国家有关规定批准设立、实施学历教育的全日制中等职业学校(含技工学校,下同)、普通高中、初中和小学学生(含特殊教育学校的学生);根据国家有关规定批准设立、实施学历教育的全日制普通本科高等学校、高等职业学校和高等专科学校招收的本专科学生(含第二学士学位和预科生),纳入全国研究生招生计划的全日制研究生。

第四条 本办法所称的家庭经济困难学生认定工作,是指学校按本校统一的工作流程和认定方法,认定家庭经济困难学生并对其家庭经济困难程度进行分级的行为。(略)

第五条 家庭经济困难学生认定基本原则为:

(一)坚持实事求是、客观公平。(略)

(二)坚持定量评价与定性评价相结合。(略)

(三)坚持公开透明与保护隐私相结合。(略)

（四）坚持积极引导与自愿申请相结合。（略）

第二章　工作职责

第六条　（略）

第七条　（略）

第八条　各级各类学校具体负责组织实施本校家庭经济困难学生认定工作,承担认定主体责任,建立、维护本校家庭经济困难学生基础信息库,将认定结果、资助情况按要求及时录入有关学生资助管理信息系统。

第九条　普通高校家庭经济困难学生认定机构和职责:

（一）工作领导小组。（略）

（二）认定工作组。（略）

（三）认定评议小组。（略）

第十条　中等职业学校、普通高中、初中、小学、幼儿园成立家庭经济困难学生认定工作组,负责组织实施本校(园)家庭经济困难学生认定工作。成员一般应包括学校领导、资助工作人员、班主任、教师代表、学生代表、家长代表等,其中幼儿园、小学、初中家庭经济困难学生认定工作组成员可以不包括学生代表。

学生代表和家长代表产生办法,可通过年级、班级推荐、投票等方式产生,申请家庭经济困难认定的学生和家长应回避。认定小组成立后,其成员名单应在本校范围内公示,公示时间不少于2个工作日。

第三章　认定依据

第十一条　家庭经济困难学生认定依据主要为:

（一）家庭经济因素。（略）

（二）特殊群体因素。（略）

（三）地区经济社会发展水平因素。（略）

（四）学生支出与消费因素。（略）

（五）突发状况因素。（略）

（六）其他影响家庭经济状况的有关因素。（略）

第十二条　家庭经济困难学生认定等级。（略）

（一）（略）

（二）（略）

（三）（略）

第十三条　有下列情形之一的,不能认定为家庭经济困难学生:

（一）（略）

（二）（略）

（三）（略）

（四）（略）

（五）（略）

（六）（略）

（七）（略）

第四章 认定方法

第十四条 学校可采取身份识别、大数据分析、家访、个别访谈、信函索证、资助档案分析、量化评估、民主评议等认定方法提高家庭经济困难学生认定精准度,评估、研判学生本人及其家庭的经济能力是否满足在校期间的学习、生活基本支出。

第十五条 （略）

第十六条 （略）

第十七条 （略）

第十八条 （略）

第十九条 （略）

第二十条 （略）

第二十一条 （略）

第二十二条 （略）

第二十三条 学校可以根据不同类别困难群体采取不同的认定办法,也可综合利用多种方法。

第五章 认定程序

第二十四条 （略）

第二十五条 家庭经济困难学生认定工作程序一般应包括提前告知、个人申请、学校认定、结果公示、建档备案等环节。各区县(自治区)、各校可根据实际情况制定具体的认定工作实施程序。

（一）提前告知。（略）

（二）个人申请。（略）

（三）学校认定。（略）

（四）结果公示。（略）

（五）建档备案。（略）

第二十六条 各区县(自治县)、各学校须对申请、受理家庭经济困难学生认定及资助具体时间、程序、渠道做出明确、具体规定,并宣传到每个学校、每个学生或监护人。

第二十七条 每学期开学初,由市学生资助管理中心获取市民政局、市扶贫办、市残联等部门最新家庭经济困难人口信息库,与学籍、高招录取数据比对后建立特殊群体家庭经济困难学生数据库,通过重庆市学生资助信息管理平台下发至区县、高校,供学校开展认定工作使用。对自愿放弃申请的建档立卡家庭学生、低保家庭学生、特困供养学生、孤儿学生、烈士子女、残疾军人子女、家庭经济困难残疾学生及残疾人子女,学校要做好登记,其中未成年人学生由监护人签字后存档,成年人由学生本人签字后存档。

第二十八条　各区县(自治县)、各学校要建立学生资助"兜底"机制和特殊简易认定程序。每学年或每学期教育部门从扶贫、民政、残联等部门获得贫困人口数据,学校据此开展学生资助统一审核认定后,相关部门新增认定的贫困学生,以及因其家庭遭遇突发事件造成家庭经济困难的在校学生,区县(自治县)、学校根据学生(学生家长)申请或相关认定部门通知及时启动"兜底"机制和特殊简易认定程序,及时解决学生困难。

第六章　相关责任

第二十九条　学校承担家庭经济困难学生认定工作主体责任。各级各类学校要建立健全家庭经济困难学生认定工作质量控制机制、风险控制机制、问责机制。

第三十条　学校要加强学生资助信息安全,制定管理制度,落实资助信息安全责任人,严格管理各类学生资助信息的查阅、复印、流转、公示、存档等操作,严格学生资助信息的使用权限范围,不得泄露学生资助信息。泄露学生资助信息,情节严重的须承担法律责任。

第三十一条　在学校进行资助政策提前主动告知的基础上,学生(或监护人)应主动向学校提出家庭经济困难学生认定和资助申请,否则承担相应责任与后果。

第三十二条　申请认定的学生(或监护人),应如实提供家庭经济情况信息。如发现并核实学生(或监护人)存在提供虚假信息和资料行为的,一经核实,学校要及时取消学生的认定资格,对已获得的相关资助要追回资助资金。

第七章　附则

第三十三条　各区县(自治县)、各高校要根据本办法,结合实际,制(修)定具体的认定办法,并于8月底前报市学生资助管理中心备案。

市委党校等研究生培养单位的家庭经济困难学生认定工作,参照本办法执行。

第三十四条　本办法由市教委、市财政局、市民政局、市人力社保局、市扶贫办、市退役军人事务局、市残联负责解释。

第三十五条　本办法从印发之日起施行。《重庆市教育委员会、重庆市财政局关于印发重庆市高等学校家庭经济困难学生认定工作指导意见的通知》(渝教财发〔2017〕10号)同时废止,其他与本办法精神不符的以本办法为准。

【例文评析】

办法是行政机关为贯彻某一法令或者做好某方面工作而制定的法规性文书。办法一般用命令或者通知的方式发布,在行政管理上运用得非常普遍。以上办法因涉及内容丰富,不易采用条款式体例,而用了典型的章条式结构形式。

标题由事由+文种组成。在体例安排上,第一章为总则部分;第二章至第六章为分则部分,从工作职责、认定依据、认定方法、认定程序、相关责任五个方面做了清晰明确的规定。第七章是附则部分,用来说明本办法的适用范围、管理办法、实施日期等。全文概念清楚,规范对象明确,内容具体周密,结构严谨合规,语言表达严谨庄重,为重庆市家庭经济困难学生范围认定提供了明确的依据。

例文赏析

中华人民共和国反间谍法实施细则

第一章　总则

第一条　根据《中华人民共和国反间谍法》(以下简称《反间谍法》),制定本实施细则。

第二条　国家安全机关负责本细则的实施。

公安、保密行政管理等其他有关部门和军队有关部门按照职责分工,密切配合,加强协调,依法做好有关工作。

第三条　《反间谍法》所称"境外机构、组织"包括境外机构、组织在中华人民共和国境内设立的分支(代表)机构和分支组织;所称"境外个人"包括居住在中华人民共和国境内不具有中华人民共和国国籍的人。

第四条　《反间谍法》所称"间谍组织代理人",是指受间谍组织或者其成员的指使、委托、资助,进行或者授意、指使他人进行危害中华人民共和国国家安全活动的人。

间谍组织和间谍组织代理人由国务院国家安全主管部门确认。

第五条　《反间谍法》所称"敌对组织",是指敌视中华人民共和国人民民主专政的政权和社会主义制度,危害国家安全的组织。

敌对组织由国务院国家安全主管部门或者国务院公安部门确认。

第六条　《反间谍法》所称"资助"实施危害中华人民共和国国家安全的间谍行为,是指境内外机构、组织、个人的下列行为:

(一)向实施间谍行为的组织、个人提供经费、场所和物资的;

(二)向组织、个人提供用于实施间谍行为的经费、场所和物资的。

第七条至第八条(略)

第二章　国家安全机关在反间谍工作中的职权

第九条　境外个人被认为入境后可能进行危害中华人民共和国国家安全活动的,国务院国家安全主管部门可以决定其在一定时期内不得入境。

第十条至第十三条(略)

第十四条　国家安全机关工作人员依法执行反间谍工作任务的行为,不受其他组织和个人的非法干涉。

国家安全机关工作人员依法执行反间谍工作任务时,应当出示国家安全部侦察证或者其他相应证件。

国家安全机关及其工作人员在工作中,应当严格依法办事,不得超越职权、滥用职权,不得侵犯组织和个人的合法权益。

第三章　公民和组织维护国家安全的义务和权利

第十五条至第十八条(略)

第四章　法律责任

第十九条至第二十四条(略)

第五章　附　则

第二十五条　国家安全机关、公安机关依照法律、行政法规和国家有关规定,履行防范、制止和惩治间谍行为以外的其他危害国家安全行为的职责,适用本细则的有关规定。

第二十六条　本细则自公布之日起施行。1994年6月4日国务院发布的《中华人民共和国国家安全法实施细则》同时废止。

【例文评析】

本细则根据《中华人民共和国反间谍法》的内容制定,是对《中华人民共和国反间谍法》的具体补充和对其中某些内容或部分条文的详尽解释。它与《中华人民共和国反间谍法》具有明显的"源"与"流"的关系。因此,撰写这类规章制度,必须注意它们之间相互的对应关系,要言之有据,要具体明确。

例文赏析

员工守则

一、热爱祖国,热爱鑫源,忠于职守,尽职尽责。

二、热爱集体,勤俭节约,精心管理,讲究效率。

三、热爱本职,学赶先进,安全第一,质量至上。

四、努力学习,加强修养,钻研业务,提高素质。

五、遵纪守法,廉洁奉公,严守规章,执行制度。

六、关心他人,尊师爱徒,家庭和睦,邻里团结。

七、文明礼貌,整洁卫生,遵守道德,讲究公德。

八、扶植正气,抵制歪风,拒腐蚀,永不沾。

【例文评析】

守则通常是用来规范道德、约束行为的,在一个系统内部人人都要熟悉守则,人人都要遵守守则。它不具有法律效力,也没有明显的强制性,但对有关人员的教育作用和约束作用还是很明显的。

在写作上,守则的原则性阐述多于具体要求,在指导思想、道德规范、工作和学习态度等方面提出基本原则,但不过多涉及具体事项和方法、措施。

守则的篇幅一般比较短小,多采用条款式写法。

本守则在写作中,条与条之间的划分符合逻辑规律,条理清楚,层次分明,语言表达简洁、质朴、准确、易记。

案例分析

××市人民政府关于加强自行车交通管理的规定

为进一步贯彻《××市道路交通管理暂行规则》《××市道路交通管理暂行处罚规定》和加强自行车交通管理,特重申并补充以下规定。

一、凡骑自行车者,尽可能遵行以下规定。

1. 沿路靠右行驶,禁止逆行。在画有车辆分道线的路上,不准在机动车和便道上骑行。

2. 自行车在道路上停车、载物、停放等均按《××市道路交通管理暂行规则》的规定执行。

3. 在三环以内、郊区城镇或公路上,不准骑车带人,不准与骑车同行者扶身并行;不准双手离把、持物或攀扶其他车辆;不准骑车拖带车辆;不准追逐竞驶或曲折竞驶。

4. 转弯要提前减速,照顾前后左右情况,并伸手示意。在画有上下四条以上机动车道的路段上左转弯时,必须推车从人行横道内通过。不准突然猛拐、争道抢行。

二、对违反规定的,要批评教育,并处罚款100～200元。

三、因骑车人违反规定,造成交通事故的,由骑车人承担全部责任。

四、本规定由公安局负责实施。

20××年3月5日

1. 标题:采用了单位名称+事由+文种形式。本文根据《××市道路交通管理暂行规则》《××市道路交通管理暂行处罚规定》的内容制定,是对《××市道路交通管理暂行规则》《××市道路交通管理暂行处罚规定》的具体补充和对其中某些内容或部分条文的详尽解释。文种使用错误,应改为细则。

2. 细则的篇幅一般比较短小,多采用条款式写法,即通篇由"条"组成,如"第一条""第二条""第三条"。一般来说,第一条说明行文的目的和依据,最后一条明确规定生效或实施日期,中间各条围绕主题依次展开说明。

3. 细则不是就某一方面工作或事项所作的全面系统的规定,而是在原有文件的基础上针对新情况、新问题制发的,在内容上具有明显的具体性。

知识拓展

人民日报:标点符号最新用法

实战训练

一、填空题

1. 规章制度的特点是_____、_____、_____、_____。

2. 条例是具有_____和_____的文件。

二、写作训练

请结合本专业的管理实际,写一份实训室守则。

第三章　日常文书

日常文书,是党政机关、企事业单位、社会团体和人民群众在日常工作和生活中广泛使用的,用来沟通信息、联络感情、表达意愿的实用文书。日常文书虽然不像党政机关公文那样具有法定的规范格式,但也自有约定俗成的格式和特点。

任务一　书信类文书

任务驱动

结合自身实际,拟写一份入党申请书。

结合学校食堂师生用餐情况,拟写一份"节约粮食,践行光盘行动"的倡议书。

知识导引

书信是生活、学习和工作中普遍使用的一类应用文,是人们在社会生活中广泛使用、不可或缺的交际工具。用于向家人、同事、亲友问候、交流思想、联系事情、讨论问题的称为一般书信;用于礼仪交往、联系工作的称为专用书信。

专用书信用于礼仪交往、联系工作,具有一定的使用范围和特定的格式。常见的专用书信有申请书、贺信、介绍信、证明信、慰问信、表扬信、倡议书、建议书、邀请书、聘请书、捐赠书等。下面对其中常用的书信进行介绍。

一、申请书

(一)申请书的含义及分类

申请书是个人或集体向上级组织或有关部门表达愿望、提出请求时所写的一种专用书信。根据内容和目的,申请书大致可以分为以下三类:思想政治类,如《入党申请书》《入会申请书》等;学习工作类,如《奖学金申请书》《缓考申请书》等;日常生活类,如《助学贷款申请》《补办学生证申请》等。

（二）申请书的写法

从内容上看，申请书内容单一，主题明确，一般一事一书。

从结构上看，申请书的格式一般比较固定，申请书由标题、称谓、正文、结语、落款五个部分组成。

1. 标题

申请书的标题有两种形式，有的只写"申请书"三个字，有的由申请事项和文种构成，如《入党申请书》。

2. 称谓

称谓也叫"称呼"或"抬头"等，在标题下空一行顶格处写出接受申请书的组织、单位、团体的名称或有关负责人的姓名，如"尊敬的学校领导""××公司人力资源部负责人"等。

3. 正文

正文一般包括三部分：一是开头部分，简要交代申请人的基本信息或情况；二是主体部分，要真实、充分、有条理地写明申请的依据和理由，然后提出要申请的内容；三是结尾部分，围绕所申请的事项，写出相应的保证或相关说明。

4. 结语

结语也称为"结束语"，长期以来形成了一些习惯用语。在正文后，独立成段写上习惯用语、感谢或祝福的言辞，如"特此申请""敬请领导批准"等。

5. 落款

署名时，写明申请人姓名或申请单位名称（盖章），在署名下方写上成文日期或提交申请的日期。日期要确切，具体到年、月、日。

例文赏析

助学金申请书

××学校资助中心：

我是20××级应用化工技术专业的学生魏××，因家境困顿无力承担上学费用，为能顺利完成学业，成为建设祖国的有用人才，不负父母、老师对我的殷切期望，特提出国家助学金申请。

我家住在××市×镇×村，家里现有五口人。年迈的奶奶常年卧病在床，需要很多的医药费。姐姐现就读于××科技大学研究生院外语系。家里只靠父母种地来维持生活，我和姐姐同时上学使家里负担沉重。多年来家里已欠下不少外债，生活常常捉襟见肘。为减轻家里的负担，我平时省吃俭用，大一时发了一学年的传单。但杯水车薪，依旧解决不了问题。更为糟糕的是，不久前母亲从田里回家时，不幸被一辆车撞倒，肩膀骨折还断了两根肋骨，司机却逃逸了。母亲的肩膀到现在还难以抬起，就更不能干重活了。这让原本负担沉重的家里雪上加霜！屋漏偏逢连夜雨，今年粮食又因水涝严重减产，致使我今年的学费至今还没能筹齐。

寒门学子自知一切来之不易，在校两年，勤奋学习，积极进取。两年来，各科成绩均为优良；担任了班级宣传委员、文艺委员，组织参与了班级和系里举办的各种活动，主办过多期黑板报,担任过晚会主持人,在辩论赛和话剧比赛中带领我班分别取得了第一名和第二名的好成绩。

我希望可以得到这次的国家助学金,减轻由于学费带来的家庭负担,使我能够更好地全身心地投入到学习中去。我定会再接再厉,努力学习,积极参加各种活动,努力发展自己,争取成为一名全面发展的大学生,早日为国家和社会奉献自己的力量,回报社会、回报学校给我的帮助,并且尽力帮助需要帮助的人。希望领导能够批准我的申请。

　　此致
敬礼

申请人:魏××

20××年 9 月 8 日

【例文评析】

大学期间,不少家庭经济困难的学生申请国家助学金时,一般需要提交"普通本科高校、高等职业学校国家助学金申请表",有些学校还要求提交申请书。在申请表或申请书中,最重要的是陈述自己的家庭经济困难情况和学习情况。"勤奋学习,积极上进;家庭经济困难,生活俭朴"是国家助学金的基本申请条件。因此,申请书应详细陈述自己家庭经济的实际情况,比如家庭成员构成、家庭经济收入来源、父母身体状况、兄弟姐妹求学情况或其他特殊情况等,以便资助管理机构认定申请人的贫困等级。

助学金申请书的写作重在理由的申述。本文在开门见山提出申请后,从两方面叙述了申请的理由:一是自己家境的介绍;二是自身学习状况的介绍。这两点都是助学金申请所必需的条件。结尾段再次重申请求并表明态度。

案例分析

国家助学金申请

尊敬的学校领导:

　　你们好!我是××学院××专业××级××班的本科生×××,很荣幸成为我校的一名学生。在这里已经度过了两年的大学时光,我始终保持着一颗上进心,时刻以高标准要求自己,做到全面发展。经过两年的努力,我在各个方面都取得了很大的进步,在此特向领导申请国家助学金。

　　我来自农村,亲朋好友都为我考上××大学感到骄傲。我怀着满腔的热情,离开故土来到××大学求学。带着自豪与执着,我一直在努力地做着我应该做的事情——学习。在我求学的路上,父母省吃俭用,把学费生活费寄给我,他们希望我能过得好。父母只想让我好好学习,我也只能用学习成绩来

1. 称谓:应为学校助学金评审部门。

2. 第一段:介绍个人基本信息后提出申请。

回报他们。取得好成绩向家里报告时,都可以感受到父母舒心的笑容,还有他们的嘱咐,这让我再接再厉!

早年父母远走他乡打工挣钱为我攒学费,这种情况一直持续到现在。也许是父母对我十分关爱,他们总是要我不要太苛刻自己,总是把最好的东西留给我,他们说:"钱我们俩会努力去挣的,你尽管按你的需要去做你的事情吧!只要你将来能够有所作为。"每当我听到这句话,我都会感到阵阵心痛。这3 000元的助学金对我来说能解决家里的困难。我只希望能让父母减轻些负担。

大学阶段是我人生中一个极为重要的阶段。在这两年中,我在各个方面都获得了很大的进步,综合素质得到了很大的提高。我也要特别感谢学校的大力培养,以及老师在专业方面的悉心指导和同学们在工作、生活中给我的支持和帮助。非常感谢国家给予我们大学生的帮助,资助优秀大学生完成学业。今天我得到了帮助,以后的日子里我会更加严格要求自己,学好专业知识,争取早日服务社会,为国家奉献一份力量。

敬请各位领导、老师加以评判审核!

申请人:×××

××××年××月

3. 申请理由:缺乏针对性和说服力。第二段陈述学习表现,但不够具体,未将大学两年来的学习情况说清楚。第三段陈述经济困难情况,但不够翔实。只说父母打工挣钱还不足以说明经济困难情况,并且不能把父母对子女的关爱作为经济困难的申请理由。第四段表示感谢和表达决心,此段篇幅较长,致谢内容过多,自己如何奋斗略少。

二、证明信

(一)证明信的概念

证明信是以党政机关、企事业单位、社会团体或个人的名义凭借确凿的证据证明某人的身份、经历或某件事情的真实情况时所使用的一种专用书信。证明信也称作"证明"。写证明信必须对被证明的人或事了解清楚,如实证明。措词要肯定、确切。

(二)证明信的写法

证明信的结构由标题、称谓、正文、结语、落款五个部分组成。

1. 标题

标题有两种写法:一是直接写"证明信"或"证明";二是由事由和文种名构成,如《关于××同学在校期间现实表现的证明》。

2. 称谓

称谓写受文单位名称或受文个人的姓名和称呼,后加冒号。有些供有关人员外出活动证明身份的证明信,因没有明确的受文对象,称谓部分可以不写,在正文前用引导词"兹"或"今"引出正文内容。

3.正文

正文要针对对方所要求的要点来写,需要证明什么就证明什么,无关的无须写出。如证明的是某人的历史问题,则应写清人名、何时、何地及所经历的事情;若要证明某一事件,则要写清参与者的姓名、身份及其在此事件中的地位、作用和事件本身的前因后果。

4.结语

另起一行写上"特此证明",也可写在正文结尾处。

5.落款

另起一行,在正文右下方写上证明单位或个人的姓名,成文日期写在署名下方。成文后,由证明单位或证明人加盖印章或签名,否则证明信无效。

例文赏析

在校证明信

_____:

　　兹有学生_____,性别_____,学号:_____,生于_____年____月。_____年____月入我校_____学院_____专业学习,该专业学制_____年。该生现为我校_____级普通全日制本科学生。

　　特此证明。

××大学××学院(盖章)

××大学教务处(盖章)

××××年××月××日

【例文评析】

在校证明一般由学生所在院系和(或)学生学籍管理部门证明,学号是学生在校期间的身份识别标志,注明学籍编号和所学专业等信息,可以避免重名情况。

案例分析

学生干部证明信

_____:

兹有学生×××,男,中共党员,学号:×××,20××年9月起在我校××学院××专业学习,该专业学制四年。该生现为我校20××级普通全日制应届本科毕业生。

该生在校期间,担任××学院学生会主席、20××级学生党支部书记等职,任职期间,能积极组织、参与各类学生课外活动,具备了较强的管理、组织和协调能力,得到了师生的广泛认可和好评。

1. 正文段落首行要空两格。

2. "现为"一词一般用于在校证明,此处应该改为"系"。

3. 学生能力需有相关佐证材料。

特此证明。

××大学××学院

××××年××月××日

> 4.“特此证明”需空两格。

三、邀请信

（一）邀请信的概念

邀请信是党政机关、企事业单位、社会团体或个人邀请有关人士前往某地参加会议、学术报告、纪念活动以及婚宴丧葬等的一种专用书信，有时又叫“邀请函”“邀请书”等。这里的邀请函不同于党政机关公文中的公函，在法定效力和行文要求上有所不同。

（二）邀请信的写法

邀请信的结构由标题、称谓、正文、结语、落款五个部分组成。

1. 标题

标题有两种写法：一是直接写“邀请信”或“邀请函”；二是由事由+文种构成，如《关于出席××会议的邀请函》等。

2. 称谓

在标题下一行顶格写称谓，写被邀请的单位或个人的姓名和称呼，后加冒号。

3. 正文

正文通常要求写出举办活动的背景、目的、时间、地点、内容、方式、邀请对象以及需要邀请对象所做的工作等。活动的各种事宜务必在邀请信中写周详。如果邀请了外地来宾，在正文之后可将报到地点、食宿安排、接站安排、公交线路等信息告知受邀方。

4. 结语

另起一行，写上“敬请光临”“欢迎光临”“欢迎莅临指导”等，也可直接写在正文结尾处。

5. 落款

另起一行，在正文右下方写上发出邀请的单位名称或个人姓名。成文日期写在署名下方。若邀请方是单位，还应加盖印章。

案例分析

“第四届全国话语语言学学术研讨会”邀请函

_____：先生╱女士

“第四届全国话语语言学学术研讨会”将于 2012 年 11 月 30 日至 12 月 2 日在中国传媒大学举办。本次学术会议由中国传媒大学外国语学院和全国话语语言学研究会联合举办，旨在促进

> 1. 标题：引号使用正确。不能视为作品的课程、课题、会议、活动等名称，不应用书名号。
> 2. 正文：为了方便相

(外国)语言学及应用语言学学术界的广泛沟通和学术交流。工作语言为汉语和英语。在此,我们真诚邀请您前来参加会议。并请您注意以下事项。

一、会议主题:现代话语语言学——传承与发展

二、会议子议题

1)话语语言学的历史、现状与展望

2)文化学中的话语研究

3)传播话语研究

4)话语的跨学科研究

5)中外话语对比研究

6)其他相关理论与应用研究

三、大会语言:汉语和英语

四、会议日程安排:2012 年 11 月 30 日报到;12 月 1 日会议;2 日上午会议。2 日晚餐后离会。

五、其他事项

会务费:700 元/人(研究生减半),来往交通费用及会议期间住宿费用自理。

报到地点:中国传媒大学外国语学院。

乘车路线:北京站乘地铁 2 号线到建国门,换乘地铁 1 号线到四惠站,换乘轻轨八通线到中国传媒大学站下车。

从市内来,可乘 728 路公交车到椊子井站下车;乘 1 路公交车,在四惠站换乘 312 路公交车到椊子井站下车;或乘 342 路、382 路、388 路、731 路、846 路公交车到定福庄站下车。

在首都机场站上车,乘 359 路公交车(首都机场东直门外)到三元桥站下车,换乘 731 路公交车(顺新百货商场—康城南站)到定福庄站下车;或乘 359 路公交车到东直门外站下车,换乘 815 路公交车(二里庄杨闸环岛西)到定福庄站下车。

在首都机场坐机场大巴到国贸站下车,换乘 728 路公交车到棉子井站下车;或乘坐机场大巴到三元桥站下车,换乘 731 路公交车到定福庄站下车,机场大巴费用每人 16 元。

回程车/机票:代表若需购买回程票或机票,请报到时直接与大会会务组联系。

会议论文:与会者请将中英文(中文以 200 字左右为宜)摘要于 2012 年 10 月 30 日前邮寄或用电子邮件发送至会务组。用于大会交流的论文由作者自行印刷,请在页眉上注明"第四届全国话语语言学学术研讨会"字样。

联系人:×××老师

关专家、学者以及研究生同学了解学术研讨会的具体情况,邀请函将会议的目的、会议主题、会议子议题、时间地点、日程安排、报到事项等进行了说明,要素俱全。

3. 结构:此函结构不太合理,存在主次不当的问题。会议主题、子议题、日程安排等部分太简略。

4. 第五部分:"其他事项"内容过多,篇幅占了邀请函的一半,有喧宾夺主之嫌。"从乘车路线"到"回程车/机票"这部分可作为邀请函的附件,不宜作为邀请函的正文。

联系地址:(略)

电子信箱:(略)

六、参会确认:收到通知后,请各位与会者根据您的实际需要,务必在 2012 年 10 月 30 日前通过电子邮件或电话方式向我们确认以下信息,以便会务组的组织与接待。

第四届全国话语语言学学术研讨会(2012 北京)
回执

姓名	
性别	
联系方式(电话邮箱)	
是否需要单独住宿(标准间 280 元)	
发言时是否需要 PPT 演示	
是否参加文化考察	

全国话语语言学研究会

中国传媒大学外国语学院

2012 年 9 月 26 日

5. 回执:会议回执部分不宜作为邀请函的正文,可作为邀请函的附件,写在落款之后,可以另起一页单独编排。

四、倡议书

(一)倡议书的概念

倡议书是个人或集体提出建议并公开发起,希望共同完成某项任务或开展某项公益活动所运用的一种专用书信。

(二)倡议书的特点

1. 群众性

倡议书不是对某几个人而言的,它往往面向广大群众,或对一个部门、一个地区的所有人发出,甚至向全国发出,所以广泛的群众性是倡议书的根本特征。

2. 对象的不确定性

倡议书是要求广大群众响应的,其对象范围往往是不确定的。即便在文中明确了自己的具体对象,但实际上有关人员可以表示响应,也可以表示不响应,它本身不具有约束力,而与此无关的别的群众却可以表示响应。

3. 公开性

倡议书是一种广而告之的书信。它是让广大群众知晓了解,从而激起更多人的响应,以期在更大范围内引起共鸣。

(三)倡议书的种类

1.从发文的主体来分

(1)个人倡议书。在日常生活中,有些事关大家的生存环境、生活方式的事情、问题,由某一个人首先发起倡导以引起人们的注意或建议人们采取什么样的措施加以解决,这种形式的倡议书就是个人倡议书。

(2)集体倡议书。由群众团体或一群人发出某种倡议的倡议书称为集体倡议书。这是由多数人参与发起的。

(3)企事业单位、机关部门倡议书。这种倡议书是由一定的组织单位发起的,它所倡议的内容一般来讲具有较强的针对性,其活动也将会在一定的领导下有步骤地逐步开展。

2.从倡议的内容来分

(1)针对某一具体生活事件问题的倡议书。这类倡议书往往由某一件具体的事件引起,由此发出的倡议能够引起相关人员的注意,同时也会引起其他人的警觉和关注。例如《关于少给孩子压岁钱的倡议书》。

(2)针对某种思想意识、精神状况的倡议书。这类倡议书不是由某一具体的事件引起的,而只是希望掀起某种新时尚而发起的倡议。例如《重新开展向雷锋同志学习的倡议书》。这类倡议书是直接服务于社会主义精神文明建设的。

(四)倡议书的结构和写法

倡议书一般由标题、称呼、正文、结尾和落款五部分组成。

1.标题

倡议书的标题一般有三种形式:(1)由文种名单独组成,即在第一行正中用较大的字体写"倡议书"三个字;(2)由倡议内容+文种组成,《把遗体交给医学界利用的倡议书》;(3)由发出倡议者+倡议内容+文种组成,如《山东大学诚信考试倡议书》。

2.称呼

称呼一般顶格写在第二行的开头。倡议书的称呼可依据倡议的对象选用适当的称呼,如"广大的青少年朋友们""广大的妇女同胞们"等。有的倡议书也可以不用称呼,直接在正文中指出。

3.正文

一般在第三行空两格写正文。倡议书的内容包括以下两方面。

(1)背景、原因和目的。倡议书的发出贵在引起广泛的响应,只有交代清楚倡议活动的原因以及当时的各种背景事实,并申明发出倡议的目的,人们才会理解和信服,才会自觉地行动。这些因素交代不清楚就会使人觉得莫名其妙,难以响应。

(2)具体内容和要求。这是正文的重点部分。倡议的内容一定要具体化。开展怎样的活动,要做哪些事情,具体的要求是什么,它的价值和意义都有哪些,都必须一项一项地交代清楚。倡议的具体内容一般是分条开列的,这样写清晰明确,一目了然。

4.结尾

结尾要表示倡议者的决心和希望,或者写出某种建议。倡议书的结尾一般不写敬意或祝福的话语。

5.落款

正文结束后,在右下方写明发出倡议者的单位(集体、个人)名称,署上发出倡议的时间。

例文赏析

爱心捐款倡议书

尊敬的老师们、同学们:

你们好!

拥有健康和快乐是每个人的梦想。当我们与同事欢快地放声歌唱时,当我们与家人团聚共享天伦之乐时,当我们与朋友畅谈人生理想时,就在我们身边,有这么一个同学正在遭受着癌症的折磨,孤单而顽强地与病魔进行着斗争。

周××,男,系我校电子信息工程专业20××级学生。曾任班级团支部书记和学校外联部办公室主任,在校各方面表现出色,曾获20××学年校优秀团干部和校二级奖学金。今年2月因身体不适就诊,后被确诊得了骨癌,随即转往××市××医院治疗。化疗期间,周××不仅顽强地与病魔抗争,还坚持自学课程,坚持参加考试。但病魔并没有停下脚步,周××的病情加重了。

周××家在山西农村,父母都是农民,全家收入微薄。因为周××的病,正在读研的哥哥已经辍学外出打工。6月6日,因为病情加重,周××不得不接受截肢手术,现在病情稳定。一年来,因为周××的病,全家已经花光了从亲戚朋友处借来的近30万元现金,现在后续治疗经费已经没有着落,一家人陷入了困境。

老师们、同学们,也许你与他素不相识,但爱心和真诚没有界限!希望你们伸出援助的双手,帮助这位坚强的学生与病魔一起斗争吧!也许这笔捐款对你而言只是小小的一笔支出,但这些积少成多的爱心,有可能延续他的生命!

请献出您的一份爱心,成全一份勇敢的坚持,传递一份生命的热度!

捐款地点:学校第一食堂

捐款时间:20××年6月20日

××大学团委

20××年3月25日

【例文评析】

倡议书的正文叙述了捐款的背景:周××在校期间的表现,周××得病后的治疗情况,还有周××的家庭经济状况,叙述简明扼要又具体可信,为倡议的发出做了很好的铺垫。捐款的要求顺势提出,自然而然,没有强迫的感觉,文辞热烈,富有一定的鼓动性。同时本文结构合理,语言规范清楚。

知识拓展

收发信函的礼仪规范

实战训练

一、选择题(备选答案中至少有一个是正确的)

1.下列表述正确的一项是(　　)。

　　A.申请书属于党政机关公文

　　B.申请书的种类繁多,使用范围也很广泛。从内容上大体可以分为三类,分别是住房申请书、休学申请书和转正申请书

　　C.申请书是个人或集体因为某种需求,向相关组织、单位、领导表达愿望、提出请求时所使用的一种专用书信

　　D.申请书和请示是完全相同的

2.申请书的写作要求包括(　　)。

　　A.语言使用简洁谦和　　　　　　　　B.申请事项合理明确

　　C.申请理由实事求是　　　　　　　　D.申请要求越多越好

3.关于申请书的格式表述正确的一项是(　　)。

　　A.申请书的写法与一般书信的格式类似,包括标题、称谓、正文、结语、署名和日期六个部分

　　B.申请书的标题不能单独使用文种,必须由申请事项和文种构成

　　C.申请书的正文一般分为三个部分,包括阐述理由、提出请示和固定结语

　　D.申请书的正文在阐述理由的时候一定要越充分越好,不用顾忌文字的多少

4.倡议书的结构一般包括(　　)。

　　A.标题　　　　　　B.称呼　　　　　　C.正文　　　　　　D.结尾

　　E.落款

5.下列表述不正确的一项是(　　)。

　　A.倡议书的标题一般由文种名单独组成,即在第一行正中用较大的字体写"倡议书"三个字

　　B.倡议书是一种广而告之的书信。它是让广大群众知晓了解,从而激起更多人的响应,以期在更大范围内引起共鸣

　　C.倡议书不是对某几个人而言的,它往往面向广大群众,或对一个部门、一个地区的

所有人发出,甚至向全国发出,所以广泛的群众性是倡议书的根本特征

　　D.倡议书的结尾要表示倡议者的决心和希望,或者写出某种建议。另外倡议书的结尾也必须写上表示敬意或祝福的话语

二、写作训练

请你代表我院学生会写一份倡议书。

当前,社会上不写简化字、自造简化字的现象比比皆是,繁体字随处可见,错别字也泛滥成灾。这不仅给汉字的正确使用造成了一定的困难,而且损坏了汉字的国际形象。拟写倡议书是为了引起大学生对这种不良现象的鄙视,从而自觉规范使用汉字,为纯净祖国的语言文字而努力。

要求:

1.倡议的对象是全校师生。

2.倡议或建议的内容要充实具体,可以根据情况适当扩充,叙述要简洁。

3.格式规范,用语得体。

任务二　求职类文书

任务驱动

结合自身实际,制作一份求职材料。

知识导引

一、求职类文书的概念

求职类文书是院校毕业生、无业待业人员求职,以及在职人员谋求转换工作时所使用的一类文书。

二、求职类文书的种类

常用的求职文书有五类:推荐信、自荐信、求职信、应聘书和求职简历。

(一)推荐信

推荐信是指写给用人单位、向用人单位推荐优秀人才或者向自己的熟人和朋友推荐某个人去承担某项工作以便使之采纳的专用书信。对于大学生而言,推荐信一般是由应届毕业生所在学校就业部门统一印制的求职推荐材料,以表格形式居多,毕业生如实填写个人信息、自我鉴定等,然后由就业部门加盖印章。这种推荐信具有推荐和证明身份的双重作用,

因此很多用人单位都需要毕业生提供求职推荐信。

（二）自荐信

自荐信是推荐自己担任某项工作或从事某种活动，以便对方能接受的一种专用书信。它的基本格式与普通书信相似。值得注意的是，自荐信内容要真实具体，篇幅要短小精悍，行文要简洁明确，让对方对你的主要特长有明确的了解，给对方留下诚恳、朴实、乐于接受的印象。

（三）求职信

求职信是求职者根据自身条件和求职意向，向用人单位人事部或单位领导介绍自己的实际才能，表达自己的求职愿望，请求对方聘请、接受的一种信函。

（四）应聘书

应聘书是指求职者根据用人单位发布的招聘通知、广告和其他有关信息，有目的地表达求职意向的信函。相对于求职信来说，应聘书更讲究针对性。

（五）求职简历

求职简历，又称个人简历，是求职者将自己与所申请职位紧密相关的个人信息，经过分析整理并清晰简要地表述出来的书面求职资料。求职者用真实准确的事实向招聘者表明自己的教育背景、经历经验、知识技能、相关成果等信息。求职简历是招聘者在阅读求职者求职申请后对其产生兴趣，进而进一步决定是否给予面试机会的极重要的依据性材料。

推荐信、自荐信、求职信、应聘书这四种都属于求职类信函，也可将它们归入书信类文书，因其有专门的用途，常常独立为一类。在此主要讲解应届毕业生求职信和求职简历的写作。

三、求职信的格式和写法

求职信的主要作用是向用人单位展示自己的能力、特长和求职意愿，所以求职信具有介绍性、自述性和请求性的特点。应聘求职时，一般不单独使用求职信，是先写一封求职信，然后附上求职简历。

过去，求职信主要以纸质形式寄送到用人单位，篇幅一般在一页左右；现在，多以电子邮件形式发送给用人单位，篇幅短小。不管是纸质形式还是电子形式，求职信的写法基本相同。

求职信一般由标题、称谓、正文、祝颂语、落款和附件组成。

（一）标题

标题有两种写法：一是第一行居中写"求职信"；二是由事由+文种构成。如果是以电子邮件形式发送，应在邮件主题中注明"××应聘××岗位的求职信"。

（二）称谓

顶格写明求职单位的领导或招聘负责人的姓名和称呼,不知姓名时,可直接称呼其职务,如"尊敬的人力资源部部长"。如果用人单位招聘简章上写明了联系人,就直接发送给指定联系人即可,所以求职信的称谓应根据具体情况灵活处理。

（三）正文

正文是求职信的核心,包括开头、主体、结尾三部分,内容应包括以下要素:个人信息、求职目标、求职原因、自身条件、表达求职意愿等。若以电子邮件形式发送,篇幅虽短,但要素需俱全。

1.开头

先向对方阅读自己的求职信表示感谢,然后进行简要的自我介绍,给用人单位一个初步印象。

2.主体

首先说明求职目标,即明确提出所应聘的具体岗位或职位名称,一定要有针对性,不宜同时应聘多个岗位;然后围绕求职目标陈述求职原因和自身条件。求职原因部分,要把自己的求职动机说清楚,应尽可能表现出你对目标岗位的熟悉程度和钟爱程度,表明自己渴望为用人单位效力的意愿和决心。自身条件部分:一是介绍自己的专业背景、知识结构、学科能力、学习成绩等;二是突出自己学以致用所具备的业务技能;三是除了专业素养以外,还应介绍自己在校期间参与了哪些课外活动,取得了哪些成绩,可以用获奖情况来支撑,旨在说明自己的管理、组织和协调等社会活动能力。

3.结尾

结尾部分用于表达希望,希望用人单位能给予面试机会,要把自己希望得到工作的迫切心情以及被录用后的态度和决心表达出来,请用人单位尽快答复你是否给予面试机会。这部分要注意措词和语气。求职是双向选择,因此不必过于谦虚,态度要不卑不亢。

（四）祝颂语

祝颂语是书信类文书的一个重要组成部分,需另起一行空两格写上"此致",转行顶格写上"敬礼";也可用其他祝颂语来代替,如"祝贵单位事业蒸蒸日上!"

（五）落款

如是书面形式的求职信,署名一定要亲笔签名;如是电子邮件,也应写上姓名和日期。

在落款后面注明自己的通信地址、联系方式,以备用人单位日后联系。如果是电子邮件形式的求职信,若有附件材料,应说明附件中材料的性质及数量,以便对方查收。

（六）附件

附件是证明求职信内容的相关佐证材料,如个人简历、学习成绩单、获奖证书复印件、学历证书复印件、各类技能证书复印件(扫描件)等。如果是纸质材料,则需装订在求职信之后;如是电子形式,个人简历独立为一个文件,其他附件材料合并成一个文件,并注意文件的命名方式,以便对方下载、查阅。

四、求职简历的结构和写法

从呈现形式来看,求职简历主要有表格式简历和线条式简历,不管采用哪种形式,简历中所含内容是相同的。

(一)个人简历的内容

简历的构成要素一般包括:个人信息、求职意向、教育背景、工作经历、支撑材料和兴趣特长等。

1. 个人信息

个人信息包括姓名、性别、出生年月、政治面貌、民族、籍贯、户口所在地、学历、学位、学校、专业、身高、毕业时间、电子信箱、联系电话等。

2. 求职意向

结合自己的爱好和专长等选择求职目标。

3. 教育背景

教育背景包括毕业学校,所学专业,业余所学专业及特长,所学主要课程与你所谋求的职位有关的教育科目、专业知识等,不必面面俱到,要突出重点,有针对性,可以提供成绩单、所获奖学金、与求职目标相关的培训证书等。

4. 工作经历

工作经历包括组织和参与的学生社团活动、社会实践、专业实习、科研经历等。

5. 支撑材料

支撑材料包括获奖情况、外语及计算机水平、普通话水平、办公软件熟练程度、是否有驾照等。

6. 兴趣特长

其他与所应聘职位有关的个人兴趣、爱好及特长。

这些要素的撰写需注意以下几点。

(1)简历内容一定要条理清晰,主次分明,突出重点信息,一般控制在一页 A4 纸。

(2)简历要最大限度地体现针对性,特别是教育背景、实践经历方面一定要突出与应聘职位的相关性。

(3)获奖情况要以奖学金为主,将最重要的放在前面,并注明获奖年份。

(4)工作经历是重中之重,包括实习实践和校园活动。实习实践要注明时间、地点、单位、职位和职责;校园活动主要是在校期间担任班团干部、学生社团干部等情况,要写明任职时间、具体职位。

(5)简历中不宜加入过于主观的自我评价,以免引起对方反感。

（二）中文简历的谋篇布局

撰写一份求职简历不是一劳永逸的事情,需要坚持两个原则:一是针对性原则,即针对不同岗位、不同职位设计有针对性的简历,切忌使用万用简历;二是适时调整原则,即针对应聘岗位,将重要的、能突出自己优势和职位要求的内容往前排,不重要的内容往后排,甚至将其从简历中删除。

针对不同的求职领域、不同的工作岗位,需要设计不同类型的简历。

1. 简历类型

从简历内容的布局来看,可以将简历分为三种类型:时序型简历、功能型简历和混合型简历。

（1）时序型简历。时序型简历指的是从最近的经历开始,逆着时间顺序逐条列举包括工作实习经历、教育经历等个人信息,也可以顺着时间顺序排列。这类简历清晰、简洁,便于招聘人员阅读。这类简历能够展示出持续和向上的职业成长及发展的全过程。这类简历的适用范围包括:你申请的职位非常符合你的教育背景和实习实践经历;你有在知名公司实习的经历;你的实习实践经历具有连续性,且能很好地反映出相关技能的不断提高。

（2）功能型简历。又称为技术性简历,这类简历在开始时就强调技能、资质、能力及成就,但是并不把这些内容与某个特定的雇主联系在一起。这类简历的主要适用范围包括:跨专业求职,但本人具有申请职位所需的相关技能和素质;缺乏在著名公司实习的经历或者缺少各类荣誉、奖励;应聘对专业技能有特定要求的技术型职位。

（3）混合型简历。混合型简历是时序型和功能型的综合运用。这类简历的优点在于:既按照时间顺序列明自己的实习经历、项目经历等,显得脉络清晰,又把自身所具备的优势、能力和应聘职位的主要需求结合起来,能让招聘人员印象深刻。

2. 简历信息的详略安排

在筛选简历时,不同性质的单位对简历内容的关注点有所不同,在撰写简历时,需做好详略安排,提高简历的针对性。

应聘国企和事业单位时,建议提供较为全面的个人信息,提供加盖教务部门印章的成绩单,突出与申请职位相关度高的实习实践经历;校园活动是重要支撑,如果做过学生干部,将受到青睐;获奖情况、各类证书多多益善,证明自己的实力。

应聘私企、外企时,提供简单的个人信息即可;在陈述学习成绩时,建议说明自己的加权成绩、绩点,以及班级或专业排名;建议用详细的文字或数字来表述在实习实践中取得的具体成绩;获奖情况,建议写明获奖的难易程度和获奖比例。

例文赏析

求职信

尊敬的××人力资源部部长:

您好! 很荣幸您能在百忙之中阅读我的个人陈述(求职信),首先表示感谢!

我是×××,男,××岁,是××大学××学院××专业即将毕业的学生。贵公司是国际知名企业,公司的发展……(有针对性地评价)我对贵公司慕名已久,自我从学校就业指导中心网站看到贵单位的招聘启事,便坚定了我的求职决心,我渴望能成为贵公司的一员,为贵公司服务。

我应聘的职位是××。上大学以来,我注重品德修养,严格要求自己,在培养自身专业技能的同时,注重自身综合素质的提升。

在专业学习上,我认真学习专业知识,学习成绩名列专业第×,曾获得奖学金,同时,对文学、管理等方面也很感兴趣,阅读了大量的××方面的书籍……

在实践能力和专业技能方面,我积极参加社会实践活动和学生课外学术科研活动,20××年成功申请了全国大学生创新创业训练项目,项目名称是……从这个项目中,我学到了……参加××社会实践队……在专业实习方面,我××(时间)到××公司进行实习……

如被贵公司录用,我相信,在公司的指导和培养下,我一定会做好工作,与公司一同进步。

望贵单位给予我宝贵的面试机会。

此致

敬礼!

×××

××××年××月××日

联系地址:××大学××学院××专业××班

邮编:(略)

联系方式:×××××××,×××××××@×××××.com

附件:1.求职简历一份

　　　2.获奖证书、英语等级证书、成绩单的扫描件各 1 份

【例文评析】

主体和结尾部分要素齐全,思路清晰。主体具体、全面地介绍了自己的各方面能力,附件部分标注规范。联系方式和附件等部分也可以放在"此致敬礼"之前,以署名、署时结尾。

就业的求职信,可重点陈述实习和实践成果,展示自己的综合素质。表达求职原因时,要把求职动机说清楚。应尽可能表现出你对目标岗位的熟悉程度和钟爱程度,表明自己渴望为用人单位效力的意愿和决心。若以电子邮件形式发送求职信,篇幅要短小,可不写自身条件部分,主要用求职简历来体现。

【例文赏析】

个人简历

北京市海淀区中关村东路 1 号清华科技园 D 座 15 层(100084)

教育背景

2011 年 9 月至 2015 年 7 月　　中国人民大学文法学院社会学专业

个人能力及特长

- 计算机：熟练运用 Microsoft Office（PPT／Excel／Word）办公软件，Premiere、Photoshop 等专业视频图像制作和编辑软件，Iebook 电子杂志制作软件，SPSS 统计软件
- 人力资源三级证书
- 外语水平：托福、六级，熟练进行英语听、说、读、写、译
- 文体特长：主持（曾获人民大学主持人大赛"最具风采主持人"荣誉称号、多次主持大型活动及会议）；钢琴（10 级水平，曾荣获国际国内多项比赛大奖）

实践实习

2014 年 6—10 月　中华人民共和国司法部办公厅文秘处

- 协助拟定司法行政工作方针、政策，编纂司法行政工作的发展规划及全国司法工作年鉴，校验有关法律法规草案
- 实时掌握全国各地司法工作动态并向上级汇报，对各地区各部门司法行政工作汇报进行初步审核
- 培养了高度集中的注意力、谨慎细心的工作态度、直面问题的勇气以及持久的恒心耐力

2013 年 9 月至 2014 年 1 月　大学生适应性新生小组工作项目督导

- 策划组织开展针对大一新生初入大学适应不良问题的小组活动，领导项目成员共 20 人，负责项目进度的安排与监督、项目进行过程中问题的解决、制订与完善活动方案以及审批报销活动物资等工作
- 锻炼了资源整合、沟通协调、团队合作、创新思维等能力，全面提升领导力

2013 年 6—9 月　辽宁省辽阳市民政局调研员

- 协助社区主任开展日常工作并策划社区活动，入户走访当地居民，对其社会活动进行微观分析
- 进入辽阳社会福利院协助督导开展社会调查，实地参与福利院日常行政工作，深度访谈福利院员工 5 人以上并负责访谈记录的撰写与整理

校园经历

2011 年 10 月至 2014 年 10 月　人民大学文法学院学生会文艺部部长、主席

- 担任人民大学第十届戏剧节总导演，担当统筹全局、整合资源、策划组织的角色
- 对学生会成员进行招募和遴选，为学生会储备了骨干力量
- 管理学生会财务，并负责年终各部门工作的量化考核

2011 年 9 月至 2013 年 10 月　人民大学电视台主持部部长、副台长

- 连续两届担任"人民大学十大新闻人物评选晚会"主持人
- 策划并播出一档关于人民大学校园生活的新闻类节目达 10 期以上，深受广大学生的欢迎

所获奖励

- 2014 年 9 月　获首都大学、中专院校"先锋杯"优秀基层团干部北京市级荣誉称号
- 2011—2014 年　获"新生三等奖学金"1 次,获"工作三等奖学金"3 次
- 2012—2014 年　获"优秀学生干部""优秀共青团干部""优秀三好学生""优秀共青团员"各 1 次

【例文评析】

该求职简历使用国际通用标准格式,格式设计简洁美观。因招聘者最关注求职者的工作经验,所以对实践经历进行了重点描述。语言较为准确、简练。

案例分析

工作实习经历

××××年暑假,在××培训学校担任英语兼职教师;

××××年 1—2 月,在××通讯公司做兼职手机促销员;

××××年暑假,在××电视台都市频道实习;

××××年 2—6 月,勤工俭学,做 3 名高中生的数学家教;

××××年 6—9 月,参与××培训公司培训产品的市场调研。

这是一个比较失败的实习经历描述。该毕业生过去的经历中具体工作内容、扮演的角色及工作业绩不明确,未能体现职位要求的能力和素质。

知识拓展

求职信写作"六要"

实战训练

一、选择题(备选答案中至少有一个是正确的)

1.下面哪一个不是求职类文书?(　　　)

　A. 推荐信　　　　　　B. 应聘信　　　　　　C. 自荐信　　　　　　D. 倡议书

2.求职信的正文内容包括以下哪些要素?(　　　)

　A. 个人信息　　　　　B. 求职目标　　　　　C. 求职原因　　　　　D. 求职意愿

二、写作训练

假如你是×××学院 2017 届文秘专业毕业生,女,23 岁,大专学历,在报纸上看到一则招

聘启示。因为公司业务量巨大,现诚招前台秘书。

要求:

1. 女,年龄20~25岁,大专及以上学历。

2. 具有良好的沟通及语言表达能力。

3. 良好的中英文书面及口头表达能力。

4. 学习能力强,善于沟通,团队合作能力强。

5. 能够熟练使用各种办公软件。

你计划应聘该职位,请写一封求职信给该公司。

任务三　演说类文书

任务驱动

就学校学生会、团委或社团干部竞选写一份就职演说稿。

知识导引

一、演说稿的概念

演说稿,又叫演说词、演讲稿,是演说者事先准备的,在公开场合发表个人的观点、见解和主张的文稿,是演说活动的文字底稿。演说稿有狭义和广义之分。狭义的演说稿一般专指参与各种演讲比赛、竞选展示等活动的讲稿。广义的演说稿,范围很广,包括各类致辞,如开幕词、闭幕词、欢迎词、欢送词、答谢词、祝酒词、学术报告、大会发言等各类讲话稿。

二、演说稿的特点

(一)针对性

演说要以思想、主张、情感或事例来晓谕听众、打动听众、感染听众,就要求演说内容具有针对性。第一,要懂得听众有不同的对象和不同的层次,了解受众是提高针对性的前提;第二,要根据不同的场合和不同的目的,设计有针对性的演说内容。不考虑听众的好恶和接受能力,不考虑演说的目的,再好的演说也无人听。

(二)鼓动性

演说要使听众信服,就需要综合运用各种技巧来激发听众的情绪,使听众热情高涨,被演说者打动。这要求演说者具有鼓动性,反映在演说稿中,就是演说稿在内容上要思想深刻、内容丰富、见解独到,在语言表达上要态度鲜明、生动形象、富有感染力。

(三)口语化

演说包含演和说两个层面,以"说"为主,以"演"为辅。演说是依据有声的口头表达和无声的肢体表演来传递信息的语言交流活动。虽然有非语言交际的体态语来辅助传情达意,但演说者主要通过"说"来向听众传递演说的内容,因此在撰写演说稿时,需要以上口入耳为基本要求。

三、演说稿的种类

按不同划分标准,可将演说稿分为不同的类别。从内容上分,可分为政治思想演说稿、学术报告演说稿、政策法规演说稿、社交礼仪演说稿等;从方式上分,可分为辩论式演说稿和独白式演说稿;从功能上分,可分为竞选演说稿和就职演说稿等。

四、演说稿的写法

演说稿的结构可分为称呼问候语、开场白、主体、结尾等部分。

(一)称呼问候语

明确听众的人员构成情况,有针对性地运用合理的称呼,要涵盖演说现场的所有人,然后加上一句问候语。比如,在学校里发表演说时,可写"尊敬的各位老师、亲爱的同学们,大家好!"在比较正式的工作场合,可写"女士们、先生们,大家上午好!"如果演说活动邀请了两位德高望重的人士,可以专门提及,如"尊敬的×××、×××先生,各位来宾、各位同人,大家好!"等。

(二)开场白

演说稿的开场白,相当于一般文章的开头部分,它在整个演说中具有重要的作用。开场白有两项功能:一是建立说者与听者的同感;二是打开场面,引入正题。好的演讲稿,一开头就应该用最简洁的语言、最经济的时间,把听众的注意力吸引过来。开场白的方式多样,常用的有以下几种。

1. 开门见山,直陈主题

这种开场,开讲就直奔主题。

2. 设置悬念,激发兴趣

提出问题,引导听众积极思考,激起听众的好奇心。设计问题时,需要从听众角度来考虑,以听众感兴趣的问题来引起关注。

3. 介绍情况,说明缘由

这种开头可以快速缩短与听众的距离,让听众明白演说的意图,以便引起听众的重视和配合。

4. 引入故事,创设情境

在时间稍长的演说中,可以先讲个故事,将听众带入你要演说的特定情境中,设身处地地思考一些问题,从而引出主体内容。

此外,还有名言警句式开场、幽默风趣式开场、一语双关式开场等,演说稿的开场方式,应因人因事因地而不同,结合演说内容和自己的演说风格,选择适合自己的开场方式。

(三)主体

演说稿主体部分的写法没有固定的写作模式。要坚持内容决定形式的原则安排主体结构。写作和演说时,尽量做到以下几方面。

1. 层次清晰

演说者的思路清晰,听众才能获得层次感。层次是演说稿思想内容的表现次序,先讲什么后讲什么,它体现着演说者思路展开的步骤,也反映演说者对事物的认识过程。因为演说诉诸口耳,要让听众听出层次,就需要在文字表达上揭示层次性,可以用表示层次的词语来引出讲话内容。比如:"下面我谈三点想法:一是……二是……三是……(或是首先……其次……最后……)"也就是使用一些序次语来帮助区分层次。

2. 承接自然

在起承转合的环节,使用过渡句,让整个演说环环相扣,层层深入,浑然一体。具体语言手段可选用反复设问、承接词语、分述总括语句等来实现行文的自然承接,比如"刚才讲……""听……之后,我们再……""从另方面来说"等过渡段或过渡句。

3. 张弛有度

张弛有度的具体体现就是演说的节奏感。节奏是演说内容在结构安排上表现出的张弛起伏。这既要集中听众的注意力,又不能让听众始终处于高度集中的状态,否则听众会很累。平铺直叙的讲述,会使听众昏昏欲睡;处处激情高昂,会使听众高度紧张。在演说稿的安排上,注意内容的转换要适度,句子句式的使用要多样,内容详略得当,节奏轻重缓急有度。

4. 重点突出

没有突出的主题或思想,不能给听众留下深刻的印象。突出演说中心思想的方式有很多,比如反复强调、逻辑推理、重申观点等。要想得到听众的认可和共鸣,还需重视材料的运用,精选真实典型、生动形象的材料,材料和观点要高度一致。

(四)结尾

略。

例文赏析

寒门贵子

在这个演讲开始之前,我先问问现场的大家一个问题:你们当中有谁觉得自己是家境普通,甚至出身贫寒,将来想要出人头地只能靠自己? 你们当中又有谁觉得自己是有钱人家的小孩儿,起码在奋斗的时候可以从父母那里得到一点助力?

　　前些日子,有一个在银行工作了十年的HR(人力资源管理师),他在网络上发表了一篇帖子,叫作《寒门再难出贵子》。意思是说在当下,我们这个社会里,寒门的孩子想要出人头地,想要成功,比我们父辈的那一代更难了。这个帖子引起了特别广泛的讨论,你们觉得这句话有道理吗?先拿我自己来说,我就是出身寒门。我现在回想我都不知道,当初我爸跟我妈那么普通的农村夫妇,他们是怎样把三个孩子——我跟我两个哥,从农村供出来上大学、上研究生的。我一直都觉得自己特别幸运,我爸跟我妈都没怎么读过书,我妈连小学一年级都没上过,她居然觉得读书很重要,她吃再多的苦,也要让自己的三个孩子上大学。

　　我一直不会拿自己跟那些家庭富裕的小孩儿比较,我不会觉得我们之间会有什么不同,或者有什么不平等,但是我们必须要承认这个世界是有一些不平等的,他们有很多优越的条件,我们都没有,他们有很多的捷径我们也没有。可是我们不能抱怨,每一个人的人生都是不尽相同的,有些人出生就含着金钥匙,有些人出生连爸妈都没有。

　　人生和人生是没有可比性的,我们的人生怎么样,完全取决于自己的感受。你一辈子都在感受抱怨,那你的一生就是抱怨的一生;你一辈子都在感受感动,那你的一生就是感动的一生;你一辈子都立志于改变这个社会,那你的一生就是一个斗士的一生。

　　英国有一部纪录片,叫作《人生七年》,片中访问了十二个来自不同阶层的七岁小孩儿,每七年再去重新访问这些小孩儿,到了影片的最后发现,富人的孩子还是富人,穷人的孩子还是穷人,但是里面有一个叫尼克的贫穷的小孩儿,他到最后通过自己的奋斗变成了一名大学教授,可见命运的手掌里面是有漏网之鱼的。而且,现实生活中寒门子弟逆袭的例子更是数不胜数。所以当我们遭受失败的时候,我们不能把所有的原因都归结到出生上,更不能抱怨自己的父母为什么不如别人的父母,因为家境不好,并没有斩断一个人成功的所有可能。

　　当我在人生中遇到很大的困难的时候,我就会在北京的大街上走一走,看着人来人往,我就想,刘媛媛,你在这个城市里面真的是一无所有,你有的只是你自己,你什么都没有,你现在能做的就是单枪匹马地在这个社会上杀出一条路来。

　　这段演讲到现在已经是最后一次了,其实在刚刚我问的时候就发现了,我们大部分人都不是出身豪门的,我们都要靠自己,所以你要相信,命运给你一个比别人低的起点,是想告诉你,让你用你的一生去奋斗出一个绝地反击的故事。

　　这个故事关于独立,关于梦想,关于勇气,关于坚忍,它不是一个水到渠成的童话,没有一点人间疾苦,这个事故是有志者事竟成,破釜沉舟,百二秦关终属楚;这个故事是苦心人天不负,卧薪尝胆,三千越甲可吞吴。

【例文评析】

　　这是超级演说家第二季冠军北大才女刘媛媛的一篇演讲稿。这篇演讲稿比较经典,结构也是我们所说的总分总结构,首段短时间吸引读者,正文进行论证,尾端呼应主题。首段运用开门见山+分析论证+呼吁号召。开门见山:寒门难出贵子;分析论证:为什么这么说;呼吁号召:我认为我们应该重视寒门学子。正文运用了举例论证和道理论证的方式,先讲自己的故事,把握痛点的情节基调,再加上道理论证直接引人反思。结尾:金句呼应主题——有志者事竟成,破釜沉舟,百二秦关终属楚;这个故事是苦心人天不负,卧薪尝胆,三千越甲可吞吴。

知识拓展

演讲稿创意写作的技巧与方法

实战训练

一、选择题(备选答案中至少有一个是正确的)

1.演讲稿要看人说话,考虑听众的接受能力,这体现了演讲稿的(　　　)。

　　A. 逻辑性　　　　　　B. 针对性　　　　　　C. 鲜明性　　　　　　D. 严密性

2.演讲稿的开场白比较灵活,在讲话一开始就揭示讲话内容的主题,这种方法是(　　　)。

　　A. 交代背景式　　　　B. 开门见山式　　　　C. 提问式　　　　　　D. 自然入题式

3.下列各项中,对于演讲稿的表述不正确的是(　　　)。

　　A. 演讲稿可以由集体讨论,专人起草

　　B. 好的演讲稿能与听众产生共鸣

　　C. 演讲稿的开场白为了用精练生动的语言吸引听众,可以先不管主题

　　D. 演讲稿的写作要力求言之有理、言之有物、言之有序、言之有文

二、写作训练

在大学生风采展示活动中,请以《我的大学生活》为题,撰写一篇演说稿。

第四章　党政机关公文

党政机关公文是党政机关实施领导、履行职能、处理公务的具有特定效力和规范体式的文书,是传达贯彻党和国家实施方针政策,公布法律法规和规章,指导、布置和商洽工作,请示和答复问题,报告、通报和交流情况等的重要工具。

任务一　党政机关公文概述

任务驱动

了解党政机关公文含义、特点及种类,掌握党政公文的格式要素及写作规范。

知识导引

一、党政机关公文的概念

2012 年 4 月 6 日,中共中央办公厅、国务院办公厅联合印发了《党政机关公文处理工作条例》,同时废止了 1996 年中共中央办公厅印发的《中国共产党机关公文处理条例》和 2000 年国务院印发的《国家行政机关公文处理办法》。《党政机关公文处理工作条例》指出:"党政机关公文是党政机关实施领导、履行职能、处理公务的具有特定效力和规范体式的文书,是传达贯彻党和国家方针政策,公布法规和规章,指导、布置和商洽工作,请示和答复问题,报告、通报和交流情况等的重要工具。"一般将党政机关公文简称为公文。

二、党政机关公文的特点

(一)鲜明的政治性

公文要传达、贯彻党和国家的路线、方针、政策、法规与规章,实施领导和管理,体现和反映党和国家机关的政治意向、指挥意志、行动意图,维护党和政府的权威以及它所代表的人民群众的根本利益,因而具有鲜明的政治性。

（二）公文的法定性

公文的法定性包含三层意思：(1)作者的法定性。公文的作者是发文的机关单位、合法组织及其负责人，公文必须以这些组织或其合法代表人的名义制发。(2)权威和效力的法定性。公文一经正式发布，就具有一定的控制性和约束力，有关单位和个人必须遵守或执行。(3)行文程序的法定性。公文的形成和发布必须符合法定的职权范围和规定程序。

（三）格式的规范性

公文必须按照党和国家领导机关批准并发布的公文规范制发，使用有明确规定的文种，遵循规定的格式和行文程序，不得擅改。

三、党政机关公文的种类

（一）按适用范围分

按照适用范围分，党政机关公文主要有以下 15 种。

1. 决议

决议适用于会议讨论通过的重大决策事项。

2. 决定

决定适用于对重要事项做出决策和部署、奖惩有关单位和人员、变更或者撤销下级机关不适当的决定事项。

3. 命令（令）

命令适用于公布行政法规和规章、宣布施行重大强制性措施、批准授予和晋升衔级、嘉奖有关单位和人员。

4. 公报

公报适用于公布重要决定或者重大事项。

5. 公告

公告适用于向国内外宣布重要事项或者法定事项。

6. 通告

通告适用于在一定范围内公布应当遵守或者周知的事项。

7. 意见

意见适用于对重要问题提出见解和处理办法。

8. 通知

通知适用于发布、传达要求下级机关执行和有关单位周知或者执行的事项，批转、转发公文。

9. 通报

通报适用于表彰先进、批评错误、传达重要精神和告知重要情况。

10. 报告

报告适用于向上级机关汇报工作、反映情况，回复上级机关的询问。

11. 请示

请示适用于向上级机关请求指示、批准。

12. 批复

批复适用于答复下级机关请示事项。

13. 议案

议案适用于各级人民政府按照法律程序向同级人民代表大会或者人民代表大会常务委员会提请审议事项。

14. 函

函适用于不相隶属机关之间商洽工作、询问和答复问题、请求批准和答复审批事项。

15. 纪要

纪要适用于记载会议主要情况和议定事项。

（二）按行文方向分

按照公文在各级机关之间运行方向,可将公文分为上行文、平行文和下行文。

1. 上行文

上行文即下级机关向上级机关呈送的公文。上行文有报告、请示和议案三种。有时"意见"也可用作上行文。

2. 平行文

平行文即互相没有隶属关系和业务指导关系,同级或不属同一系统的机关部门之间的行文。平行文多采用"函"。

3. 下行文

下行文即上级机关对所属下级机关制发的文件,一般可分为逐级行文、多级行文、直到基层行文三种。下行文的文种较多,有决议、决定、命令（令）、公报、公告、通告、意见、通知、通报、批复、纪要等11种公文。

（三）按保密要求分

按照公文的保密级别划分,可分为绝密、机密、秘密和普通件。

绝密,是指涉及国家最高核心机密的文件;机密,是指涉及国家重要机密的文件;秘密,是指涉及国家一般秘密的文件。秘密、机密、绝密件的保密期限要根据国家保密局发布的《国家秘密保密期限的规定》来确定。秘密一般不超过10年,机密一般不超过20年,绝密一般不超过30年,特殊情况为"长期"。

（四）按办理时限分

按照公文送达和办理的时限要求划分,根据紧急程度,紧急公文分为特急和加急;电报分为特提、特急、加急、平急和一般文件。特提件在发出前要通知对方注意接收,接到文件后要打破常规速度办理;特急件一般要求一天内办结;加急件一般要求两三天内办结;平急件的时限稍缓。

四、党政机关公文的行文关系

公文的行文关系是根据隶属关系和职权范围确定的,是根据组织系统、公文法定作者的职权范围与行文单位间的隶属关系确立的发文单位与收文单位之间的关系。公文行文关系是行文规则的基础,必须先弄清楚。根据单位各自的隶属关系和职权范围来看,单位之间的关系有五种。

(一)直接隶属关系

直接隶属关系是指上一级机关与直接的下一级机关之间的领导与被领导的关系。

(二)间接关系

间接关系是指处于同一垂直系统的,但又不是上下直接相邻的领导与被领导单位之间的关系。

(三)业务指导关系

业务指导关系是指各业务系统内上级业务主管部门和下级业务主管部门之间的关系。

(四)平行关系

平行关系是指处于同一系统内的同级机关、单位之间的关系。

(五)不相隶属关系

非同一系统的机关之间的关系统称为不相隶属关系。

公文行文时要基于行文关系,遵循行文规则,具体行文规则按照《党政机关公文处理工作条例》执行。

五、党政机关公文的格式

2012 年 7 月 1 日正式施行的《党政机关公文格式》(GB/T 9704—2012)规定,将版心内的公文格式各要素划分为版头、主体、版记三部分。公文首页红色分隔线以上的部分称为版头;公文首页红色分隔线(不含)以下、公文末页首条分隔线(不含)以上的部分称为主体;公文末页首条分隔线以下、末条分隔线以上的部分称为版记。页码位于版心外。

(一)版头

版头由份号、密级和保密期限、紧急程度、发文机关标志、发文字号、签发人、版头中的分隔线等要素组成。

1. 份号

份号是指公文印制份数的顺序号。公文中的涉密公文需标注份号,一般用 6 位 3 号阿拉伯数字,即"000001",不应编为"1""01"。份号编排在版心左上角第一行。

2. 密级和保密期限

密级和保密期限是表明公文涉密程度的标志。涉密公文应当根据涉密程度分别标注"绝密""机密""秘密"。秘级字样一般用 3 号黑体字,顶格编排在版心左上角第二行;密级和保密期限之间可用"☆"分隔,保密期限中的数字用阿拉伯数字标注。

3. 紧急程度

紧急程度是指公文送达和办理的时限要求。根据紧急程度,紧急公文应当分别标注"特急""加急",电报应当分别标注"特提""特急""加急""平急"。如需标注紧急程度,一般用 3 号黑体字,顶格编排在版心左上角;如需同时标注份号、密级和保密期限、紧急程度,按照份号、密级和保密期限、紧急程度的顺序自上而下分行排列。

4. 发文机关标志

发文机关标志主要有两种形式:一是发文机关全称或规范化简称加"文件"二字,如"北京市人民政府文件";二是发文机关全称或规范化简称。发文机关标志居中排布,发文机关标志的上边缘至版心上边缘的距离,均为 35 mm,推荐使用小标宋字体。联合行文时,应将主办机关名称排列在前。如有"文件"二字,应当置于发文机关名称右侧,以联署发文机关名称为准上下居中排布。当发文机关标志文字较少时,要尽量拉宽字间距;文字较多时,应尽量压缩字间距,总体上要小于版心的宽度。以醒目、美观、庄重为原则,其作用在于表明公文的责任者,显示公文的权威性与庄重性。

5. 发文字号

发文字号是发文机关对一年内所发公文依次编排的文件代号,是公文的身份标识,由发文机关代字、年份、发文顺序号组成。发文字号在发文机关标志下空二行位置居中排布,采用 3 号仿宋体,发文年份、发文顺序号用阿拉伯数字标注;发文年份应标全四位数并用六角括号括起,发文顺序号不加"第"字,不编虚位(即 1 不编为 01),在阿拉伯数字后面加"号"字。如"国发〔2018〕1 号",表示的是国务院 2018 年所制发的第 1 号文件。

编写发文机关代字要力求做到明确、简洁、规范,且不产生歧义和冲突,特别是不能与上级机关、同级机关的代字相互重复。发文机关代字选择最具代表性的文字,指代发文机关。

6. 签发人

签发人是指代表机关核准公文对外发出的领导人姓名。签发人标志由"签发人"三字加全角冒号和签发人姓名组成,居右空一字,编排在发文机关标志下空二行位置。"签发人"三字用 3 号仿宋体字,签发人姓名用 3 号楷体字。

签发人标志只用于上行文。联合发文时,所有联合发文机关的负责人都称为签发人,都需要注明签发人姓名。签发人姓名按照发文机关的顺序从左到右、自上而下依次均匀编排,一般每行排两个姓名。主办机关的签发人排在第一行第一位。签发人标志旨在表明机关发文的具体责任者,督导各级领导认真履行职责,确保公文内容真实准确,提高公文质量,并为联系查询有关事项提供方便。

(二)主体

主体由标题、主送机关、正文、附件说明、发文机关署名、成文日期、印章、附注、附件等要素组成。

1. 标题

标题由发文机关名称、事由、文种三部分构成。如《国务院关于加强道路交通安全工作的意见》,"国务院"是此文的发文机关,"加强道路交通安全工作"是事由,"意见"是文种,在发文机关与事由之间常用介词"关于"连接,在事由与文种之间用结构助词"的"连接,从而构成以文种为中心词、以发文机关名称和事由为限定成分的偏正词组。

公文标题应当使用 2 号小标宋体,编排在红色分隔线下空二行位置,分一行或多行居中排布,回行时要做到词意完整、排列对称、长短适宜、间距恰当。标题排列应当采用上梯形、下梯形或菱形。标题中除法规、规章名称加书名号外,一般不用标点符号,标题结尾不加标点符号。

2. 主送机关

主送机关是指公文的主要受理机关,即对公文负有执行、办理、答复责任的对方机关,应当使用机关全称、规范化简称或者同类型机关统称。编排于标题下空一行位置,居左顶格,回行时仍顶格,最后一个机关名称后标全角冒号。如主送机关名称过多导致公文首页不能显示正文时,应当将主送机关名称移至版记。

3. 正文

正文是公文的主体部分,用于阐述公文内容,使收文者具体、明确地掌握文件传递的信息。公文首页必须显示正文,一般用 3 号仿宋体字,编排在主送机关名称下一行,每个自然段左空二字,回行顶格。文中结构层次序数依次可以用"一、""(一)""1.""(1)"标注;一般第一层用黑体字、第二层用楷体字、第三层和第四层用仿宋体字标注。

4. 附件说明

附件说明是指公文附件的顺序号和名称。公文如有附件,在正文下空一行左空二字编排"附件"二字,后标全角冒号和附件名称。如有多个附件,使用阿拉伯数字标注附件顺序号(如"附件:1.×××××");附件名称后不加标点符号。附件名称较长需回行时,应当与上一行附件名称的首字对齐。

5. 发文机关署名

发文机关署名是指署发文机关全称或者规范化简称。

6. 成文日期

成文日期署会议通过或者发文机关负责人签发的日期。联合行文时,署最后签发机关负责人签发的日期。

7. 印章

公文中有发文机关署名的,应当加盖发文机关印章,并与署名机关相符。有特定发文机关标志的普发性公文和电报可以不加盖印章。

(1)加盖印章的公文。

成文日期一般右空四字编排,印章用红色,不得出现空白印章。

单一机关行文时,一般在成文日期之上、以成文日期为准居中编排发文机关署名,印章端正、居中下压发文机关署名和成文日期,使发文机关署名和成文日期居印章中心偏下位置,印章顶端应当上距正文(或附件说明)一行之内。

联合行文时,一般将各发文机关署名按照发文机关顺序整齐排列在相应位置,并将印章一一对应、端正、居中下压发文机关署名,最后一个印章端正、居中下压发文机关署名和成文日期,印章之间排列整齐、互不相交或相切,每排印章两端不得超出版心,首排印章顶端应当上距正文(或附件说明)一行之内。

(2)不加盖印章的公文。

单一机关行文时,在正文(或附件说明)下空一行右空二字编排发文机关署名,在发文机关署名下一行编排成文日期,首字比发文机关署名首字右移二字,如成文日期长于发文机关署名,应当使成文日期右空二字编排,并相应增加发文机关署名右空字数。

联合行文时,应当先编排主办机关署名,其余发文机关署名依次向下编排。

(3)加盖签发人签名章的公文。

单一机关制发的公文加盖签发人签名章时,在正文(或附件说明)下空二行右空四字加盖签发人签名章,签名章左空二字标注签发人职务,以签名章为准上下居中排布。在签发人签名章下空一行右空四字编排成文日期。

联合行文时,应当先编排主办机关签发人职务、签名章,其余机关签发人职务、签名章依次向下编排,与主办机关签发人职务、签名章上下对齐;每行只编排一个机关的签发人职务、签名章;签发人职务应当标注全称。

8.附注

附注是指对文件内容或有关事项、要求的注解与说明。如有附注,居左空二字加圆括号编排在成文日期下一行。

9.附件

附件是对公文正文的说明、补充或者参考资料。附件应当另面编排,并在版记之前,与公文正文一起装订。"附件"二字及附件顺序号用3号黑体字顶格编排在版心左上角第一行。附件标题居中编排在版心第三行。附件顺序号和附件标题应当与附件说明的表述一致。附件格式要求同正文。

如附件与正文不能一起装订,应当在附件左上角第一行顶格编排公文的发文字号并在其后标注"附件"二字及附件顺序号。

(三)版记

版记由抄送机关、印发机关和印发日期等要素组成。

1.抄送机关

抄送机关是指除主送机关外需要执行或者知晓公文内容的其他机关,应当使用机关全称、规范化简称或者同类型机关统称。如有抄送机关,一般用4号仿宋体字,在印发机关和印发日期之上一行、左右各空一字编排。"抄送"二字后加全角冒号和抄送机关名称,回行时与冒号后的首字对齐,最后一个抄送机关名称后标句号。

如需把主送机关移至版记,除将"抄送"二字改为"主送"外,编排方法同抄送机关。既有主送机关又有抄送机关时,应当将主送机关置于抄送机关之上一行,之间不加分隔线。

2. 印发机关和印发日期

印发机关和印发日期一般用 4 号仿宋体字,编排在末条分隔线之上,印发机关左空一字,印发日期右空一字,用阿拉伯数字将年、月、日标全,年份应标全称,月、日不编虚位(即 1 不编为 01),后加"印发"二字。

版记中如有其他要素,应当将其与印发机关和印发日期用一条细分隔线隔开。

知识拓展

史上最全公文写作框架指导

实战训练

一、选择题(备选答案中至少有一个是正确的)

1. 公文特定格式不同于一般格式,公文的特定格式除了命令格式之外,还有(　　)。

　　A. 批复式格式　　　B. 信函式格式　　　C. 请示式格式　　　D. 公报式格式

2. 主送机关是指(　　)。

　　A. 联合行文的牵头机关　　　　　　　　B. 主要发文机关

　　C. 公文的主要受理机关　　　　　　　　D. 所有受文机关

3. 成文日期的确定应当是(　　)。

　　A. 以草稿完成的日期为准

　　B. 以公文印制的日期为准

　　C. 以定稿完成的日期为准

　　D. 以领导人签发或会议通过的日期为准

4. 下列选项中,属于版头部分的格式要素的是(　　)。

　　A. 正文　　　　　　　B. 标题　　　　　　　C. 份号

　　D. 发文机关标志　　　E. 发文字号

5. 应当标注份号的公文是(　　)。

　　A. 上行公文　　　　　B. 紧急公文　　　　　C. 涉密公文　　　　　D. 指令性公文

6. 下列文种中,可以用于上行文、下行文,也可用于平行文的是(　　)。

　　A. 通知　　　　　　　B. 意见　　　　　　　C. 函　　　　　　　D. 议案

7. 下列对党政公文标题拟制与排列的表述,正确的是(　　)。

　　A. 发文机关、事由、文种三要素必须齐全

　　B. 发文机关应当使用全称,不得使用简称

　　C. 一般用 2 号小标黑体字,编排于红色分隔线下空二行位置

D.分一行或多行居中排布,多行时排列应当使用梯形或菱形

二、判断题

1.需要在首页标注签发人的公文文种,包括请示和报告。 （ ）

2.以数字标明段落不是公文结构的突出特点。 （ ）

3.联合行文时,版头应列明联合行文的各机关名称,主办单位可放在各联合行文单位最后。 （ ）

4.涉密公文中绝密、机密公文应当标注份号,秘密公文不需标注份号。 （ ）

5.在文件式格式中,不管是上行文还是下行文,发文字号都在发文机关标识下空2行,居中排布。 （ ）

三、简答题

1.公文具有哪些特点?

2.选择公文文种的根据是什么?

任务二 通知

任务驱动

学生党支部最近决定召开一次支部会议,传达党的第十九届六中全会精神,请你为此拟发一份通知。

知识导引

一、通知的概念

《党政机关公文处理工作条例》规定,通知适用于发布、传达要求下级机关执行和有关单位周知或者执行的事项,批转、转发公文。通知属于下行文。

通知是各级党政机关、企事业单位、社会团体使用最普遍的一种文种,使用频率也最高。

二、通知的特点

(一)广泛性

通知的广泛性体现在两个方面:一是使用通知的机关单位广泛,不受发文机关级别高低的限制;二是通知的内容广泛,无论是上级机关的重要决策,还是日常工作都可以使用通知进行部署、传达或告知。

(二)常用性

由于通知的内容十分广泛,使用单位不受级别高低的限制,且行文方便,写法灵活多样,

因此通知的使用频率很高,是现行公文中使用频率很高的文种。

(三)时效性

通知具有严格的时效性要求,它所传达的事项,往往要求受文者及时知晓或办理完毕。

三、通知的种类

根据通知的内容、性质和作用,通常把通知分为六类:指示性通知、发布性通知、转发性通知、批转性通知、事务性通知、任免性通知。

(一)指示性通知

指示性通知主要用于上级机关对下级单位部署工作,下达任务,并做出相关规定,具有较强的强制性和指挥性。

(二)发布性通知

发布性通知主要用于发布某些法规和规章制度,一般以印发通知的形式出现。

(三)转发性通知

转发性通知主要用于转发上级机关、同级机关和不相隶属机关的公文给所属部门和人员,让他们周知或执行。

(四)批转性通知

批转性通知主要用于上级领导机关用批转的方式把某一级机关的请示、报告和意见等公文发给更多的下级,要求下级机关认真贯彻执行。

(五)事务性通知

事务性通知主要用于处理日常工作中有关召开会议、领发物品、收缴物资等事务性的事情。事务性通知主要包括通知的具体事项、需要执行的要求等。

(六)任免性通知

任免性通知主要用于上级机关用通知告知和宣布下级机关有关任免人员的情况。任免通知内容单一、篇幅短小,明确任免的时间、机关和职务即可。

四、通知的写作

通知一般由标题、主送机关、正文、附件说明、落款等部分组成。在所有的公文中,通知的写法最灵活,涉及内容最广泛。不同类型的通知具有不同的写法,各类通知的主送机关和落款部分没有太大区别,但落款和用印有讲究。

(一)发布性通知

1.标题

发布性通知的标题一般采用完全式标题的写法,由"关于发布(颁布、印发)+被发布的文件名称+通知"组成。标题较长转行时,要规范;回行时,要做到词意完整,排列对称,长短适宜,间距恰当,标题排列应当使用梯形或菱形。

如被发布的公文是法规性文件,应加上书名号,把发布的法规性文件作为附件处理。在发布对象中,凡属法规性文件,标题与行文一般称为"颁布""颁发"或"发布",其他文件则称为"印发"。

2. 正文

发布性通知的正文一般比较短,依次写清被发布的规章名称、发布的目的、执行的要求和实施的日期即可。有的通知还需要简要地说明被发布规章的适用范围和执行过程中的有关事宜。

(二)批转、转发性通知

1. 标题

批转、转发性通知的标题制作比较特殊,通常由转发机关名称加上"批转"或"转发",然后加上被转发文件全称,再加上"通知"组成,如《关于转发〈天津市文化广播影视局关于2014 年动漫企业认定有关工作的通知〉的通知》。

2. 正文

这类通知的正文也比较简短,写明由谁批转(转发)的文件名称、目的和要求。这类批转、转发性通知叫"照批照转式"通知。

还有些批转、转发性通知除写清楚上述内容之外,还扼要地阐述被批转或转发公文内容的重要性、必要性以及执行过程中的具体要求,或补充完善有关内容。这类批转、转发性通知叫"按语式"通知。

(三)指示性通知

1. 标题

这类通知一般使用完全式标题,如遇特殊情况,还可在通知前加"联合""紧急""补充"等字样,如《国务院办公厅关于保障近期蔬菜市场供应和价格基本稳定的紧急通知》。

2. 正文

指示性通知的正文一般由发文缘由、具体事项和结尾组成。

(1)发文缘由主要阐述行文的依据、目的和意义,其目的是提高受文机关对通知事项的必要性和重要性的认识,提高执行的自觉性和积极性。

(2)具体事项是指示性通知的主体部分,应写明指示的具体内容,并阐述执行的具体方法。具体事项多采用条款方式,在写作时应注意条与条、项与项之间的逻辑关系。

(3)结尾部分一般是提出希望或要求。

(四)告知性通知

1. 标题

标题可用"发文机关+事由+通知",也可只用"事由+通知"。

2. 正文

这类通知的正文写法无固定的格式,写清告知事项的依据、目的和具体告知内容即可。

(五)会议性通知

1. 标题

标题可用"发文机关+关于召开××会议+通知",也可只用"关于召开××会议+通知"。

2. 正文

会议性通知在写作上具有要素化的特点,要求写明会议名称、发文目的、中心议题、召开时间、地点、参加人员、会前准备工作及其他事项等。

(六)任免或聘用性通知

1. 标题

一般标题形式为《关于×××等任免职的通知》。

2. 正文

这类通知的正文很简单,写明任免事项或设立和撤销的事项即可。有的也交代一下任免依据、工作程序等。值得注意的是,在行文时,要遵循先任后免或先设后撤的原则。

五、通知的写作要求

(1)不可滥发通知。通知作为一种下行文,从其发文的性质来看,多少带有指示性,使用时要区分对象,平行机关之间,或下级向上级行文时,就不能使用通知。

(2)通知的种类很多,使用时应注意不同种类通知的规范。

(3)注意篇幅,该详则详,当简则简。

(4)通知事项必须清楚明确。要明白无误地提出工作任务和要求,切忌泛泛而谈,让人不得要领。

例文赏析

重庆市人民政府办公厅
关于进一步加强高校不良网络借贷风险防范管理的通知

渝府办〔2018〕21 号

市政府有关部门,有关单位:

近年来,我市按照国家有关部署和要求,不断加强高校在校学生网络借贷(指通过网络订立借贷合同,以下简称网贷)监管和风险防范教育引导,取得一定成效,但也存在一些问题。部分不良金融机构和平台针对高校在校学生违规开展"求职贷""培训贷""创业贷""回租贷"等业务,给高校校园安全和在校学生合法权益带来严重损害,造成不良社会影响。为切实保护高校在校学生合法权益,维护高校安全稳定,按照打好防范化解重大风险攻坚战和扫黑除恶专项斗争要求,经市政府同意,现就进一步加强高校不良网贷风险防范管理有关事项通知如下:

一、加强高校借贷准入监管

根据《中国银监会 教育部 人力资源社会保障部关于进一步加强校园贷规范管理工作的通知》(银监发〔2017〕26号)及我市互联网金融风险和P2P网贷风险专项整治的要求,现阶段一律暂停网贷信息中介机构开展高校在校学生网贷业务,禁止小额贷款公司发放校园贷;未经批准,禁止任何组织和个人进入高校宣传推广信贷业务和为高校在校学生提供信贷服务。市金融办、重庆银监局、人行重庆营管部要督促有关机构严格遵守规定,建立识别高校在校学生身份的工作机制,清理规范业务行为。市政府有关部门和单位要将违规开展"校园贷""求职贷""培训贷""创业贷""回租贷"等行为纳入常规和专项检查重要内容,加大整治力度(牵头单位:市金融办、重庆银监局、人行重庆营管部;责任单位:市公安局、市工商局、各高校)。

为满足高校在校学生在消费、创业、培训等方面合理的信贷资金和金融服务需求,市教委会同市金融办、重庆银监局等部门定期发布针对高校在校学生信贷服务的合法金融机构目录(牵头单位:市教委、市金融办、重庆银监局)。

二、加强高校不良网贷信息监测

建立高校不良网贷日常监测机制,市教委、市委网信办要分别统筹高校、高校所在地区县(自治县)网信部门,将针对高校学生的网贷宣传信息、高校在校学生参与网贷舆情等纳入监测和管控重点,加大监测力度。市工商局要加强广告日常监管,严禁发布针对高校在校学生网贷的广告,对举报查实的校园网贷广告及时予以取缔。市公安局要及时掌握利用网贷侵犯学生合法权益的行为(牵头单位:市教委、市委网信办、市工商局、市公安局;责任单位:各高校)。

各高校要加强校园网贷信息监测,防止通过课堂、传单、微信朋友圈、微博、信息推送、熟人推荐等形式吸引高校在校学生参与网贷,及时清理各类借贷广告信息。要定期排查和全面掌握高校在校学生参与网贷情况,每季度进行一次摸排,及时发现校园不良网贷苗头性、倾向性、普遍性的问题。对于监测和摸排发现的问题,要及时报告当地有关部门和市教委(牵头单位:市教委;责任单位:各高校)。

三、加大高校不良网贷问题查处力度

对监测、摸排、举报、检查发现的高校不良网贷问题,市级有关部门要及时受理、及时核查、及时处理。对金融监管部门批准设立的金融机构,市金融办、重庆银监局、人行重庆营管部等监管机构要视情况采取督促限期整改、依法依规予以关闭或取缔等措施;对外地网贷机构,市金融办要及时移送相关省(区、市)有关部门处理。对涉嫌非法集资、非法证券、非法期货和向高校在校学生通过虚增债务、故意违约、强立债权、暴力讨债等实施"套路贷"的违法犯罪行为,公安部门要予以严厉打击。对经市级有关部门认定存在违法违规行为的网贷机构网站和移动应用程序,通信主管部门要及时依法处置,工商部门要依法责令其停止发布广告(牵头单位:市金融办、重庆银监局、人行重庆营管部、市公安局;责任单位:市通信管理局、市工商局、市教委)。

四、加强不良网贷风险警示和教育引导

市教委、各高校要加强对高校不良网贷的风险警示和教育引导工作。市教委要会同市金融办、重庆银监局、人行重庆营管部、市公安局等积极开展"金融知识进校园""法制教育进校园"等活动,及时发布高校不良网贷典型案例和预警。各高校要在学校官网醒目位置、官方微信微博上播放《警惕非法"校园贷"》宣传视频,并在新生教育宣传和主题班会等活动中集中播放;要在每学年秋季开学后一段时间内,集中开展防范不良网贷专项宣传教育活动,向每一名学生发放网贷风险告知书并签字确认。要加强学生消费观教育,引导学生理性、科学、适度消费,及时发现和纠正学生超前消费、过度消费等错误观念(牵头单位:市教委;责任单位:各高校、市金融办、重庆银监局、人行重庆营管部、市公安局)。

各高校要完善高校不良网贷摸排机制和应急处置机制。通过信息员收集、大数据分析、技术手段等,及时发现和掌握高校在校学生的异常消费情况、参与不良网贷信息、网贷舆情和侵犯学生合法权益现象等。对排查出的风险隐患,要按规定及时向有关部门和市教委报告,加强早期应对,坚决杜绝出现大的风险。高校发现在校学生参与不良网贷情况,要及时告知学生家长,并会同学生家长及有关方面做好应急处置工作。对于发现的重大事件,各高校要及时报告当地金融监管部门、公安部门和市教委(牵头单位:市教委;责任单位:各高校、市公安局、市金融办、重庆银监局、人行重庆营管部)。

五、加强学生精准资助和帮扶援助

各高校要加强资助政策宣传,全面落实国家和我市学生资助政策,通过多种渠道和措施,确保满足家庭经济困难学生生活费等基本需求。进一步健全能兼顾共性需求和个体差异的资助体系,充分挖掘校内外资源,筹集专项基金,满足学生临时性需求和拓展学习、创新创业等发展性需求。要加强对参与不良网贷高校在校学生的帮扶,一人一档建立台账,开展临时救助,解决和保障他们的基本生活需求。对重点学生,要安排落实专门人员关注和跟踪,及时开展心理健康教育,切实防止出现学生因无力还贷而发生恶性事件(牵头单位:市教委;责任单位:各高校)。

市级有关部门、各高校要高度重视高校不良网贷风险防范管理工作,明确分工,落实职责,加强信息共享,形成监管合力。市金融办、重庆银监局要在对网络借贷信息中介机构开展校园网贷业务整治的基础上,协同市级有关部门进一步加大整治力度,杜绝网贷机构发生高利放贷、暴力催收等严重危害学生安全的行为。市教委要加强对高校的督促、引导和管理,对高校及市级有关部门通过监测、排查等发现的问题,组织定期研判,并依据扫黑除恶专项斗争、互联网金融风险专项整治等工作机制处置。各高校要切实担负起教育管理学生的主体责任,完善工作机制,建立学校负总责、市级有关部门各负其责的管控体系。对于因不良网贷引发恶性事件或造成重大不良影响的,要追究有关部门、高校及相关人员的责任。

重庆市人民政府办公厅

2018 年 10 月 12 日

(资料来源:重庆市人民政府网)

【例文评析】

这是一篇指示性通知,标题采用完全式结构,正文从当前高校不良网络借贷现象及危害出发,就进一步加强高校不良网络借贷风险防范管理从五个方面提出具体的措施,最后强调了工作要求和责任追究。

例文赏析

教育部关于印发《义务教育学校管理标准》的通知

各省、自治区、直辖市教育厅(教委),新疆生产建设兵团教育局:

为认真贯彻党的十九大精神,整体提升义务教育学校管理水平,加快推进教育现代化,在总结各地实施《义务教育学校管理标准(试行)》实践经验的基础上,经认真研究修订,现正式印发《义务教育学校管理标准》,请结合本地实际遵照执行。

《义务教育学校管理标准》是对义务教育学校管理的基本要求,适用于全国所有义务教育学校。各地教育行政部门要高度重视,认真组织所有义务教育学校对标研判、依标整改,切实做到"一校一案",全面改进和加强义务教育学校管理工作,促进学校规范办学、科学管理,整体提高教育质量和办学水平,加快推进教育治理能力和治理水平现代化。

教育部

2017 年 12 月 4 日

(资料来源:中华人民共和国教育部网)

【例文评析】

这是一篇发布性通知,正文分为两个部分:第一部分指出修订《义务教育学校管理标准(试行)》的缘由和根据;第二部分提出执行的具体要求。

例文赏析

重庆市人民政府办公厅
关于转发市财政局市扶贫办市发展改革委
重庆市扶贫项目资金绩效管理办法的通知

渝府办发〔2018〕157 号

各区县(自治县)人民政府,市政府有关部门,有关单位:

市财政局、市扶贫办、市发展改革委《重庆市扶贫项目资金绩效管理办法》已经市政府同意,现转发给你们,请认真贯彻执行。

重庆市人民政府办公厅

2018 年 11 月 5 日

(资料来源:重庆市人民政府网)

【例文评析】

这是一篇转发性通知,内容简洁明了,语言准确规范。

例文赏析

国务院批转国家发展改革委
关于 2017 年深化经济体制改革重点工作意见的通知

国发〔2017〕27 号

各省、自治区、直辖市人民政府,国务院各部委、各直属机构:

国务院同意国家发展改革委《关于 2017 年深化经济体制改革重点工作的意见》,现转发给你们,请认真贯彻执行。

国务院

2017 年 4 月 13 日

(资料来源:中华人民共和国中央人民政府网)

【例文评析】

这是一篇批转性通知,正文表明了批转意见,并提出要求,文字简练,表述准确。

例文赏析

国务院办公厅
关于开展生态环境保护法规、规章、规范性文件清理工作的通知

国办发〔2018〕87 号

各省、自治区、直辖市人民政府,国务院各部委、各直属机构:

坚决打好污染防治攻坚战,是党的十九大作出的重大决策部署。2018 年 6 月,党中央、国务院发布《关于全面加强生态环境保护坚决打好污染防治攻坚战的意见》,要求健全生态环境保护法治体系。7 月,第十三届全国人大常委会第四次会议通过关于全面加强生态环

境保护依法推动打好污染防治攻坚战的决议,提出建立健全最严格最严密的生态环境保护法律制度。为落实上述相关要求,做好生态环境保护法规、规章、规范性文件清理工作,经国务院同意,现就有关事项通知如下:

一、清理范围

此次清理的范围是生态环境保护相关行政法规,省、自治区、直辖市、设区的市、自治州人民政府和国务院部门制定的规章,以及县级以上地方人民政府及其所属部门、国务院部门制定的规范性文件。清理的重点是,与习近平生态文明思想和党的十八大以来党中央、国务院有关生态环境保护文件精神,以及生态环境保护方面的法律不符合不衔接不适应的规定。

二、清理职责

清理工作坚持"谁制定、谁清理"的原则。国务院部门制定的规章、规范性文件和县级以上地方人民政府所属部门制定的规范性文件,由制定部门负责清理;部门联合制定或涉及多个部门职责的,由牵头部门负责组织清理;制定部门被撤销或者职权已调整的,由继续行使其职权的部门负责清理。县级以上地方人民政府制定的规章、规范性文件,由实施部门提出清理意见和建议,报同级人民政府决定。

国务院各部门在开展清理工作的同时,认为法律、行政法规存在不利于生态环境保护的有关规定,应当提出具体建议、修改方案和修改废止理由;对于涉及有关法律、地方性法规、司法解释的问题,应当及时报告全国人大常委会法工委;对于涉及有关法律立改废释工作或者需要全国人大常委会做出相关决定的,应报请国务院依法提出相关议案。

三、清理要求

各地区、各部门要依据党中央、国务院有关生态环境保护文件精神和上位法修改、废止情况,逐项研究清理。规章、规范性文件的主要内容与党中央、国务院有关生态环境保护文件相抵触,或与现行生态环境保护相关法律、行政法规不一致的,要予以废止;部分内容与党中央、国务院有关生态环境保护文件相抵触,或与现行生态环境保护相关法律、行政法规不一致的,要予以修改。

四、结果报送

县级以上地方人民政府所属部门要及时向本级人民政府报送清理结果。市、县级人民政府要及时将本级政府及其所属部门的清理结果报送上一级地方人民政府。各省、自治区、直辖市人民政府和国务院各部门应于2018年10月15日前将本地区、本部门的规章、规范性文件清理结果报送国务院,同时抄送生态环境部、司法部。国务院有关部门应于2018年10月15日前将对法律、行政法规的清理意见、修改草案和说明报送国务院,并抄送生态环境部、司法部。生态环境部、司法部应于2018年10月底前将上述清理情况汇总后报送国务院。

五、组织实施

各地区、各部门要充分认识清理工作的重要性,加强组织领导,制订具体方案,明确责任分工和时限要求,抓紧开展清理工作。生态环境部、司法部要加强统筹协调指导,及时跟踪了解进展情况,研究解决共性问题,确保清理工作顺利完成。

附件:1.规章清理情况统计表

2.规范性文件清理情况统计表

国务院办公厅

2018 年 9 月 12 日

（资料来源：中华人民共和国中央人民政府网）

【例文评析】

这是一篇事务性通知，正文从开展生态环境保护法规、规章、规范性文件清理的依据、缘由，以及清理范围、清理职责、清理要求、结果报送、组织实施等进行了明确。

例文赏析

重庆市人民政府

关于聘任张洪等同志为市政府参事的通知

渝府人〔2018〕21 号

各区县（自治县）人民政府，市政府各部门：

市人民政府决定：

聘任

张洪、黄蓉生、许明月、杨大坚为重庆市人民政府参事，聘任期限从 2018 年 7 月至 2023 年 6 月。

周泽扬为重庆市人民政府参事，聘任期限从 2018 年 7 月至 2021 年 7 月。

重庆市人民政府

2018 年 7 月 31 日

（资料来源：重庆市人民政府网）

【例文评析】

这是一篇任免性通知，正文交代了任免人员、职务及聘任期限，文字简练，表述准确规范。

案例分析

××市工业局关于印发"关于节减行政经费的几项规定"的通知 我局同意××市财政局"关于节减行政经费的几项规定"中提出的意见，认为切实可行，请结合本单位的情况参照执行。	1.标题不规范，应将"印发"改为"转发"，引号应改为书名号。 2.缺主送机关，应写明收文单位名称。 3.转发同级机关公文，不应用批示语气，如"我局同意""所提意见切实可行"等。 4.《规定》属规范性公文，应认真执行而不应写"参照"执行。

附:××市财政局文件

2012.10.16

5.附件说明不规范,应具体写明附件的标题。

6.缺少发文机关名称,成文日期不规范,应用汉字写全年月日。

知识拓展

写好会议通知？试试"加减乘除"

实战训练

一、选择题(备选答案中至少有一个是正确的)

1.某公司任命×××为销售部经理,应使用的文种是(　　　)。

　　A.公告　　　　　　B.通报　　　　　　C.通告　　　　　　D.通知

2.《中共中央关于印发〈中国共产党纪律处分条例(试行)〉的通知》的类型是(　　　)。

　　A.批转性通知　　　B.转发性通知　　　C.发布性通知　　　D.事务性通知

3.按照内容性质,通知的种类不包括下列哪一项? (　　　)

　　A.知照性通知　　　B.发布性通知　　　C.指示性通知　　　D.公布性通知

4.通知的主要特点是(　　　)。

　　A.作者的广泛性　　B.用途的多样性　　C.使用的频繁性　　D.写作的灵活性

5.按照通知的内容和作用来分,通知主要有(　　　)。

　　A.指示性通知　　　B.转文性通知　　　C.事务性通知　　　D.任免性通知

6.下列符合通知的标题要素的有(　　　)。

　　A.发文机关　　　　B.事由　　　　　　C.文种　　　　　　D.主送机关

7.通知的写作要点有(　　　)。

　　A.要讲求实效,切忌滥发通知　　　　　B.要把握内涵,切忌越俎代庖

　　C.要明确无疑,切忌阻滞含混　　　　　D.用语庄重,切忌空谈无味

8.下列事项能够制发通知的有(　　　)。

　　A.某公司聘用一名经理

　　B.某银行向各储蓄所下达季度储蓄任务

　　C.某人事厅贯彻财政厅有关职工福利发放标准的文件

　　D.两单位之间商洽某具体事项

二、病文修改

下面这篇公文存在若干病误,请遵循公文写作的相关要求予以修改,并将修改后的公文重新写一遍。

通知

　　为了做好 2021 年度校内基金遴选工作,使校内基金项目发挥更大的科研启动作用,打造高水平的科研队伍,培育更多的国家级项目,学校科研处将组织对 2021 年校内基金项目申报工作举行前期项目选题论证会。

　　参加选题论证的老师请准备申报书 3 份(采用 2020 年国家自然科学基金模板),PPT 汇报材料一份,汇报时间 5～8 分钟,专家论证时间 5 分钟。

　　会议时间为 2020 年 9 月 18 日下午 14:30。

　　会议地点是 L203 会议室。

　　校内外专家、科研处相关人员、各二级学院的院长、科研副院长、申报 2014 年度校内基金的教师需要参会。

二零二零年九月十三日

三、写作训练

　　××省行政管理研究会决定于 2021 年 11 月 8 日至 12 日在××市召开一年一度的年会,于 10 月 15 日发出会议通知。会议的内容:研究和探讨当前行政管理学的学术问题和热点问题。全省行政管理研究会的会员均可参加。11 月 7 日报到。报到和开会地点:××酒店。要求与会者于会前半个月交来相关学术论文一篇,会务费自理。

任务三　通报

任务驱动

　　在重庆市高校第十二届希望之星英语演讲比赛上,我校英语系马××同学敢闯敢拼,战胜 60 多名选手,荣获一等奖,为此,学校对该同学做出通报表扬,请你根据通报的写作要求,拟写该通报。

知识导引

一、通报的概念

　　通报适用于表彰先进、批评错误、传达重要精神或情况。其作用是表扬先进人物先进事迹,批评不良行为和错误事件,传达上级重要精神或需要各单位知晓的重大事项。

二、通报的特点

(一)教育性

　　通报用于表彰先进单位、先进个人和先进事迹,宣传成功的经验或批评错误,打击歪风邪气,以起到警示作用,因此其具有教育性。

(二)典型性

不是任何的人和事都可以作为通报的对象来写的。通报的人和事总是具备一定的典型性,能够反映、揭示事物的本质规律,具有广泛的代表性和鲜明的个性。

(三)严肃性

通报是针对真人、真事和真实情况制发的,无论是表扬、批评或通报情况,都代表着一级组织的意见,具有表彰鼓励或惩戒、警示的作用,其使用十分慎重、严肃。

三、通报的种类

(一)表彰通报

用于表彰先进集体和个人,总结成功经验,以树立典型、弘扬正气、倡导新风尚。

(二)批评通报

用于批评、处分错误,通报事故或反面典型,要求被通报者和大家吸取教训,以引起有关方面注意,达到惩前毖后的目的。

(三)情况通报

用于传达情况、沟通信息、指导当前工作。此类通报具有沟通和知照的双重作用。

四、通报的写作

通报由标题、主送机关、正文和落款四部分组成。

(一)标题

标题写法一般有三种:一是写明发文机关、发文事由和文种,即写出完整的、标准式的公文标题;二是写明发文事由和文种,省去发文机关;三是只写明文种,这种标题通报内容比较简单,不作为正式文件发布,在机关内部使用。

(二)主送机关

写明通报发送的范围。大多数通报有主送机关,普发性通报则可以不标明主送机关,或者在正文或印发范围内加以说明。

(三)正文

正文是通报的主体和核心部分,其写法应视通报内容的实际情况而定。通报种类的不同,其写法也就稍有不同。

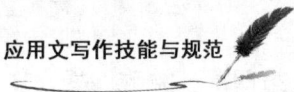

1. 表彰性通报

首先,简要写明表彰对象的基本情况、主要先进事迹,以及对此的赞扬和肯定的态度;其次,比较具体地写明表彰对象先进事迹的基本过程、主要的感人的情节和经验,并在此基础上分析其所具有的性质、重要意义和作用,使人从中受到茅塞顿开的启迪和深刻的教育;最后,写明表彰的决定,给予表彰对象的荣誉称号或奖励,或者针对性地提出希望、要求、号召。有的通报则把表彰的奖励写在前,把表彰的事迹和分析写在后。

2. 批评性通报

首先,写明被批评对象的基本情况;其次,具体写明有关事项的起因、发展过程和结果,并在此基础上分析其违法乱纪、事故产生的主客观原因、根源、实质、应该吸取的教训;最后,写明对此做出的决定。有的通报把决定写在前面,然后进行分析,提出希望或要求。

3. 传达重要情况的通报

首先,简要地写明所要通报的情况;其次,按照事物或情况的本来面目的发生和发展过程,如实地、准确地、简明地叙述清楚,但要抓住重点,掌握关键;最后,有针对性地提出指导意见和注意事项。

（四）落款

在正文之后右下角写明制发通报的机关名称和制发日期,并加盖公章。

五、通报的写作要求

（一）通报的内容要真实

通报的事实,所引材料,都必须真实无误。动笔前要调查研究,对有关情况和事例要认真进行核对,客观、准确地进行分析、评论。

（二）通报决定要恰如其分

无论哪一种通报,都要做到态度鲜明,分析中肯,评价实事求是,结论公正准确,用语把握分寸,否则通报不但会缺乏说服力,而且有可能产生副作用。

（三）通报的语言要简洁、庄重

表扬和批评的通报还应注意用语分寸,要力求文实相符,不讲空话、套话,不讲过头的话。

六、通报与通知的区别

（一）行文目的不同

通知的主要目的是告知下级机关某种工作要求,要求下级机关去执行,涉及为什么、什么事、怎么做三方面的问题。通报是通过典型事例的宣传,达到教育的目的,只涉及"什么事"和"为什么"两个层面的问题,在告知事项的同时,还要分析事件的实质、产生的原因及影响等,所以从行文目的方面,前者重在执行,后者重在教育。

(二)内容范围不同

通知的内容多是发布行政法规或文件,传达需要办理和周知的事项,批转或转发公文等,内容相对较广。通报则报道正面、反面的事例,或重要的情况,达到传达重要精神,教育人的目的,内容相对较窄。

(三)写作要求不同

通知一般只需要把告知的事项用叙述和说明的文字写清楚,告知人们什么事,怎么做就行,叙述很具体,语言平实;而通报除简单告知事项外,一般还需辅以议论的文字进行分析,强调要告知事项的性质和重要性以引起重视。因此在表达方式上,通报富于变化,可以叙述,也可以议论、说明,有较强的感情色彩。

例文赏析

重庆市人民政府
关于表彰重庆市 2012—2016 年度
生态文明建设先进集体和先进个人的通报

渝府发〔2017〕49 号

各区县(自治县)人民政府,市政府各部门,有关单位:

党的十八大以来,我市紧紧围绕统筹推进"五位一体"总体布局和协调推进"四个全面"战略布局,牢固树立和贯彻落实新发展理念,坚持生态优先、绿色发展,大力推进蓝天、碧水、宁静、绿地、田园环保"五大行动",生态文明理念深入人心,生态文明制度体系更加健全,生态文明建设取得突出成效,涌现出了一大批生态文明建设先进集体和先进个人。

为表彰先进、树立典型,市政府决定对万州区环保局等 50 个重庆市 2012—2016 年度生态文明建设先进集体、彭逸群等 93 名重庆市 2012—2016 年度生态文明建设先进个人予以表彰。希望受表彰的先进集体和先进个人珍惜荣誉,谦虚谨慎,发扬成绩,再立新功。

建设生态文明是中华民族永续发展的千年大计,是中国特色社会主义事业"五位一体"总体布局的重要组成部分,是决胜全面建成小康社会的重要任务。全市上下要深入学习贯彻党的十九大精神,坚持以习近平新时代中国特色社会主义思想为指导,全面落实习近平总书记视察重庆重要讲话精神,牢固树立社会主义生态文明观,坚定不移走生产发展、生活富裕、生态良好的文明发展道路,努力推动绿色发展,着力解决突出环境问题,持续加大生态保护力度,不断深化生态文明体制改革,建设好长江上游重要生态屏障,使重庆成为山清水秀美丽之地,为人民群众创造更加良好的生产生活环境,再创新时代社会主义生态文明建设新辉煌。

附件:重庆市2012—2016年度生态文明建设先进集体和先进个人名单

重庆市人民政府

2017年12月12日

(资料来源:重庆市人民政府网)

【例文评析】

这是一份表彰通报,正文首先就生态文明建设取得的成绩进行了概括叙述,然后明确表彰的集体和个人,最后提出希望和要求。该文内容表述简明准确,格式完整规范。

例文赏析

关于对部分单位工作人员违反工作纪律情况的通报

各党工委,区委各部门、区直各党组、党委(总支):

近日,××区纪委监察局成立检查组,对我区部分单位是否存在"吃空饷"现象以及机关工作纪律情况进行明察暗访。通过检查,多数单位工作人员能够认真遵守工作纪律,但仍然发现个别工作人员无视规定,心存侥幸,违反工作纪律。现将个别工作人员违反工作纪律而受处分情况通报如下:

1. 赵××,××区城市管理综合行政执法局城镇管理综合执法大队工作人员,因在2017年1—4月中多次无故迟到、早退、旷工,受到警告处分。

2. 王×,××区城市管理综合行政执法局城镇管理综合执法大队工作人员,因在2017年1至4月中多次无故迟到、早退、旷工,受到警告处分。

以上被处分的人员,顶风违纪,受到了严肃处理。全区党员干部要引以为戒,强化纪律意识,打消侥幸心理、松懈之念;各单位主要领导一定要认真履行党风廉政建设主体责任,从严加强内部管理,严格执行请销假制度和外出登记制度;区纪委将强化执纪问责,重点查处顶风违纪行为,对顶风违纪的发现一起,查处一起,点名道姓通报曝光,形成震慑作用,坚决遏制我区不正之风和腐败现象。

中共××××区纪律检查委员会

2017年6月7日

(以上通报文字有删减)

【例文评析】

这是一份批评性通报,正文首先概括介绍了违纪行为整体情况;然后就个人违纪事实予以陈述,并给予相应的违纪处分;最后提出警示要求。

例文赏析

国务院办公厅
关于对 2017 年落实有关重大政策措施真抓实干成效明显地方
予以督查激励的通报

国办发〔2018〕28 号

各省、自治区、直辖市人民政府，国务院各部委、各直属机构：

为进一步加大正向激励，充分调动和激发各地从实际出发干事创业的积极性、主动性和创造性，推动形成主动作为、竞相发展的生动局面，根据《国务院办公厅关于对真抓实干成效明显地方加大激励支持力度的通知》（国办发〔2016〕82 号），结合国务院大督查、专项督查和部门日常督查情况，经国务院同意，对 2017 年落实推进供给侧结构性改革、适度扩大总需求、深化创新驱动、优化营商环境、保障和改善民生等有关重大政策措施真抓实干、取得明显成效的 25 个省（区、市）、82 个市（地、州、盟）、116 个县（市、区、旗）等予以督查激励，相应采取 24 项奖励支持措施。希望受到督查激励的地方珍惜荣誉，再接再厉，取得新的更大成绩。

2018 年是全面贯彻党的十九大精神的开局之年，是改革开放 40 周年，是决胜全面建成小康社会、实施"十三五"规划承上启下的关键一年。各地区、各部门要更加紧密地团结在以习近平同志为核心的党中央周围，高举中国特色社会主义伟大旗帜，以习近平新时代中国特色社会主义思想为指导，全面深入贯彻党的十九大和十九届二中、三中全会精神，坚持稳中求进工作总基调，坚持新发展理念，坚持以供给侧结构性改革为主线，围绕大力推动高质量发展、加大改革开放力度、打好三大攻坚战，锐意进取、积极作为，真抓实干、埋头苦干，以钉钉子精神狠抓各项工作落实，确保党中央、国务院决策部署不折不扣落实到位，圆满完成全年经济社会发展主要目标任务，为决胜全面建成小康社会、夺取新时代中国特色社会主义伟大胜利作出新的贡献。

附件：2017 年落实有关重大政策措施真抓实干成效明显的地方名单及激励措施

国务院办公厅
2018 年 4 月 28 日
（资料来源：中华人民共和国中央人民政府网）

【例文评析】

这是一篇情况通报，正文部分首先就此次督查的目的、意义做了说明，同时点明督查的范围及激励措施；然后提出进一步落实有关重大政策措施的要求和希望。为不影响正文的表述，该文将具体的真抓实干成效明显的地方名单及激励措施以附件形式呈现。

案例分析

关于表彰市××厂实现"安全生产年"的通报

市属各企业：

　　为确保企业生产和人民生命财产安全，我市××厂从各方面采取有力措施，花大力气抓各项安全生产制度的贯彻落实，并建立了安全生产各级岗位责任制，2013年实现全年无重大生产和伤亡事故，成为我市标兵企业。为此，市政府决定给予市××厂通报表扬，以资鼓励。

　　市政府号召全市各企业学习市××厂的先进经验，结合企业实际，建立和健全安全生产岗位责任制抓好安全生产，争创标兵企业，为把我市安全生产提高到一个新水平而努力。

　　特此通报

××市政府（印章）

2014年元月

1. 标题中不应出现引号，应去掉。标题中的"表彰"应与"通报"放在一起，为"关于……的表彰通报"。

2. 结尾处不用写"特此通报"。

3. 发文机关应写全称"××市人民政府"。发文时间应规范，并具体到日。

知识拓展

以"三个坚持"统筹规范通报表扬工作

实战训练

一、选择题（备选答案中至少有一个是正确的）

1. 通报的适用范围（　　）。

   A. 只用于表彰先进

   B. 只用于批评错误

   C. 适用于表彰先进、批评错误、传达重要精神或者情况

   D. 只用于传达重要精神或者情况

2. 通报的表达方式侧重于（　　）。

   A. 叙事　　　　B. 说理　　　　C. 说明　　　　D. 说明、说理

3. 若发文针对单位、个人的影响较大的错误进行批评以示警诫，文种应当使用（　　）。

   A. 通知　　　　B. 通告　　　　C. 公告　　　　D. 通报

4. 撰写通报要求做到( )。

    A.内容具有典型性,事例有代表性   B.通报材料必须经深入调查和反复核实

    C.应使用说明与叙述的表达方式   D.必须具有明确的政策依据与法规依据

5. 通报有以下特点( )。

    A.具有较强的时效性

    B.让事实和数据说话,而不过多地阐发和论证道理

    C.有教育性质,主要起宣传教育、沟通情况和交流经验的作用

    D.内容单纯,行文简便

6. 通报按其内容性质划分,可分为( )。

    A.表彰性通报   B.批评性通报   C.指示性通报   D.情况通报

7. 下列事项适用通报的有( )。

    A.表彰先进   B.批评错误

    C.任免干部   D.传达重要精神或情况

二、病文修改

请指出下面这则通报内容和格式上存在的错误并予以改正。

××市人民政府办公厅通报

全体市民:

    据反映得知,近日来本市部分地区有一种令人人心惶惶的传说,称原流行于某国的恶性传染病××热已传入本市,并已造成十几人死亡。经本市防疫部门证实,这是完全没有任何事实根据的,本市至今从未发生过一起××热的病例。经核查,这一消息源于本市《晨报》零六年4月1日的一则"愚人节特快报告"。《晨报》这种不顾国情照搬西方文化极不严肃的做法是非常错误的,已经给全市人民的稳定生活带来了极其恶劣的影响。目前有关部门已对本报做出停业整顿并令其主要负责人深刻检查等待纪律处分的处理。有关单位应汲取这一教训,采取措施予以杜绝。特此通报。

××市人民政府启

二〇〇四年元月

三、写作训练

根据下列材料,撰写一份法定公文。

1. 这是以南湖经贸学院名义下发的一份公文,是这个学院今年发出的第三十八个文件,发文时间是今年10月18日。内容主要是宣布了对学院职工吴贵生所犯错误的批评与处理。一方面是给吴贵生应得的处分,促其认识和改正错误,不要再犯;同时也是为了教育其他职工,严肃校纪校风。吴贵生是一名男性职工,今年28岁了,是学院后勤处的一名水电工。

2. 文件发给学院下属所有的单位,包括各个处、室以及教学系,是今年10月20日印发的。处罚是由学院行政办公会研究以后做出的。为了有关部门了解情况,也给市教委办公室、市人社局劳资处和学院所在的庆生街道办事处送了文件。

3. 吴贵生是因为父母年老多病需要人照顾,于2014年2月从外单位调进来的,工作任务是维护学院的水电设备,在学院工作已两年多。

4. 吴贵生一向自由散漫，爱睡懒觉，不遵守工作纪律。刚来那个星期，上班就迟到了一回。从那时起到现在，迟到早退的次数已超过二十次，不久前又迟到了一次。后勤处领导曾经多次批评教育他，他也只当耳边风，丝毫不改。去年 6 月 16 日下午，他邀约校外的几个朋友在校园旁边的西克饭店喝酒，喝得酩酊大醉后发酒疯，同旁边的客人发生争吵，结果双方都动了手，还把饭店的东西打烂了，他因此受到了学院给的一次警告处分。

5. 今年 10 月 12 日晚上，他在配电室值班中途，擅自跑到外面看打麻将，结果有个电路开关跳了闸，因无人及时处理，使一号教学楼和实验楼都停了电，影响了许多学生的学习，更严重的是几个实验室里正在做的实验中断了，造成 3 万元的损失。

6. 学院的教职工和学生对他这些不良行为很不满，都说他这些行为的性质太恶劣了，要求严肃处理。学院决定给他行政记大过一次，扣发一个季度的绩效工资，因为给实验室造成了损失，所以还要他赔偿损失 1 万元。

任务四　通告

任务驱动

为了改善城市环境，维护市容市貌和社会正常秩序，依据有关规定，市政府决定在全市范围内对非法张贴、喷涂小广告行为进行清理。请你以市政府的名义拟写一份《关于严禁非法张贴喷涂小广告的通告》。

知识导引

一、通告的概念

根据《党政机关公文处理工作条例》（中办发〔2012〕14 号）的有关规定，通告适用于公布社会各有关方面应当遵守或者周知的事项。

因此，通告是公布性公文的一种，适用于公布社会各有关方面（各机关、团体、企事业单位与广大人民群众，以及境内的外国公民）应当遵循或者周知的事项。通告的发布者通常是国家机关中的业务（职能）部门，也可以是基层单位、群众团体。行文关系既可以是下行文，也可以是平行文。

二、通告的特点

（一）广泛性

广泛性主要表现在两个方面：一是通告的内容十分广泛，可以是国家有关政策，也可以是社会生活中一些具体事项;二是通告的使用单位比较广泛,各级党政机关、企事业单位、人民团体都可以使用。

(二)规范性

一些由行政机关或职能机构公布的法规政策性通告,常就某些事项做出规定限制,或宣布某些需遵守的事项,对一定范围内的公众具有法规约束力。

(三)针对性

通告的使用常限定在一定范围内,往往针对某一地区、某一领域的事项而公布,因此针对性较强。

(四)专业性

通告的内容多涉及专门的业务活动或工作,因而专业性较为突出。

三、通告的分类

(一)规定性通告

规定性通告一般是对有关人或者事加以限制,可以分为两小类。

1. 限制性通告

其内容多是规定不得如何,如《公安部关于严禁私自生产、销售、使用警械、警车、警灯、警用报警器和警服的通告》。

2. 限令性通告

其内容是规定存在什么情况、情节的人必须如何,如《最高人民法院、最高人民检察院关于贪污受贿投机倒把分子必须在限期内坦白自首的通告》。

(二)知照性通告

知照性通告可以分为以下两类。

1. 告知性通告

告知性通告即告知阅文者某某事项。

2. 告办性通告

告办性通告即不仅告知阅文者某某事项而且将办理该事项的具体程序、手续告诉阅文者。

四、通告的写作

通告的结构一般由标题、正文、落款三部分组成。

(一)标题

通告的标题主要有两种写法。

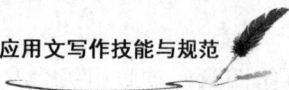

1. 由发文机关、事由、文种三部分构成

如《重庆市人民政府关于加强 2018 年春节期间主城区燃放烟花爆竹管理的通告》。

2. 只有事由、文种或只有发文机关、文种的格式

如《关于加强长江大桥检修期间交通管理的通告》《××市房地产管理局通告》。

（二）正文

通告的正文由缘由、事项、结语三部分组成。

1. 缘由

阐明发布通告的目的、意义、依据等，接着由"特作如下通告"或"现通告如下"等引起下文。

2. 事项

（1）规定性通告。允许做什么和不允许做什么，提出措施，明确责任，规定处理和奖惩办法等。

（2）知照性通告。说明在什么时间有什么事情需要告知。

通告事项是通告全文的核心部分，包括周知事项和执行要求。撰写这部分内容，一要做到条理分明，层次清晰。如果内容较多，可采用分条列项的方法；如果内容比较单一，也可采用贯通式方法。二要做到明确具体，需清楚说明受文对象应执行的事项，以便于理解和执行。

3. 结语

有的说明执行的时间、范围和有效期限，或者对人民群众提出号召和希望。一般另起一行空两格写"特此通告"作结。

（三）落款

标注制发文件的机关单位和发文机关签发的时间。以"通告"作标题时，应写明发布通告的单位名称及成文时间，并加盖发文单位印章。如果发布通告的单位名称已出现在标题中，仍需写明发布通告的单位名称和成文时间，并加盖印章。

五、通告的写作要求

（1）通告事项要符合政策规定，为保证公文有效，应注重对行文的法律、政策依据的交代。

（2）发文目的要明确。发布通告的目的或原因一般要在缘由部分扼要地交代清楚，让人们一看就知道为什么要发此通告。

（3）注意通告与其他规范性公文之间的区别，应将内容表述得尽可能详尽、具体，使有关人员阅读后就知道该怎么去做、不能做什么，应注意阐发一定的道理，解释说明有关情况，细致交代有关界限，必要时可以举例。

（4）通告语言要通俗简洁。通告是一种周知性公文，一般用张贴和登报的方式发布，使全社会都知道通告的内容。因此，写通告要注意语言通俗简洁，规范易懂，以便于人们阅读、理解和记忆。

（5）注意维护其严肃性，有些可用"启事"等应用文公布周知的事项，如迁移、挂失、招生、更改电话号码等，应避免使用通告。

例文赏析

重庆市人民政府
关于加强2017年春节期间主城区燃放烟花爆竹管理的通告

渝府发〔2016〕61号

为加强2017年春节期间主城区燃放烟花爆竹安全管理，保障市民人身财产安全和社会公共安全，根据《重庆市燃放烟花爆竹管理条例》（以下简称《条例》）等有关规定，特通告如下：

一、本通告适用于渝中区、大渡口区、江北区、沙坪坝区、九龙坡区、南岸区、北碚区、渝北区、巴南区、两江新区城区燃放烟花爆竹的安全监督管理。

二、禁止燃放烟花爆竹的区域和场所为：市、区国家机关办公区域；车站、码头、机场、轨道交通车辆和站点、商场及其他人员密集场所；重要军事设施、仓库，市级以上文物保护单位；加油（气）站等存放易燃易爆物品的场所及其周边100米范围内；医院、幼儿园、敬老院、疗养院；教学、科研单位的办公、教学、科研场所及学生宿舍；主城各区人民政府及两江新区管委会规定禁止燃放烟花爆竹的其他区域和场所。

三、限制燃放烟花爆竹的时间。2017年1月27日至2月11日，每日上午7时至次日凌晨1时，可以在限制燃放区域内燃放烟花爆竹。

四、烟花爆竹实行专营定时定点销售。销售时间为2017年1月25日至2月11日。临时专营销售点必须依法取得临时销售许可证，在许可的销售场所销售，并悬挂临时销售许可证和"烟花爆竹专营销售点"标志。销售产品外包装应贴有包装标识条形码及市安监局、市供销合作社统一印制的监封标志。单位和个人燃放的烟花爆竹产品应当从专营销售点购买。不得向14周岁以下的未成年人销售烟花爆竹。

五、严格烟花爆竹品种管理。本市允许专营销售点销售和个人燃放的烟花爆竹品种为C级和D级产品中的喷花类、旋转类、玩具类（烟雾型、摩擦型除外）、爆竹类（"土火炮""大夹小"和"炮中炮"爆竹产品除外）、升空类（火箭、旋转烟花产品除外）、组合烟花类6类，不得销售、燃放礼花弹、架子烟花、小礼花、吐珠烟花产品和单发药量大于25 g、内径大于30 mm（1.2″）的内筒型组合烟花等专业燃放类产品，以及擦炮、摔炮、药粒型吐珠产品。

六、未取得公安机关"焰火燃放许可证"的单位和个人，不得以任何形式组织大型焰火燃放活动。14周岁以下未成年人燃放烟花爆竹，应当由监护人或者其他成年人看护。

七、严禁任何单位和个人非法生产、销售、储存、运输、燃放烟花爆竹，严禁销售、储存、携带、燃放不符合本市公布规格和品种的烟花爆竹，严禁携带烟花爆竹乘坐公共汽车、轨道车辆等公共交通工具。

八、任何单位和个人应当自觉遵守《条例》规定，并有权劝阻和向公安、安监、工商、供销等部门举报违反《条例》的行为。举报电话由主城各区人民政府和两江新区管委会向社会

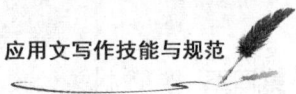

公布。

九、对违反《条例》等法律法规和本通告规定的行为,依法追究当事人责任。构成犯罪的,依法追究刑事责任。

十、本通告自公布之日起至 2017 年 2 月 11 日止施行。其他区县(自治县)人民政府应当根据《条例》规定,结合实际发布相应通告。

重庆市人民政府

2016 年 12 月 22 日

(资料来源:重庆市人民政府网)

【例文评析】

这是一份行止性通告,标题已经主旨鲜明。

通告缘由阐明了发布通告的目的、意义、依据等,使用常用语"为了……,根据《×××××》的有关规定,……",接着用"特通告如下"引起下文。

通告事项,分条列项,从大到小、从主要到次要,允许做什么和不允许做什么,提出措施,明确责任,规定处理和奖惩办法,逻辑清楚,叙述明白。

通告结尾,用于说明执行的时间、范围和有效期限,清楚明白。

落款,标注制发文件的机关单位和发文机关签发的时间。文章用语准确,事实具体充分。

案例分析

关于重庆市长江流域重点水域

实行全面禁捕的通告

为贯彻落实党中央、国务院关于加强生态文明建设和共抓长江大保护的决策部署,根据《中华人民共和国渔业法》《国务院办公厅关于切实做好长江流域禁捕有关工作的通知》(国办发明电〔2020〕21 号)和《重庆市实施〈中华人民共和国渔业法〉办法》等有关规定,结合我市实际,决定对全市长江流域重点水域实行全面禁捕。现通告如下:

一、禁捕范围和禁捕时间

全市境内的水生生物保护区(水生生物自然保护区和水产种质资源保护区)已于 2020 年 1 月 1 日 0 时起实行全面禁捕。

除水生生物保护区外,全市长江干流和重要支流以及其他重点水域,自 2021 年 1 月 1 日 0 时起,至 2030 年 12 月 31 日 24 时止,实行全面禁捕。

二、禁止类型

禁捕范围和禁捕时间内,禁止生产性捕捞,禁止扎巢采卵。禁

1. 标题:由事由、文种构成,清楚明白。

2. 通告缘由:阐明发布通告的目的、意义、依据等,接着由"现通告如下"等引起下文。

3. 通告事项:这是通告全文的核心部分,包括周知事项和执行要求。撰写这部分内容,一要做到条理分明,层次清晰。如果内容较多,可采用分条

止销售在禁捕范围和禁捕时间内捕获的渔获物。

禁止在水生生物保护区垂钓。除水生生物保护区外，全市长江干流和重要支流以及其他重点水域，每年3月1日至6月30日禁止垂钓，其他时间内的垂钓按有关规定执行。

三、专项（特许）捕捞

禁捕范围和禁捕时间内，因特定资源的利用、科研调查、苗种繁育等需要采捕天然渔业资源的，按照国家、市有关规定依法实行专项管理。

四、执法监督

违反本通告的，由有关部门根据《中华人民共和国渔业法》和《重庆市实施〈中华人民共和国渔业法〉办法》等法律法规的规定予以行政处罚；涉嫌犯罪的，依法追究刑事责任。

本通告自2021年1月1日0时起实施。

重庆市人民检察院　重庆市农业农村委员会

重庆市公安局　重庆市生态环境局

重庆市交通局　重庆市水利局

重庆市市场监督管理局　重庆市林业局

2020年12月26日

列项的方法；如果内容比较单一，也可采用贯通式方法。二要做到明确具体，需清楚说明受文对象应执行的事项，以便于理解和执行。

4. 落款：标注制发文件的机关单位和发文机关签发的时间。如果发布通告的单位名称已出现在标题中，则可将单位名称省略，只标注成文时间，并加盖印章。

知识拓展

《公文写作技巧：如何写作开头和结尾？》

实战训练

一、选择题（备选答案中至少有一个是正确的）

1. 市轨道公司向社会公布乘坐轻轨应当遵守的事项，应选用（　　）。

 A. 通知　　　　　B. 决定　　　　　C. 意见　　　　　D. 通告

2. 通告的结尾通常用（　　）。

 A. "此致敬礼"等语句结束全文

 B. "特此通告"或"此告"等语句结束全文

 C. "特此通知"结束全文

 D. "请予相互转告"或"请予回复"等语句结束全文

3. 市区某自来水厂因故检修，需停水三天。用什么文种告知市民？（　　　）

A. 公告   B. 通知   C. 通告   D. 通告或公告

二、判断题（下列选项，正确的打"√"，错误的打"×"）

1. 知照性通告的行文目的是让受文对象了解有关事项，因此正文把事项叙述清楚即可。

（　　）

2. ××厂向市工业局通报本厂遭受火灾地点情况。　　　　　　　　　　　（　　）

3. 判断下列标题是否正确。

《×××集团总公司通告》　　　　　　　　　　　　　　　　　　　（　　）

《西南大学新闻传媒学院通告》　　　　　　　　　　　　　　　　　（　　）

4. 商店告知顾客事项可用通告。　　　　　　　　　　　　　　　　　（　　）

三、写作训练

请根据下述材料代该镇政府拟写一份公文。

提示：

1. 准确选用公文文种。

2. 只写出公文主体部分即标题至成文日期部分。

3. 标题用完全式。成文日期自定，但不能用"××××年××月××日"代替。

4. 发文事项具体充实且简明适用。

【材料】

老百姓都反映说，枣阳镇环境卫生糟糕得不得了。行人随地吐痰、乱扔果皮以及乱丢垃圾的现象非常严重。人行道上乱摆摊，有的居民随地乱倒脏水，还有的把狗儿牵到街边拉屎。墙上和电线杆上也有大量"牛皮癣"。镇人民政府经过研究，决定向全镇发一个加强管理的公文。

任务五　报告

任务驱动

根据以下素材，以该工商分局的名义向市工商局写一份情况报告。

××××年××月××日上午，某市工商局某工商分局接到群众电话举报，在该分局辖区某居民小区3号楼有一伙人正在从事传销活动。该工商分局迅速组织10名工商执法人员，联合公安部门前往检查。在现场，发现有近200人正聚集在一间大会议室里听课。执法人员在依法出示执法证件后，将正在讲课的姚某控制住。正当执法人员欲将听课人员带离现场时，姚某煽动听课人员闹事，场面顿时大乱，近200名听课人员对10余名工商、公安执法人员围攻谩骂，大打出手。在长达20余分钟的殴斗中，有7名工商人员和3名公安民警被打伤，其中2人重伤。工商执法人员李某在送往医院途中，因伤势过重，不幸遇难身亡。

事件发生后，当地党委、政府和工商分局领导高度重视，分别前往医院探望受伤的执法人员,慰问遇难人员家属,并指示要尽快破案,严惩凶犯,同时做好遇难人员家属的安抚工作,积极救治受伤人员。

目前,犯罪嫌疑人姚某畏罪潜逃,参与闹事的张某等 14 人已被公安机关逮捕,此案正在进一步处理中。

知识导引

一、报告的概念

根据《党政机关公文处理工作条例》(中办发〔2012〕14 号)的有关规定,报告适用于向上级机关汇报工作,反映情况,答复上级机关的询问。以下情况可以考虑采用报告行文。

(1)定期或不定期地向上级领导机关汇报本单位的工作进展情况、问题及处理措施。

(2)本单位、本地区出现异常情况或新情况,需要及时告知上级领导机关。

(3)上级领导机关就某个问题询问下级部门,下级部门需要针对询问做出书面回复。

二、报告的特点

(一)单向性

报告是下级机关向上级机关汇报工作、反映情况、提出建议时使用的单方向上行文,不需要上级机关给予批复。在这方面,报告和请示有较大的不同,请示具有双向性特点,必须有批复与之相对应;报告则是单向性行文,不需要任何相对应的文件。为此要特意提请注意:类似"以上报告当否,请批示"的说法是不妥当的。

(二)陈述性

报告在汇报工作、反映情况时,所表达的内容和使用的语言都是陈述性的。本单位遵照上级的指示,做了什么工作、怎样做的这些工作、取得了哪些成绩、还存在哪些不足,必然要一一向上级陈述。反映情况时,也要把时间、地点、人物、事件、原因、结果叙述清楚,向上级机关提供准确的现实性信息。

(三)事后性

在机关工作中,有"事前请示,事后报告"的说法。多数报告,都是在开展了一段时间的工作之后,或是在某种情况发生之后向上级做出的汇报。

三、报告的种类

(一)工作报告

工作报告即向上级机关汇报工作的报告。如《关于我省清理整顿公司工作的报告》。

（二）情况报告

情况报告即向上级机关汇报出现的新情况、新问题,特别是突发事件、特殊情况、意外事故及处理情况的报告。如《广州市贸易局关于百货大楼重大火灾事故的报告》。

（三）答复报告

答复报告即对上级机关所询问的问题做出答复的报告。如《××大学关于学生收费情况的报告》。

（四）建议报告

建议报告即向上级机关汇报或提出工作建议、措施的报告。如《关于制止盲目乱建烟叶复烤厂问题的报告》。

四、报告的写作

报告的结构一般由标题、主送机关、正文、落款四部分组成。

（一）标题

报告的标题由发文机关、事由、文种三部分构成。如《××大学关于教师职称评定工作的报告》。

（二）主送机关

报告是上行文,因此只有一个主送机关,主送自己的直接上级机关,一般情况下不能越级行文。若送双重领导机关,除主送外,另一上级可抄送。

（三）正文

报告的正文一般由缘由、事项、结语三部分组成。各类报告正文的写作要点有所不同。

1. 工作报告

正文内容一般包括基本情况、主要成绩、经验体会、存在问题、基本教训、今后意见等几部分。这类报告篇幅较长,应恰当安排其层次结构。可标出序数,分条分述,也可列小标题分部分或分问题写。

基本情况可简要交代时间、背景和工作条件;主要成绩应把工作的过程、措施、结果和成绩叙述清楚;经验体会主要是指对工作实践的理性认识,要从实际工作中概括出规律性的东西来,以便指导今后的工作;存在问题要写出工作中的缺点与不足;基本教训是指工作失误的原因和值得吸取的教训;今后意见指改进工作的意见,或者提出今后开展工作的建议。不同类型的工作报告,在这些内容上各有不同的侧重点。

2. 情况报告

情况报告常用于向上级汇报下列事项:(1)严重的灾害、事故、案情、敌情;(2)重要的社情、民情,如社会生活中的新动态和上级某项有关国计民生的新政策、新规定的贯彻执行情况及群众的反映等;(3)督促办理或检查某项工作的情况,如财务、税收、物价、质量、安全、卫生等项工作的检查结果;(4)举办重大活动、召开重要会议的基本情况,各级各类代表会议的选举结果等;(5)对某项工作造成失误和问题的检讨与反思;(6)其他重要的、特殊的、突出的新情况。

情况报告写法不强求一律,但都要力求做到:(1)内容集中、单一,突出重点,抓住事物本质,实事求是地反映情况;(2)把情况和问题讲清楚,把事情的经过、原委、结果、性质写明白;(3)提出处理意见和建议,要写得具体、明确、简要,尤其要注意提出意见、建议的角度,不能在报告中夹带请示事项;(4)理顺文章的思路和结构,无论是纵式结构还是横式结构,都要脉络清楚、层次分明;(5)写作要及时,以便让上级机关和有关领导尽快了解重大、特殊、突发的种种新情况。

3.建议报告

建议报告的正文可分为情况分析和意见措施两部分。

情况分析部分或者介绍情况,分析问题;或者肯定成绩,指出不足,总结经验教训;或者说明提出意见、建议的目的、原因和依据。这部分一般写得比较简明扼要。其后常以"特提出如下意见(或建议)""拟采取如下措施"等语领起下文。

意见措施部分是在前一部分的基础上切合实际地提出做好某项工作的意见、措施、建议,这是这类报告的重点部分。意见措施部分往往采取条文式的写法,要求写得脉络清楚、逻辑严谨、主次分明。

4.答复报告

答复报告的正文包括答复依据和答复事项两部分内容。

答复依据指上级要求回答的问题,要写得十分简要,有时一两句话即可。

答复事项指针对所提问题答复的意见或处理结果,既要写得周全,又要注意不要节外生枝、答非所问。

(四)落款

在正文右下方写明发文机关、成文日期,加盖印章。

五、报告的写作要求

(一)立意要新

在占有大量材料的基础上进行分析研究,归纳出新颖的观点,从而提炼出能反映本质的、带规律性的主题。

(二)内容要真实、具体

报告的内容必须是真实的。要深入调查研究,尽可能亲自调查了解,掌握第一手材料,然后进行分析归纳,去伪存真。材料要具体,既有概括性的材料,也有典型的具体事例。

（三）重点突出

报告的内容要根据主题的要求来安排，分清主次轻重。重点的、主要的内容，要安排在前面，应详写；非重点的、次要的内容，可安排在后面，可略写。同时，要注意处理好点和面的关系，既要有典型的事例，又要有面上的综合性的情况，做到点面结合，眉目清楚，说服力强。

（四）报告中不能夹带请示事项

例文赏析

重庆市人力资源和社会保障局 2017 年政府信息公开工作年度报告

本年度报告根据《中华人民共和国政府信息公开条例》（以下简称《条例》）的规定，由重庆市人力资源和社会保障局（以下简称"市人力社保局"）编制。全文主要包括政府信息公开工作概述、政府信息公开基本情况、建议和提案办理结果公开工作情况和下一步工作打算等内容。

一、政府信息公开工作概述

2017 年，市人力社保局按照市委、市政府的决策部署，坚持以公开为常态、不公开为例外的工作原则，进一步优化举措，积极、有序、稳妥推进政府信息公开各项工作，全面推进决策公开、执行公开、管理公开、服务公开和结果公开。

（一）围绕中心工作，主动公开重点信息

一是推进就业创业信息公开。制作就业创业政策宣传视频 3 部，宣传资料 8 册，发放就业政策宣传资料 5.6 万份。以"渝创渝新""春风行动""企业招聘周""就业援助月"等活动为平台，采用沙画、动漫、标语等形式在公共汽车、轨道交通和大型广告牌上宣传就业创业政策。实施"互联网+就业"行动，初步建成全市就业可视化决策展示平台，社保补贴、创业担保贷款等实现"网上申报、网上办理、网上反馈"，创新开通失业保险支持企业职工技能提升补贴网上申报，劳动者利用微信或网络上传身份证信息，系统后台通过人脸识别完成申请，真正实现"零资料不跑路即可办事"。2017 年，全市就业网发布 1.3 万户企业招聘岗位 72.2 万个，发布 25.7 万名求职人员信息。

二是做好社会保险信息公开。开展公立医院改革宣传年活动，采用"渝保宝"与老两口拉家常的表现形式，制作了《渝保宝和你摆医改龙门阵》卡通片，介绍了实施医改的主要目的、内容、医保配套报销政策等，得到各级领导和参保群众的肯定。在"重庆社保"微信公众号开展了医改配套医保政策知识有奖问答活动，共吸引约 43 万人次参与答题；制作专题图文介绍，为老百姓讲"干货"、支"实招"，通过微信朋友圈广泛传播，累计阅读人次近 60 万。充分发挥 12333 电话咨询服务在解答群众疑问、畅达社情民意和化解社会矛盾方面的积极作用，全年为人民群众提供咨询服务 334.8 万次，办理网上信件 9 885 件。

三是突出人才服务政策公开。与重庆电视台、重庆日报、重庆晨报等媒体联合开展了

"寻找最美工匠"评选活动,全面宣传促进技能人才发展政策举措以及技能人才在经济社会发展中的地位作用。在《重庆日报》开设"人才引领创新发展"专栏,从"人才新政、高端对话、引进人才重庆情愫、人才与重庆不得不说的故事""创业访谈"等,多角度、多维度全面宣传我市"鸿雁计划"人才政策和工作特色、亮点。利用报纸、电视、广播及行业网站、微博、微信等广泛宣传就业创业政策,制作宣传视频5部,宣传资料6册。

(二)直面民生关切,热点舆情回应有力

全年回应公众关注热点或重大舆情104次,举办新闻发布会1场,开展政府网站在线访谈1次,发布政策解读稿件60篇,微博微信回应事件9次。通过微博、微信、公众信息网站等方式积极回应社会关切,确保人民群众第一时间收到民生信息,办事有法可依、有据可循。同时,针对机关事业单位工作人员养老保险制度改革、公立医院综合改革、"鸿雁计划"引才政策等公众关注热点进行多角度、全方位新闻宣传报道,确保将政策信息及时、准确传递给公众。

(三)拓展公开载体,畅通交流沟通渠道

一是推进信息公开平台建设,优化人力社保部门网站建设,设置了专门的信息公开栏目和网上政府信息公开申请通道。2017年共发布各类行政文件、工作动态、通知公告等信息1 747条;网站访问量7 950万,全市排名第一。通过政务微博微信发布重要政务、招录考试、社会保险以及我市人力社保文化建设等方面信息,政务微博公开政府信息2 150条、政务微信公开政府信息268条。二是推进各业务系统与人力社保门户网站、12333电话咨询服务平台、"重庆掌上12333"App、人力社保自助服务一体机实现互联互通,构筑人力社保线上、线下立体化服务渠道,目前已实现全市劳动保障监察举报投诉案件"多点受理、集中处理、分级负责、反馈监督"的联动处理机制。三是整合利用全市人力社保大数据资源,建立人力社保业务运行可视化平台,对各业务板块日常运行、12333电话咨询服务等情况进行可视化实时监控。从居民医保起步,探索推进社保网上缴费。

二、政府信息公开基本情况

(一)主动公开情况

2016年,我局通过多种渠道和方式主动公开政府信息2 765条。其中,制发并主动公开规范性文件43条、政府网站公开政府信息1 765条、政务微博公开政府信息2 150条、政务微信公开政府信息268条、政府信息公开统一平台公开政府信息582条。

(二)依申请公开政府信息情况

全年收到政府信息公开申请21件,其中信函申请16件,网络申请5件。属于已主动公开范围8件、同意公开答复5件、不同意公开答复5件、不属于本行政机关公开2件、申请信息不存在1件,以上申请均按规定进行了办理和回复。针对不属于本行政机关公开信息和申请信息不存在的情况,已告知请申请人向所在地人力社保局、其他相关单位或通过其他方式查询,同时告知具体联系方式。

(三)政府信息公开的收费及减免情况

本年度未向公民、法人和其他组织收取任何政府信息公开费用。

(四)申请行政复议和提起行政诉讼情况

本年度我局未收到有关政府信息公开事务的行政复议申请,没有发生因政府信息公开提起的行政诉讼。

三、建议和提案办理结果公开工作情况

2017 年我局切实做好议案提案办理，积极与人大代表、政协委员沟通，采取行之有效的方法解决代表、委员提出的问题，及时反馈办理情况，全年办理人大代表议案 102 件，政协委员提案 133 件，实效率、满意率、落实率均 100%。除涉及秘密和不宜公开内容外，58 件涉及公共利益、公众权益、社会关切及需要社会广泛知晓的人大建议、政协提案办理信息，在我局门户网站公开。在公开办理复文信息的同时，密切跟踪舆情，加强舆论引导，采纳合理建议，不断改进工作。下一步，我们将进一步提高建议提案办理信息公开比例，扩大公开数量，积极稳妥推进网上公开工作，以更好地接受社会公众监督、回应社会关切、提升政府公信力。

2017 年，我局政府信息公开工作取得了一定的成绩，但仍然存在着公开内容质量、广度和深度不够，信息公开形式、渠道有待拓展等问题。2018 年，我局将认真贯彻落实国务院和市政府关于政府信息公开的相关部署要求，认真研究解决工作中出现的新情况、新问题，找准提升信息公开工作的切入点，健全信息公开体制机制，不断丰富和拓展公开载体，切实在促进公开内容的实效性、全面性和安全性上下功夫，努力推动我局信息公开工作迈上新台阶。

（资料来源：重庆市人力资源和社会保障网）

【例文评析】

这是一份工作报告。正文交代了基本情况、主要成绩、经验体会、存在问题、基本教训、今后意见等几部分。语言简明扼要，用词准确、规范。

案例分析

××学院 2017 年高等学历继续教育拟招生专业情况报告

××市教委：

为主动适应国家战略和经济社会发展需要，坚持终身学习理念，以满足学习者学习发展需求为导向，以学习者职业能力提升为重点，遵循高等教育规律和职业人才成长规律，为社会培养具有较高综合素养、适应职业发展需要、具有创新意识的应用型人才。根据《教育部关于印发〈高等学历继续教育专业设置管理办法〉的通知》（教职成〔2016〕7 号）的要求，结合学院办学优势和专业特色，拟设置的 2017 年高等学历继续教育招生专业如下：

序号	学校代码	学校名称	专业代码	专业名称	专业方向	培养层次	学习形式	修业年限	拟招生人数	备注
1	14365	××学院	520904	安全技术与管理		高起专	函授	3	100	
2	14365	××学院	540301	建筑工程技术		高起专	函授	3	100	

1. 标题换行时词语不要断开，标题排列应当使用梯形或菱形。

续表

序号	学校代码	学校名称	专业代码	专业名称	专业方向	培养层次	学习形式	修业年限	拟招生人数	备注
3	14365	××学院	560301	机电一体化技术		高起专	函授	3	100	
4	14365	××学院	610202	计算机网络技术		高起专	函授	3	100	

2. 报告里不能夹带请示事项。

因办学需要,目前资金缺口尚缺 30 万元,望上级予以解决。

特此报告

附件:1.安全技术与管理专业人才培养方案

2.建筑工程技术专业人才培养方案

3.机电一体化技术专业人才培养方案

4.计算机网络技术专业人才培养方案

××学院

××××年××月××日

知识拓展

《"请示" VS "报告"傻傻分不清楚
——8 个方面快速区分"请示"与"报告"》

实战训练

一、选择题(备选答案中至少有一个是正确的)

1.适用于报告写作的事项有(　　　)。

A.向上级汇报工作,反映情况　　　　　B.向下级或有关方面介绍工作情况

C.向上级提出工作建议　　　　　　　　D.答复上级机关的查询、提问

2.下列事项中,应该用报告行文的有(　　　)。

A.××县教育局拟行文请求上级拨款修复台风刮毁的学校

B.××县政府拟行文向上级汇报本县灾情

C.××海关拟行文请求上级明确车辆养路费缴纳标准

D.××市政府拟行文向上级反映农民负担增加的情况

3.适合做报告结尾的习惯用语有(　　　)。

A."特此报告"　　　　　　　　　　　　B."以上报告,请批复"

C."特此报告,请审阅"　　　　　　　　D."如无不妥,请批准"

4. 报告的特点之一是(　　)。

A. 汇报性　　　　　B. 事前性　　　　　C. 请求性　　　　　D. 公布性

5. 某级党政机关的部门就其职权范围之内的事项需要向上级主管部门请示和报告时(　　)。

A. 须经某级党政机关同意方可行文

B. 可直接报送上级主管部门

C. 应当请某级党政机关以公函形式给予转发

D. 应当使用请批函

二、写作训练

请根据下述材料代该镇政府拟写一份公文。(提示:1. 准确选用公文文种;2. 只写出公文主体部分即标题至成文日期部分。3. 标题用完全式。成文日期自定,但不能用"××××年××月××日"代替;4. 发文事项具体充实且简明适用。)

【材料】

×市东海饭店201×年11月12日发生一起火灾,致使1人死亡,12人受伤,饭店二分之一建筑被毁,直接经济损失350万元。起火原因是吃自助火锅的客人撩拨正在燃烧的固体燃油,使整个火锅倒翻桌上,随即引燃桌面着火。2小时后,大火在消防队员奋力扑救下逐渐熄灭。

饭店的消防设备陈旧、不足,以及组织客人撤离现场不力导致重大损失,请代东海饭店向东海总公司汇报事故发生的情况及采取的措施。

任务六　请示

任务驱动

新手村的学校校舍已破烂不堪,有的已成危房,再加上入学儿童增加,校舍不够用,因此决定新盖一座校舍。村里已备齐建筑材料,还缺少部分资金,打算向乡政府申请拨款3万元。

请你代表村委会给乡政府写一份200字左右的公文。

知识导引

一、请示的概念

根据《党政机关公文处理工作条例》(中办发〔2012〕14号)的有关规定,请示适用于向上级机关请求指示、批准。

二、请示的特点

(一)单一性

请示的单一性特点包括两个方面:一是请示的行文方向单一,即只有下级机关向上级机关行文时才能使用请示文种,平行或不相隶属关系机关之间行文不能使用请示文种;二是请示的内容单一,即请示只能一文一事,一般只能有一个主送机关。

(二)请求性

请示是下级机关为了请求上级机关批准某一事项,或解决某个问题而制发的,上级机关应当对其做出答复或批准。

(三)时效性

请示的时效性特点体现在两个方面:一方面,指下级机关遇到重大问题难以处理,或情况特殊无法执行现行规定、部门之间意见难以统一等情况时,必须及时请示上级予以答复或批准,而不能观望等待,丧失时机;另一方面,当收到下级机关的请示时,上级机关应抓紧研究,及时回复,不能久拖不办,以免误事。

三、请示的种类

根据请示的内容、性质不同,请示可以分为三类:

(1)求示性请示:请求上级予以指示或裁决的请示类公文。

(2)求准性请示:请求上级批准、同意的请示类公文。

(3)求助性请示:请求上级予以支持、帮助的请示类公文。

四、请示的写作

请示的结构一般包括四项内容,即标题、主送机关、正文和落款。

(一)标题

请示的标题大致有两种情况。

1.发文机关+事由+文种

《宁波市人民政府关于要求增设市口岸办的请示》。

2.事由+文种

《关于招聘一名学生工作干部的请示》。

(二)主送机关

请示的主送机关是指负责受理和答复该文件的机关。每份请示只能写一个主送机关,不能多头请示。

（三）正文

请示的正文由请示缘由、请示事项、结语三部分组成。

1. 请示缘由

请示缘由是指发出"请示"的原因,一定要写得充分而周全,因为这是上级机关进行批复的主要依据。

2. 请示事项

请示事项一定要写得明确而具体,以便于上级机关批复得明确而具体。

3. 结语

结语以简短的语言强调行文目的和行文要求。如"当否,请批复""请审核批示""以上意见妥否,请批示""以上事项,恳请尽快批复为盼"等。结语具有明显的术语特色,必须应用得体,不能用咄咄逼人的语气和不礼貌的语言,同时也不应使用含混不清、用意不明的语言。

（四）落款

在正文右下方写明发文机关、成文日期,加盖印章。

五、请示的写作要求

（一）不要多头请示

一份请示只送一个上级领导机关,如是受双重领导的机关,也应根据请示内容,主送一个上级领导机关,抄送另一个领导机关。

（二）坚持一文一事

一份请示只能写一件事,不得在报告等非请示性公文中夹带请示事项。

（三）一般不得越级请示

如果因情况特殊或事项紧急必须越级请示时,要同时抄送越过的上级机关。

（四）不主送领导者个人

除上级机关负责人直接交办事项外,不得以本机关名义向上级机关负责人报送公文,不得以本机关负责人名义向上级机关报送公文。

六、请示与报告的区别

（一）行文目的不同

请示是为解决具体问题,请求上级指示或审核批准的,必须批复、回答。报告是为上级了解和掌握情况、沟通上下级联系的,大多不需要回复(对有些报告也可批复或批转)。

(二)写作性质不同

请示是请求性公文。报告是陈述性公文。

(三)行文时限不同

请示必须在事前,得到批示后才能行动。报告在事前、事中、事后均可。

(四)内容含量不同

请示只能"一事一文""一事一请求"。报告一事、数事均可。

(五)主送机关数量不同

请示只有一个主送机关,报告可以一个或几个主送机关。

例文赏析

××市人民政府关于××河大堤局部段进行拆改建设的请示

省人民政府:

　　为更好地解决××河城市段与××大街、××街两洞口防汛问题,根据《关于修建××大街××街洞口防洪应急度汛工程的复函》精神,我市按照300年一遇防洪标准,在两洞口分上、下游建设永久性防洪应急度汛工程。目前,该工程已经开工建设,预计××月中旬完工。今后××河城市段北堤局部段的防洪任务将由该工程承担,取代××路桩号×××至×××段××河大堤原有的防洪作用。我市拟结合××大街改造工程,将此段××河大堤拆改,同时将××大街由原来的下穿××路改为上跨××路。这样,既可以满足防洪度汛的需要,又可缓解我市交通紧张状况,更好地体现大城市的雄伟气势,提升城市形象。

　　以上请示,请批复。

××市人民政府(印章)

2016 年 6 月 25 日

【例文评析】

　　这是一篇比较典型的请求批准性请示。这种请示与请求指示的请示相比较,区别还是很明显的。请求指示的请示,是发文机关自己不知道该如何是好,请上级机关做出指示,而请求批准的请示则是发文机关已经知道该如何去做,但是必须得到上级机关的认可与批准。本例文正是这种请示。对于应该怎样去做,该请示的发文机关已经有了明确的意见,即"将此段××河大堤拆改,同时将××大街由原来的下穿××路改为上跨××路"。该请示所要做的,就是请求得到上级主管部门的认可与批准。

例文赏析

××省财政厅关于《会计人员职权条例》中"总会计师"
是行政职务或是技术职称的请示

财政部：

　　国务院 1987 年国发〔1987〕××号通知颁发的《会计人员职权条例》（以下简称《条例》）规定，"总会计师"既是行政职务，又作为技术职称。在执行中，工厂总会计师按《条例》规定，负责全工厂的财务会计事宜；可是每个工厂，尤其是大工厂，授予总会计师职称的人有四五人，究竟由哪一位负责全厂的财务会计事宜和执行总会计师的职责与权限呢？

　　我们认为宜将行政职务与技术职称分开。总会计师为行政职务，不再作为技术职称；比照最近国务院颁发的《工程技术干部技术职称暂行规定》，将《条例》第五章规定的会计人员职称中的"总会计师"改为"高级会计师"。

　　以上认识是否妥当，请指示。

××省财政厅
2013 年 4 月 18 日

【例文评析】

　　这是一份求示性请示。当工作中遇到重大或疑难问题，或遇到不好解决的重大问题，出现无法可依、无章可循的新情况、新问题，或部门之间意见分歧较大而难以统一时，请求上级机关给予指示或裁决。

案例分析

国家文物局请示

国务院、国务院办公厅：

　　2017 年，国务院批准了 21 个城市为国家历史文化名城，这对制止"建设性破坏"、保护城市传统风貌起了重要作用。

　　不过除已批准的国家历史文化名城外，还有一些城市古迹十分丰富……按照国发〔2017〕20 号文件关于审定国家历史文化名城的原则，进行反复酝酿，提出 37 个城市，建议作为第二批历史文化名城（名单附后）……

　　请即批转各地区、各部门研究执行。

　　附件：第二批国家历史文化名城名单

　　　　　第二批国家历史文化名城简介

　　另，住建部和国家文物局拟成立"保护历史文化名城联署办

1. 标题错误，缺少事由，即请示事项。
2. 不应多头主送。

3. 语气不对。

4. 多个附件应列出序号。

事小组",以上意见如无不妥,请批准。

国家文物局

2020 年 8 月 13 日

5.不得夹带其他请示事项。

知识拓展

《公文中请示及报告标题常见问题探索》

实战训练

一、选择题(备选答案中至少有一个是正确的)

1.下列有关请示的表述,不正确的是(　　)。

　　A.请示应一文一事

　　B.请示不宜多头行文

　　C.请示、报告应该分开

　　D.请示适用于不相隶属机关之间的请求审批事项

2.请示具有要求上级机关答复批准工作,要得到上级机关给予理想批复,写好(　　)是关键。

　　A.请示标题　　　　　B.请示缘由　　　　　C.请示事项　　　　　D.结束语

3.请示的特点包括(　　)。

　　A.请示内容具有请求性　　　　　　　　B.请示目的具有求复性

　　C.请示时间具有超前性　　　　　　　　D.请示事项具有单一性

4.下列事项中,可用请示文种的是(　　)。

　　A.某县人事局撰文请求县财政局拨给若干考试办公费用

　　B.某县纪委拟向市纪委汇报重大案件查处情况

　　C.某县教育局拟向所属学校公布初中毕业考试时间和要求

　　D.某学校拟与某公司合作

二、病文修改

下面这篇从格式到内容都存在若干病误,请按照公文写作规范指出其存在的问题(用序号逐一列出),并遵循公文格式和写作的相关要求进行修改,写出修改后的公文。

关于增拨办税大厅基建经费的请示

××省人民政府、××省长:

1995 年 11 月,我局派出调查组到广西柳州市国税局学习考察其办税大厅的建设情况。调查组认为办税大厅功能较齐全,适应税收征管模式的改革,方便纳税人缴纳税款。为此,

147

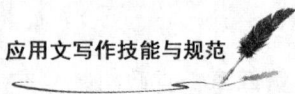

我局于 1996 年决定建办税大厅,并得到省人民政府的支持,在×府〔1996〕5 号文"关于拨款修建办税大厅的批复"中,拨给我局 150 万元,此项资金已专款专用。但由于建筑材料涨价,原预算资金缺口较大,恳请省人民政府拨给不足部分,否则将影响办税大厅的竣工及我省税收任务的完成。

特此请示报告。

×× 省地方税务局
×××× 年 ×× 月 ×× 日

三、写作训练

根据下述材料,拟写一份请示。

×× 省外资局拟于 2020 年 5 月 10 日派组(局长 ××× 等 5 人)到美国纽约市 ×× 设备公司检验引进设备。此事需向省政府请示。该局曾与对方签订过引进设备的合同,最近对方又来电邀请前去考察。在美考察时间需 20 天,所需外汇由该局自行解决。各项费用预算,可列详表。

任务七　批复

任务驱动

新手村的学校校舍已破烂不堪,校舍不够用,因此决定新盖一座校舍。村里已备齐建筑材料,还缺少部分资金,向乡政府申请拨款 3 万元。但由于乡政府资金有限,只能拨款 1 万元,请根据此情况对新手村村委会做出批复。

知识导引

一、批复的概念

根据《党政机关公文处理工作条例》(中办发〔2012〕14 号)的有关规定,批复适用于答复下级机关请示事项。

二、批复的特点

(一)权威性

批复是答复下级机关请求事项的回复性公文,它提出的处理意见和办法,代表上级机关对问题的决策意见,对下级机关具有行政约束力。特别是对一些重大事项的答复,体现了党和国家的有关方针、政策,具有权威性。所以批复一经下发,下级机关必须遵照执行。

(二)回复性

批复是用来答复下级请求事项的,它是与请示相对应的文种。也就是说,下级机关有请示,上级机关才会有批复,从这个角度讲,批复所涉及的内容范围较窄,是专门针对下级机关"请示"这一文种使用的,下级有多少份请示呈报上来,上级就有多少份批复回转下去。

(三)针对性

批复的针对性极强,下级机关请示什么事项或问题,上级机关的批复就指向这一事项或问题,绝不能答非所问,也无须旁牵他涉。

(四)明确性

批复中显示的态度和观点必须十分明确。对于请求指示的请示,批复要给予明确的指示;对于请求批准的请示,批复或者同意、批准,或者不同意、不批准。如果观点不明,态度含混,令下级机关无所适从,就不能达到批复的目的。

三、批复的种类

按照批复内容的性质,可以分为以下三类。

(一)肯定性批复

同意下级机关请示事项的批复。

(二)否定性批复

不同意下级机关请示事项的批复。

(三)解答性批复

对下级机关请示中所询问的有关事项给予明确解答的批复。

四、批复的写作

批复一般由标题、主送机关、正文、落款等几个部分组成。

(一)标题

批复由于具有通知和指示的性质,因此其标题(除非发文机关名称较长可以不写以外)一般都是规范的"三要素"写法,即由发文机关名称、事由和文种三部分组成。即标题应包括批复是由哪个机关发的,发给哪个机关,回答什么样的请示事项等。需要注意的是,一般批复标题的事由部分应写明回复的态度、回复的内容和回复的对象。

(二)主送机关

批复的主送机关也同请示一样只有一个,而且与请示的主送机关互为相反,即只写请示的机关名称。批复若带有普遍指导意义,需要发送给下级机关,则用"抄送"形式。

(三)正文

批复的正文一般都很简短,因为它不必像通知和指示那样详细阐述意义或道理,也不必像请示那样充分说明理由,而只是答复内容。一般由批复对象、批复内容和批复结语三部分组成。

1. 批复对象

批复对象是指批复所针对的请示事项,也是向受文单位告知情况。针对下级机关请示所发出的指示,做出的批准决定,以及补充的有关内容,都属于批复事项。

2. 批复内容

批复内容,即对请示来文所做的答复或具体指示,是批复的主要部分。一般多为同意的意见,也很简短。如果答复意见稍多须分项来写的话,在收悉请示之后一般再写一句"现批复如下"等,用冒号引起下文。

3. 批复结语

批复有时在正文末尾写上"此批"或"此复(特此批复)"等词语,接正文之后另起,不用标点。若开头已有"批复如下",结尾也就不用写这类结语了。

(四)落款

在正文右下方写明发文机关、成文日期,加盖印章。

五、批复的写作要求

(1)批复的内容应紧紧扣住来文中请示的问题,给予指示或表明态度。答复问题要全面,不能只对部分请示事项做答复,而对其他部分不做表态。

(2)上级机关的批复,无论是解释政策,还是审批事项,是同意,是不同意,还是部分同意,或是暂时不议,都要旗帜鲜明地表示态度,以便于下级机关有所遵循,据此开展工作。

(3)语言要简洁、果断,不能拖泥带水,说理要力求简洁,以体现下行文的语体特点;批复中的分析不要求详尽地展开,点到为止即可。

六、批复与决定的区别

批复与决定两种文种间的差异主要表现在以下几个方面。

(一)公文的内容不同

决定是对重要事项或重大行动的安排,具有很强的指令性,内容比较全面、系统;而批复是答复下级机关的请求事项,答复事项具有限制性和针对性,所涉及的内容具体、单一。

(二)行文的自主性不同

决定一般是主动行文,可依照职权主动对下级机关的工作事项或重大行动进行积极筹划,合理组织,统一安排,做出指令性决策;而批复是被动行文,发文机关不能主动对下级机关制发批复,而必须针对下级机关的请求做出具体回复,其内容必须直接针对来文请求的事项,不得答非所请。

(三)发送范围不同

决定的发送范围通常比较广泛,因此多采用多级行文或者采用公开行文方式公开发布;

而批复的发送范围一般只针对一个或多个请示机关,如无特殊必要,一般不抄送其他下级机关。

例文赏析

关于同意购买笔记本电脑的批复

第一分公司:

你公司《关于购买30台惠普牌笔记本电脑的请示》(深××〔2020〕××号)收悉。经研究,总公司同意你们的申请,特拨出60万元专款用于购买办公电脑。

此复

重庆市环球贸易总公司办公室

2020年4月18日

【例文评析】

这是一份肯定性批复,言简意赅,同意了下级的请示事项。

例文赏析

关于购买笔记本电脑的批复

第一分公司:

你公司《关于购买30台惠普牌笔记本电脑的请示》(深××〔2020〕××号)收悉,现批复如下:鉴于目前总公司资金周转困难,暂不同意你们购买笔记本电脑,可通过租赁等途径来解决办公电脑不够使用的问题。

重庆市环球贸易总公司办公室

2020年4月18日

【例文评析】

这是一份否定性批复,并说明不同意的理由,以便下级易于接受并做出安排。

案例分析

批复

××镇人民政府:

对你镇的数次请示,经研究作答复如下:

其一,同意批准你镇建立联合贸易公司,负责本镇的内、外贸

1. 标题不完整,缺少发文机关和主要内容。

易工作。你镇应尽快使联合贸易公司开始营业。

其二,你镇提出试行<u>"关于违反计划生育规定的处罚办法"最好不执行。</u>

其三,对你镇提出要建一俱乐部活跃居民文化生活一事,予以批准,但规模要适当控制,量力而行。

其四,同意你镇组团参加在上海举办的服装节和在服装节上进行引资促销活动。

××市人民政府

2019 年××月××日

2. 用语含糊不清。

3. 违反一文一批的原则。

知识拓展

如何拟制批复? 牢记四个"要"

实战训练

一、判断题

1. 批复和请示一样,也应一文一事。　　　　　　　　　　　　　　(　　)

2. 批复的主要特点是有针对性,它总是针对请示被动行文的,这也是批复有别于其他公文的主要特点。　　　　　　　　　　　　　　　　　　(　　)

3. 有一份批复的开头写道:"贵局×劳发〔××××〕32 号请示收悉。"　(　　)

4. 某县教育局行文请求县财政局增拨希望工程资金,使用的文种是函。(　　)

5. ××县信访办答复群众来信,应该使用的文种是通知。　　　　　　(　　)

二、病文修改

下面这篇从格式到内容都存在若干病误,请按照公文写作规范指出其存在的问题(用序号逐一列出),并遵循公文格式和写作的相关要求进行修改,并写出修改后的公文。

批复

人文学院党委:

二○○四年四月四日你院的请示中所提出的增补人文学院党委委员的事我们已经收到。经校党委七名常委在 4 月 10 日的常委会上反复讨论决定,并举手表决,最终一致通过。现将决定告知你们,我们原则上同意你们上报的两名同志为你院党委委员。

中共××大学委员会

2004 年 4 月 11 日

三、写作训练

根据请示一节中的训练写作题做出肯定性批复。

任务八　意见

任务驱动

文化课是学校的基础学科,然而大专院校的文化课却处于一种尴尬境地:学生没兴趣学,教师不知如何教。针对这种情况,学院出台相关意见进行引导。

知识导引

一、意见的概念

意见是党政机关或个人对某项事业或工作提出改进措施和建设性意见而使用的一种公文,它使用的范围非常广泛,不论哪个领域或哪个部门以及个人要提出或陈述建议与设想,都可以使用。作为一种公文文体的意见,与一般会议上或公开场合个人发表的口头言辞并不完全是一回事。它的思考对象属于现实工作中重大的和急需解决的问题,要有可行性的充分论证。它既可以是由个人向机关提出的,也可以是党政机关向上级或平行机关提出的。

二、意见的特点

(一)指示性

下行的意见对受文机关来说有较强的约束性,下级机关要遵照执行。

(二)针对性

它总是根据现实的需要针对某一重要的问题提出见解或意见。

(三)原则性

意见通常不是具体的工作安排,总是从宏观上提出见解和意见。

(四)灵活性

行文关系上表现出多向性,既可以上行,也可以下行和平行。

三、意见的种类

(一)下行意见

下行意见是上级机关对重要问题提出见解和处理办法,供下级机关更好地理解落实,采取得力措施去贯彻执行的行文。

1. 规划性意见

规划性意见是对某一时期的某一方面的工作提出的大体构想。例如《民营科技园区发展意见》《茶产业发展意见》。

2. 实施意见

实施意见一般是为贯彻落实某一重要决定或中心工作所制订的实施方案。如《促进节约集约用地实施意见》《城区拆违工作实施意见》。

3. 具体工作意见

对如何做好某项工作提出意见,所涉及的内容比较具体,有时还会有一些可操作性的办法、措施等。如《关于继续做好公路养路费等交通规费征收工作的意见》《对副科级干部的考察意见》。

(二)上行意见

上行意见是下级机关向上级机关就某个重要问题发表自己的见解或提出处理问题的办法,以供上级机关决策参考。如《关于节约使用办公用品爱护办公用具的意见》《关于××省国家公务员医疗补助的实施意见》。

(三)平行文意见

平级机关或不相隶属机关就某个重要问题提出建设性意见和可行性处理办法的行文,仅供对方参考。如《××省人民政府办公厅关于加强嫩江松花江近期防洪建设若干意见修改的意见》。

四、意见的写法

意见一般由标题、主送机关、正文、落款四部分组成。

(一)标题

标题由发文机关名称、事由和文种三要素构成,如《中共中央关于进一步繁荣文艺的若干意见》。

(二)主送机关

呈报上级机关要求批转的《意见》,主送机关一般一个;下发的《意见》,主送机关的多少视实际情况而定。

(三)正文

正文一般由开头、主体和结尾三部分组成。

1. 开头

意见的开头部分,主要写发布意见的背景、根据、目的、意义等,但不面面俱到。文字根据具体情况可长可短,最后以"现提出以下意见""特制定本实施意见"等过渡性语句转入下文。

2. 主体

主体部分解决"如何认识"和"如何解决"这两个问题。结构安排上应先写原则性指导意见,后写具体性指导意见;先写理论性认识,后写解决办法。内容较多篇幅较长的意见,可以用序号或小标题形式排列,以使结构更清晰明朗。意见的主体,要把对重要问题的见解或处理办法一一写明。如果是规划性意见,内容繁多,可列出小标题作为各大层次的标志,小标题下再分条表述。如果是内容较单纯集中的工作意见,主体部分直接列条即可,不必再设小标题。

3. 结尾

有些意见需要对贯彻执行提出一些要求,可以列入条款,也可单独在正文最后写一段简练的文字予以说明。如无必要,此项免除。

上报的意见,结尾可提出请求批转的要求,如"以上意见如无不妥,请批转各地(单位)执行"。下发的意见一般要求下级结合实际情况贯彻执行,有的还可以提出在贯彻执行中遇到的困难和问题及时上报或结合本单位实际情况制订具体实施方案的要求。

(四)落款

落款由发文机关和成文日期组成。

发文机关用全称或规范化简称,成文日期要用完全式日期。

例文赏析

国务院办公厅关于进一步优化营商环境　更好服务市场主体的实施意见

国办发〔2020〕24 号

各省、自治区、直辖市人民政府,国务院各部委、各直属机构:

党中央、国务院高度重视深化"放管服"改革优化营商环境工作。近年来,我国营商环境明显改善,但仍存在一些短板和薄弱环节,特别是受新冠肺炎疫情等影响,企业困难凸显,急需进一步聚焦市场主体关切,对标国际先进水平,既立足当前又着眼长远,更多采取改革的办法破解企业生产经营中的堵点痛点,强化为市场主体服务,加快打造市场化法治化国际化营商环境,这是做好"六稳"工作、落实"六保"任务的重要抓手。为持续深化"放管服"改革优化营商环境,更大激发市场活力,增强发展内生动力,经国务院同意,现提出以下意见。

一、持续提升投资建设便利度

(一)优化再造投资项目前期审批流程。从办成项目前期"一件事"出发,健全部门协同工作机制,加强项目立项与用地、规划等建设条件衔接,推动有条件的地方对项目可行性研究、用地预审、选址、环境影响评价、安全评价、水土保持评价、压覆重要矿产资源评估等事项，实行项目单位编报一套材料，政府部门统一受理、同步评估、同步审批、统一反馈，加快项目落地。优化全国投资项目在线审批监管平台审批流程，实现批复文件等在线打印。（国家发展改革委牵头，国务院相关部门及各地区按职责分工负责）

（二）进一步提升工程建设项目审批效率。全面推行工程建设项目分级分类管理，在确保安全前提下，对社会投资的小型低风险新建、改扩建项目，由政府部门发布统一的企业开工条件，企业取得用地、满足开工条件后做出相关承诺，政府部门直接发放相关证书，项目即可开工。加快推动工程建设项目全流程在线审批，推进工程建设项目审批管理系统与投资审批、规划、消防等管理系统数据实时共享，实现信息一次填报、材料一次上传、相关评审意见和审批结果即时推送。2020年底前将工程建设项目审批涉及的行政许可、备案、评估评审、中介服务、市政公用服务等纳入线上平台，公开办理标准和费用。（住房和城乡建设部牵头，国务院相关部门及各地区按职责分工负责）

（三）深入推进"多规合一"。抓紧统筹各类空间性规划，积极推进各类相关规划数据衔接或整合，推动尽快消除规划冲突和"矛盾图斑"。统一测绘技术标准和规则，在用地、规划、施工、验收、不动产登记等各阶段，实现测绘成果共享互认，避免重复测绘。（自然资源部牵头，住房和城乡建设部等国务院相关部门及各地区按职责分工负责）

二、进一步简化企业生产经营审批和条件

（一）进一步降低市场准入门槛。围绕工程建设、教育、医疗、体育等领域，集中清理有关部门和地方在市场准入方面对企业资质、资金、股比、人员、场所等设置的不合理条件，列出台账并逐项明确解决措施、责任主体和完成时限。研究对诊所设置、诊所执业实行备案管理，扩大医疗服务供给。对于海事劳工证书，推动由政府部门直接受理申请、开展检查和签发，不再要求企业为此接受船检机构检查，且不收取企业办证费用。通过在线审批等方式简化跨地区巡回演出审批程序。（国家发展改革委、教育部、住房和城乡建设部、交通运输部、商务部、文化和旅游部、国家卫生健康委、体育总局等国务院相关部门及各地区按职责分工负责）

（二）精简优化工业产品生产流通等环节管理措施。2020年底前将保留的重要工业产品生产许可证管理权限全部下放给省级人民政府市场监督管理部门。加强机动车生产、销售、登记、维修、保险、报废等信息的共享和应用，提升机动车流通透明度。督促地方取消对二手车经销企业登记注册地设置的不合理规定，简化二手车经销企业购入机动车交易登记手续。2020年底前优化新能源汽车免征车辆购置税的车型目录和享受车船税减免优惠的车型目录发布程序，实现与道路机动车辆生产企业及产品公告"一次申报、一并审查、一批发布"，企业依据产品公告即可享受相关税收减免政策。（工业和信息化部、公安部、财政部、交通运输部、商务部、税务总局、市场监管总局、银保监会等国务院相关部门按职责分工负责）

（三）降低小微企业等经营成本。支持地方开展"一照多址"改革，简化企业设立分支机构的登记手续。在确保食品安全前提下，鼓励有条件的地方合理放宽对连锁便利店制售食品在食品处理区面积等方面的审批要求，探索将食品经营许可（仅销售预包装食品）改为备案，合理制定并公布商户牌匾、照明设施等标准。鼓励引导平台企业适当降低向小微商户收取的平台佣金等服务费用和条码支付、互联网支付等手续费,严禁平台企业滥用市场支配地位收取不公平的高价服务费。在保障劳动者职业健康前提下,对职业病危害一般的用人单位适当降低职业病危害因素检测频次。在工程建设、政府采购等领域,推行以保险、保函等替代现金缴纳涉企保证金,减轻企业现金流压力。(市场监管总局、中央网信办、工业和信息化部、财政部、住房和城乡建设部、交通运输部、水利部、国家卫生健康委、人民银行、银保监会等相关部门及各地区按职责分工负责)

三、优化外贸外资企业经营环境

(一)进一步提高进出口通关效率。推行进出口货物"提前申报",企业提前办理申报手续,海关在货物运抵海关监管作业场所后即办理货物查验、放行手续。优化进口"两步申报"通关模式,企业进行"概要申报"且海关完成风险排查处置后,即允许企业将货物提离。在符合条件的监管作业场所开展进口货物"船边直提"和出口货物"抵港直装"试点。推行查验作业全程监控和留痕,允许有条件的地方实行企业自主选择是否陪同查验,减轻企业负担。严禁口岸为压缩通关时间简单采取单日限流、控制报关等不合理措施。(海关总署牵头,国务院相关部门及各地区按职责分工负责)

(二)拓展国际贸易"单一窗口"功能。加快"单一窗口"功能由口岸通关执法向口岸物流、贸易服务等全链条拓展,实现港口、船代、理货等收费标准线上公开、在线查询。除涉密等特殊情况外,进出口环节涉及的监管证件原则上都应通过"单一窗口"一口受理,由相关部门在后台分别办理并实施监管,推动实现企业在线缴费、自主打印证件。(海关总署牵头,生态环境部、交通运输部、农业农村部、商务部、市场监管总局、国家药监局等国务院相关部门及各地区按职责分工负责)

(三)进一步减少外资外贸企业投资经营限制。支持外贸企业出口产品转内销,推行以外贸企业自我声明等方式替代相关国内认证,对已经取得相关国际认证且认证标准不低于国内标准的产品,允许外贸企业作出符合国内标准的书面承诺后直接上市销售,并加强事中事后监管。授权全国所有地级及以上城市开展外商投资企业注册登记。(商务部、市场监管总局等国务院相关部门及各地区按职责分工负责)

四、进一步降低就业创业门槛

(一)优化部分行业从业条件。推动取消除道路危险货物运输以外的道路货物运输驾驶员从业资格考试,并将相关考试培训内容纳入相应等级机动车驾驶证培训,驾驶员凭培训结业证书和机动车驾驶证申领道路货物运输驾驶员从业资格证。改革执业兽医资格考试制度,便利兽医相关专业高校在校生报名参加考试。加快推动劳动者入职体检结果互认,减轻求职者负担。(人力资源社会保障部、交通运输部、农业农村部等国务院相关部门及各地区按职责分工负责)

(二)促进人才流动和灵活就业。2021年6月底前实现专业技术人才职称信息跨地区在线核验,鼓励地区间职称互认。引导有需求的企业开展"共享用工",通过用工余缺调剂提高人力资源配置效率。统一失业保险转移办理流程,简化失业保险申领程序。各地要落实属地管理责任,在保障安全卫生、不损害公共利益等条件下,坚持放管结合,合理设定流动摊贩经营场所。(人力资源社会保障部、市场监管总局、住房和城乡建设部等国务院相关部门

及各地区按职责分工负责)

（三）完善对新业态的包容审慎监管。加快评估已出台的新业态准入和监管政策，坚决清理各类不合理管理措施。在保证医疗安全和质量前提下，进一步放宽互联网诊疗范围，将符合条件的互联网医疗服务纳入医保报销范围，制定公布全国统一的互联网医疗审批标准，加快创新型医疗器械审评审批并推进临床应用。统一智能网联汽车自动驾驶功能测试标准，推动实现封闭场地测试结果全国通用互认，督促封闭场地向社会公开测试服务项目及收费标准，简化测试通知书申领及异地换发手续，对测试通知书到期但车辆状态未改变的无须重复测试，直接延长期限。降低导航电子地图制作测绘资质申请条件，压减资质延续和信息变更的办理时间。（工业和信息化部、公安部、自然资源部、交通运输部、国家卫生健康委、国家医保局、国家药监局等国务院相关部门及各地区按职责分工负责）

（四）增加新业态应用场景等供给。围绕城市治理、公共服务、政务服务等领域，鼓励地方通过搭建供需对接平台等为新技术、新产品提供更多应用场景。在条件成熟的特定路段及有需求的机场、港口、园区等区域探索开展智能网联汽车示范应用。建立健全政府及公共服务机构数据开放共享规则，推动公共交通、路政管理、医疗卫生、养老等公共服务领域和政府部门数据有序开放。（国家发展改革委牵头，中央网信办、工业和信息化部、公安部、民政部、住房和城乡建设部、交通运输部、国家卫生健康委等相关部门及各地区按职责分工负责）

五、提升涉企服务质量和效率

（一）推进企业开办经营便利化。全面推行企业开办全程网上办，提升企业名称自主申报系统核名智能化水平，在税务、人力资源社会保障、公积金、商业银行等服务领域加快实现电子营业执照、电子印章应用。放宽小微企业、个体工商户登记经营场所限制。探索推进"一业一证"改革，将一个行业准入涉及的多张许可证整合为一张许可证，实现"一证准营"、跨地互认通用。梳理各类强制登报公告事项，研究推动予以取消或调整为网上免费公告。加快推进政务服务事项跨省通办。（市场监管总局、国务院办公厅、司法部、人力资源社会保障部、住房和城乡建设部、人民银行、税务总局、银保监会、证监会等国务院相关部门及各地区按职责分工负责）

（二）持续提升纳税服务水平。2020年底前基本实现增值税专用发票电子化，主要涉税服务事项基本实现网上办理。简化增值税等税收优惠政策申报程序，原则上不再设置审批环节。强化税务、海关、人民银行等部门数据共享，加快出口退税进度，推行无纸化单证备案。（税务总局牵头，人民银行、海关总署等国务院相关部门按职责分工负责）

（三）进一步提高商标注册效率。提高商标网上服务系统数据更新频率，提升系统智能检索功能，推动实现商标图形在线自动比对。进一步压缩商标异议、驳回复审的审查审理周期，及时反馈审查审理结果。2020年底前将商标注册平均审查周期压缩至4个月以内。（国家知识产权局负责）

（四）优化动产担保融资服务。鼓励引导商业银行支持中小企业以应收账款、生产设备、产品、车辆、船舶、知识产权等动产和权利进行担保融资。推动建立以担保人名称为索引的电子数据库，实现对担保品登记状态信息的在线查询、修改或撤销。（人民银行牵头，国家发

展改革委、公安部、交通运输部、市场监管总局、银保监会、国家知识产权局等国务院相关部门按职责分工负责)

六、完善优化营商环境长效机制

(一)建立健全政策评估制度。研究制定建立健全政策评估制度的指导意见,以政策效果评估为重点,建立对重大政策开展事前、事后评估的长效机制,推进政策评估工作制度化、规范化,使政策更加科学精准、务实管用。(国务院办公厅牵头,各地区、各部门负责)

(二)建立常态化政企沟通联系机制。加强与企业和行业协会商会的常态化联系,完善企业服务体系,加快建立营商环境诉求受理和分级办理"一张网",更多采取"企业点菜"方式推进"放管服"改革。加快推进政务服务热线整合,进一步规范政务服务热线受理、转办、督办、反馈、评价流程,及时回应企业和群众诉求。(国务院办公厅牵头,国务院相关部门和单位及各地区按职责分工负责)

(三)抓好惠企政策兑现。各地要梳理公布惠企政策清单,根据企业所属行业、规模等主动精准推送政策,县级政府出台惠企措施时要公布相关负责人及联系方式,实行政策兑现"落实到人"。鼓励推行惠企政策"免申即享",通过政府部门信息共享等方式,实现符合条件的企业免予申报、直接享受政策。对确需企业提出申请的惠企政策,要合理设置并公开申请条件,简化申报手续,加快实现一次申报、全程网办、快速兑现。(各地区、各部门负责)

各地区、各部门要认真贯彻落实本意见提出的各项任务和要求,围绕市场主体需求,研究推出更多务实管用的改革举措,相关落实情况年底前报国务院。有关改革事项涉及法律法规调整的,要按照重大改革于法有据的要求,抓紧推动相关法律法规的立改废释。国务院办公厅要加强对深化"放管服"改革和优化营商环境工作的业务指导,强化统筹协调和督促落实,确保改革措施落地见效。

国务院办公厅

2020 年 7 月 15 日

(资料来源:中华人民共和国中央人民政府网)

【例文评析】

这是一篇下行意见。正文就如何进一步优化营商环境更好服务市场主体从六个方面提出意见,供下级机关更好地理解落实,具有很强的指导意义。

案例分析

××市物价局关于对招待所 加强管理和整顿的意见	1. 正文部分无整顿相关的意见,标题应该做相应修改或在正文部分添加相关内容。
市政府: 　　最近,我局发现,各地招待所普遍存在收费混乱、物价不符的	

情况。出现这些问题的主要原因是,招待所的收费标准向对外宾馆看齐;多收费用用作请客送礼,管理不严;无统一收费标准等。我们认为,很有必要对招待所加强管理,实行统一的收费标准。为此,特提出如下意见:

（一）招待所房费不分淡旺季,不搞浮动价,<u>一律实行一个价</u>。

（二）招待所是为因公出差、会议服务的,不宜追求室内的高级豪华。要根据不同条件制定分等级的合理收费标准。

（三）建议招待所标准房每天房费,<u>中等城市按××元收取,小城市按××元收取</u>。

（四）各县物价局应会同财政部门在 7 月底前对本县所有招待所进行一次集中检查,评定出房费标准,并将检查及评定情况向我局做一次书面汇报。

以上意见如无不妥,请批转有关单位执行。

（××市物价局公章）

××××年××月××日

2. 口语化,应当改为:"一律实行统一价格"。

3. 表达欠严谨,房型不会是统一模式,应当根据实际情况制订价格。

知识拓展

地方党委意见起草"三做到"

实战训练

一、选择题（备选答案中至少有一个是正确的）

1. 下列选项中,属于泛行文的公文文种是(　　)。

　A. 意见　　　　　B. 通告　　　　　C. 通知　　　　　D. 报告

2. 对重要问题提出见解和处理办法,应选用(　　)。

　A. 决定　　　　　B. 通报　　　　　C. 意见　　　　　D. 批复

3. 意见可以为受文机关(　　)。

　A. 指导工作　　　B. 提出建议　　　C. 提供参考

　D. 答复请示　　　E. 通知事项

4. 在提建议上,意见侧重于(　　)。

　A. 以客观工作的叙述为基础

　B. 针对问题提看法

　C. 针对问题提出处理办法

D.大段大段地陈述

5.某分公司拟就新建厂的选址问题向总公司提出建议,应选(　　)行文。

A.通知　　　　　　　B.请示　　　　　　　C.意见　　　　　　　D.函

二、写作训练

目前××学院社团工作管理混乱,请代拟一份意见进行工作指导。

任务九　纪要

任务驱动

根据下面材料写一份纪要。

2015年3月15日上午,××职业技术学院院长王××组织召开了院学术委员会扩大会议,与会人员有学院领导和学术委员会全体成员。会议中心议题是关于制定该校2015—2020年中长期发展规划的问题。会上王院长说:我们学院发展到今天是历任院长、专家与教师共同努力的结果……他们的努力为学院的进一步发展奠定了良好的基础……王院长在分析了学院当前形势之后指出:我们未来的发展目标是加快内涵发展,提高自身的竞争力,争创全国示范性高职院校。我院目前正处于高职专科向高职本科转型的时期,为此,我们需要为学院的未来做出前瞻性的发展规划,为学院升格做充分的准备,我们要加强内涵建设,提高办学的软实力;加快新校址的建设;强化办学特色,提高办学质量……学院中长期发展规划包括三方面内容:科技教育发展规划、学院新校址建设规划及制度建设。会上,学术委员会成员结合各自的工作畅谈了对学院、科室发展的设想和建议,副院长杨××、徐××、张××,纪检书记关××也都分别对学校的发展规划提出了自己的见解。与会人员激情洋溢,积极为学院的发展建设献计献策,体现了主人翁的高度责任感,并对学院的未来充满信心。

知识导引

一、纪要的概念

根据《党政机关公文处理工作条例》(中办发〔2012〕14号)的有关规定,纪要适用于记载会议主要情况和议定事项。"纪"有综合、整理的意思,"要"指要点。

纪要可以多向行文,既可以上呈又可以下达,被批转或被转发至有关单位遵照执行,应用较为广泛。

二、纪要的特点

(一)纪实性

纪要是对会议基本情况的纪实,撰写者不能改动会议议定的事项,不能对会议内容进行评论,要准确表述会议上达成的共识和形成的决定。纪要的纪实性特点,使它具有凭证作用和资料文献价值。特别是一些重要的会议纪要,多年后还会作为人们确认那段历史的依据。

(二)概括性

纪要是会议的要点,能够更集中地反映会议的精神实质,具有高度的概括性。它不是会议记录,必须对会议繁杂的情况和内容进行综合、概括性的整理,总结出会议的主要精神,归纳出主要事项,体现出中心思想。

(三)条理性

纪要要对会议精神和议定事项分类别、分层次予以归纳、概括,使之条目清晰、条理清楚。

三、纪要的种类

(一)办公纪要

办公纪要主要用来传达由机关、单位召开的办公会议所研究的工作、议定的事项和布置的任务,要求与会单位和有关方面遵照执行,如《××大学第六次校务会议纪要》。

(二)专题纪要

专题纪要主要指各种专门工作会议、专题讨论会、座谈会、学术研讨会等会议形成的纪要。这些会议纪要或通报会议情况,或传达会议精神并对有关工作予以指导,如《全国农业技术推广服务中心 2012 年工作会议纪要》。

四、纪要的写作

纪要的结构一般由标题、正文、落款三部分组成。

(一)标题

常见的纪要标题有以下三种写法。

1. 由会议名称、文种两部分构成

如《××学院院长办公会议纪要》《全国劳动仲裁疑难问题研讨会会议纪要》。

2. 由发文机关、事由(会议名称)和文种构成

如《××省加强企业管理领导小组第七次例会纪要》《××省人民政府控制房价工作会议纪要》。

3. 双重标题

由正标题和副标题构成,正标题反映会议的主要精神和内容,副标题写会议名称和文种。如《探讨新时期文学的发展——中国当代文学研究会第二次学术讨论会纪要》《抓住机遇扩大开放——××××对外开放研讨会纪要》。

纪要的标题常常省略介词"关于"二字。

（二）正文

纪要的正文由导言、主体、结尾三部分组成。

1. 导言

导言即纪要的开头部分，一般是概括会议的基本情况，包括会议的名称、目的、内容、时间、地点、规模、参加人员、主要议题和会议成果等。所写内容视具体情况而定，应做到简明扼要。

2. 主体

主体是纪要的核心部分。它根据会议的中心议题，按主次、有重点地写出会议的情况和成果，包括对工作的评价、对问题的分析、会议议定的事项、提出的要求等。

纪要的主体部分通常有以下三种写法。

（1）综合式。就是对会议的内容和议定的事项加以概括综合，根据性质的不同分成若干部分，再按照一定的逻辑顺序分别表述。这是一种比较常见的写法，有利于做到重点突出、主次分明，一般把重要的、主要的内容放在前面，尽量写得详细、具体，一般的和次要的内容放在后面，可以简略些。

（2）分项式。就是把会议内容或议定事项，按主次分条列项地写出来，常用数字序号"一、……""二、……"等来表达，使其简明扼要、条理清晰、一目了然。

（3）摘要式。就是把与会者的具有典型性、代表性的发言要点，按发言顺序或内容分类写出来。这种写法能客观地反映发言者的观点和主张。对发言者要写出真实姓名、职务或职称，尽量保留其谈话风格，避免一般化和千篇一律。

3. 结尾

结尾一般提出希望、发出号召，以便让有关机关、单位贯彻执行。有的主体写完即可，没有结尾部分。

（三）落款

纪要落款署名只用于办公纪要，写明召开会议的机关单位名称。一般纪要不需要署名。纪要不加盖公章。至于成文日期可以在标题下方居中位置用括号标明，也可以放在落款处。如果在标题下方已注明，落款处不用再写。

五、纪要的写作要求

（一）掌握会议的全部情况

写作纪要首先要清楚会议的目的、任务、内容和形式，掌握会议的所有文件材料，在分析综合多种会议材料的基础上，准确把握会议精神，按照会议精神对材料进行分类筛选。

（二）抓住要点，突出会议主题

纪要虽然是会议情况和结果的反映，但不能面面俱到，照搬会议记录，而应该围绕会议主题,抓住要点,突出重点,把会议的主要情况简明扼要地反映出来,把会议议定的事项一一叙述清楚。

(三)文字简洁明快

写作纪要在语言表达上,尽可能简短、通俗,切忌长篇大论,应该以叙述为主;在层次结构、段落安排上要条理清楚,篇幅不宜过长。

(四)注意使用纪要的习惯用语

纪要常常以"会议"为第三人称而记述会议内容。因而,主体部分经常使用"会议认为""会议提出""与会者一致认为""会议决定""会议要求""会议希望"等习惯用语作为层次或段落的开头语。

六、纪要与会议记录的区别

(1)性质不同。会议记录是讨论发言的实录,属事务文书;纪要只记要点,是法定行政公文。

(2)功能不同。会议记录一般不公开,无须传达或传阅,只作资料存档;纪要通常要在一定范围内传达或传阅,要求贯彻执行。

(3)写法不同。会议记录是由专人把会议的基本情况如实地记录下来;纪要是根据会议的中心议题、指导思想和议定事项,在会议记录所提供材料的基础上,经过概括、整理、提炼,才能形成公文。

例文赏析

重庆市政府第31次常务会议纪要

11月9日,市长唐良智主持召开市政府第31次常务会议,研究进一步扩大开放、推动民营经济高质量发展有关工作。

会议指出,习近平总书记在首届中国国际进口博览会开幕式主旨演讲中,阐释合作共赢、共同发展的理念主张,宣布中国扩大开放新举措,彰显了中国推动更高水平开放、推动建设开放型世界经济、推动构建人类命运共同体的信心和决心、责任和担当。会议强调,要认真学习贯彻习近平总书记的重要讲话精神,牢固树立以开放促发展、以合作谋共赢的意识,深度融入国家战略,扩大先进产品进口,提高投资贸易便利化水平,建设好中新互联互通项目国际贸易陆海新通道,全力抓好稳外贸、稳外资、稳外经工作,推动我市更高水平开放。要抓住在上海证券交易所设立科创板并试点注册制的机遇,谋划推动一批我市科技创新企业上市融资,提升我市经济证券化水平。要积极运用好进博会成果,按照项目化、清单化、责任化要求,加强跟踪督办,加快推进签订的投资和采购项目落地落实。

会议强调,要学习好贯彻好落实好习近平总书记在民营企业座谈会上的重要讲话精神,按照陈敏尔书记在全市民营企业座谈会暨走访服务民营企业动员会上的讲话要求,全力推动民营经济实现高质量新发展。要坚持基本经济制度，坚持"两个毫不动摇"，打破各种各样的"卷帘门""玻璃门""旋转门"，在市场准入、审批许可、经营运行、招投标等方面，切实为民营企业打造公平竞争环境。要更大力度简政放权，继续深化"放管服"改革，推动行政审批"减环节、减材料、减程序"，尽快实现行政审批、公共服务事项"全渝通办"全覆盖，切实降低制度性交易成本。要更大力度落实减税降费政策，将国家结构性减税、降低社保缴费费率政策不折不扣落实到位，并结合我市实际，坚持问题导向，抓紧研究出台更加优惠、便于执行的政策措施，切实减轻企业负担。要扎实开展走访服务民营企业活动，各级领导干部要深入民营企业宣讲政策、摸清实情、听取意见、解决问题，做到"一企一策"，为企业提供精准有效服务。

会议还研究了国企改革、脱贫攻坚等工作。

2018 年 11 月 9 日

【例文评析】

这是一份综合式纪要。前言部分采用叙述式，交代会议主持人、时间和内容等，清楚、简明地说明会议情况。主体部分采用综合式，用"会议指出""会议强调"等惯用语引出会议的决定、要求等，条理清楚，具体明确。

例文赏析

局长办公会议纪要

（20××年 3 月 15 日）

20××年××月××日上午，局长×××在六楼会议室主持召开了局长办公会会议。局党委书记×××，党委副书记兼纪委书记、工会主席×××，副局长×××，副局长兼总工程师×××，副局长×××出席了会议。会议对上半年几项具体工作和有关问题进行了讨论研究。形成会议纪要如下：

一、会议首先听取了局副总工程师兼安全部主任×××同志关于迎接××安全性评价专家组检查验收准备工作的情况汇报。会议对前一阶段安全部及各单位在安全性评价准备过程中所做大量工作给予了充分肯定，并要求各单位近期进一步查找存在的问题，全力做好迎检工作，确保一次性通过专家组的考评验收。

二、会议对前一阶段经过层层推荐选出的×个创新项目进行了反复酝酿讨论，同意将这×个创新项目列为×××创新成果，并进行表彰。

三、根据××电厂股权发生重大变更的实际，会议要求，股权变更后××电厂应尽快转入正常运转，开拓市场，协调关系，进一步搞好生产，确保全年各项经济技术指标的完成。

四、会议听取了物业公司经理×××同志关于四幢职工宿舍楼交付使用后，退出的腾空房出售、出租及下一步住房补贴发放等工作的情况汇报。会议要求，腾空房出租统一由物业公司办理，并交××元租房保证金，腾空房只对本局无房职工出租，严禁以职工名义承租后转租

（借）给外单位人员居住，否则，扣除租房保证金，通报批评，并扣发单位综合奖。发放住房补贴工作是政策性很强的工作，会议要求物业公司要做好前期准备工作，把工作做细，确保此项工作顺利进行。

五、原变电工区值班员×××，调度所运动班安全员×××，现试用期已满。根据工作能力和工作表现，会议研究同意两同志正式调入。

六、会议听取了思想政治部主任×××同志关于十件大事和十大亮点初评结果的情况汇报。经反复研究讨论，会议最后确定了我局20××年十大事件和十大亮点。

会议同时还对奥运安保工作进行了通报。

【例文评析】

这是一篇办公会议纪要。标题由"会议名称+文种"构成。正文第一段是开头部分，记载了此次会议召开的时间、地点、会议主持人、出席人员以及会议研究的议题。纪要的主体部分是条文式，逐条罗列了该会讨论的若干问题。结尾是"完事文止"式，显得干净利落。全文层次清楚，语言简明扼要。

例文赏析

×××学院学生思想状况分析座谈会纪要
（20××年10月17日）

时间：××××年××月××日下午
地点：本院小会议室
主持人：主管政治思想教育工作副院长×××
出席者：各系党总支书记、政治辅导员、班主任、学生会委员
形成座谈会纪要如下：

一、××副院长传达了省教育厅领导关于要认真加强学生思想政治工作，注重分析当前学生的思想状况的讲话精神。其后，××副院长对学生思想状况做了分析，认为当前学生的思想状况总体是健康的、向上的，但也存在一些较突出的问题，如……

二、人文系党总支书记×××同志说，当前青年学生思想比较活跃，愿意思考问题，这确是学生的主流，但当前在部分学生中也存在比较严重的拜金主义、重技能轻理论、重实用轻人文的倾向。

三、××班党支部书记在汇报学生思想状况时，指出有些同学在思想上没有处理好学习与兼职的关系，严重影响了学习成绩。

四、经贸系政治辅导员×××同志谈到个别学生存在怕露贫而不愿申请经济困难补助的心理。

××职业学院办公室

【例文评析】

这是一篇摘要式会议纪要,摘录了与会者符合会议中心的发言要点。这种写法最大的特点是把具有典型性、代表性的言论加以提要整理,按一定的关系排列成文。这种写法能较真实地反映会议的讨论情况和与会人员的意见,适用写座谈会、讨论会和研究性会议纪要。这种会议纪要的观点出自个人,具体而真实,具有较强的资料价值。

案例分析

时间:20××年4月2日

地点:文秘班

主持人:团支部书记×××

出席人:文秘班学生

缺席人:×××

记录员:×××

春游的会议情况形成纪要如下:

主持人:各位同学,大家好!今天主持大家开会是为了讨论怎样更好地开展春游活动。大家有什么意见和建议请提出来。

班长×××:大家好!春游是一次接近大自然的最好时机,我们可以去张家界、岳阳楼、君山或农山。你们觉得呢?

副班长×××:我建议把春游和野炊结合起来,我们可以去农山。

1.可以节省经费;

2.地点近,可以节约时间;

3.我们班晕车的同学多,可以节省精力。

大家讨论:去农山可以,没意见。

×××:那我们什么时候去合适? 那边的情况怎么样?

×××:我建议清明节去,清明节快到了,而周末又有同学补课,我们这个时间去刚好调节了同学们的时间。

大家讨论:可以。

×××:我是岳阳人,那我就介绍一下情况。(略)

还有什么问题欢迎随时问我。

主持人:谢谢×××的介绍。下面我们来讨论一下分组的情况吧。

×××:我建议8人一组,因为租餐具花费太大了。

×××:我建议4人一组,弄菜之类的快一点。

大家讨论:最后举手表决,少数服从多数,8人一组较合适。

1.没有标题。

2.开头部分写法不正确。会议纪要的开头一般写会议概况,应简明扼要地介绍会议的任务、目的、时间、地点、出席人员、主要议程和主要收获等。

3.会议主体部分的写作不符合要求,会议纪要不是把会议内容原原本本地记录下来,而是抓住要点,突出重点,把会议的主要情况简明扼要地反映出来,把会议议定的事项一一叙述清楚。

×××:那买菜和费用的情况呢?

主持人:买菜之类的由你们那组的组长安排。费用就先请生活委员介绍一下。

生活委员×××:我们班的班费还有×××元。我已经征得班主任同意,决定用班费。每组有××元,如果资金不够,就再由你们那组想办法解决。可以吗?

大家讨论:没意见。

主持人:好,这次春游就定在清明节那天,去农山。如果那天下雨就另定时间。大家如果还有什么问题或想知道农山情况的,欢迎随时来问我或×××。

4. 缺少成文日期。可以在标题下方居中位置用括号标明,也可以放在落款处。

知识拓展

会议内容的取舍

实战训练

一、选择题(备选答案中至少有一个是正确的)

1.用于记载会议主要精神和议定事项的公文是(   )。
　　A.决议　　　　　　　B.会议记录　　　　　C.会议纪要　　　　　D.议案

2.会议纪要应由(   )。
　　A.与会单位共同撰写　　　　　　　B.会议主持机关撰写
　　C.会议记录员撰写　　　　　　　　D.会议主持人撰写

3.下列文种中一般不加盖公章的是(   )。
　　A.函　　　　　　B.报告　　　　　　C.请示　　　　D.会议纪要

4.下列不属于法定公文的是(   )。
　　A.纪要　　　　　B.会议记录　　　　C.公报　　　　D.决定

5.关于"纪要"这一文种,说法错误的一项是(   )。
　　A.纪要是会议的产物,没有会议就没有纪要
　　B.纪要标题(或标志)之下、正文之上无主送机关
　　C.纪要应当对会议情况和议定事项做全面、详尽的记载
　　D."纪要格式"是公文特定格式之一

二、判断题

1.会议纪要是从会议记录演化而来的,又高于会议记录。　　　　　　　(   )

2.会议概况一般包括会议的起止时间、地点、议题、议程、出席会议的领导以及与会人员等情况。 （ ）

3.会议纪要对与会者的各种意见要"有闻必录"，全面加以详细记述。 （ ）

4.会议纪要一般不公开，无须传达或传阅，只作资料存档;会议记录要在一定范围内传达或传阅，要求贯彻执行。 （ ）

5.会议纪要一般是在会后在会议记录的基础上进行综合、概括、归纳，所以写作时不必快速及时。 （ ）

任务十 函

任务驱动

××职业技术学院旅游管理系 2019 级酒店管理专业学生共 24 人，为管理指导方便，系里拟安排学生在本市的东方大酒店毕业实习，实习时间两个月:2019 年 12 月 15 日至 2020 年 2 月 15 日。

请以××职业技术学院旅游管理系的名义写一份商洽函，联系实习事宜。以东方大酒店的名义写一份复函，表示同意接收实习学生，要求在复函中说明下一步接洽的时间与方式等相关事宜。

知识导引

一、函的概念

根据《党政机关公文处理工作条例》(中办发〔2012〕14 号)的有关规定，函适用于不相隶属机关之间商洽工作、询问和答复问题、请求批准和答复审批事项。

二、函的特点

（一）平行性

函主要用于不相隶属机关之间商洽工作、询问和答复问题，体现着双方平等沟通的关系。函是平行公文，有双方平等相待的意思，且又不带"文件"字样，容易给人一种亲近感。函的用语也亲切、平和、通俗，是行政公文中唯一可用带感情色彩词语的文种。

（二）商洽性

函的内容多属事务性，主要用于平行和不相隶属的单位之间就一般事项进行联系、商洽

或者对其主要业务范围的某一特殊具体事项的请求批准或者予以答复,不涉及某一方面或者全局性的国计民生、方针政策等重大事件。

(三)广泛性

函对发文机关的资格要求不是很严格。高层机关、基层单位、党政机关、社会团体等均可以发函。

三、函的种类

(一)根据功用分类

1. 商洽函

用于不相隶属机关之间商洽工作、讨论问题的函。

2. 询问函

向受函者提出询问,并要求对方予以答复的函。

3. 请批函

请求不相隶属的有关机关或主管部门批准事项的函。

(二)根据行文程序分类

1. 发函

发函也称"去函""问函",是本机关主动向对方发出的函。

2. 复函

复函又称"回函",是指回复询问或批准事项等的函。复函既回复对方的询问,也回复对方来函所商洽的事项,还回复对方请批函中所提出的请求。

复函与批复不同,批复是下行文,是对下级机关的请示表示准驳;复函是平行文,只是对平级机关或不相隶属机关的来函做出回复。

四、函的写作

函的结构一般由标题、主送机关、正文、落款四部分组成。在写法上,去函与复函有所差别。

(一)标题

函的标题主要有两种写法。

(1)由发文机关、事由、文种三部分构成。如《中国科学院××研究所关于建立全面协作关系的函》。如果是复函,标题可由发文机关、事由、行文对象、文种组成。如《国务院办公厅关于悬挂国徽等问题给湖北省人民政府办公厅的复函》。

(2)只有事由、文种或只有发文机关、文种的格式。如《关于调整××市××水库工程设计概算报告审查意见的函》《××省高级人民法院函》。

（二）主送机关

函的主送机关是询问或答复的机关，即受理来函事项的机关单位。

（三）正文

函的正文由发函缘由、发函事项、结语三部分组成。

1. 发函缘由

主要用来说明发函的根据、目的、原因等。如果是复函，则先引用对方来函的标题、发文字号，然后再交代根据，说明缘由。常用"现将有关问题说明（函复）如下"等过渡。

2. 发函事项

发函事项是函的核心内容。无论是商洽工作，询问和答复问题，还是向有关主管部门请求批准事项等，都要用简洁得体的语言把需要告诉对方的问题、意见叙写清楚。如果是复函，则要针对对方来文回复，内容要紧扣对方询问的事项，要把自己的意思表述得明确、具体、简洁，使对方办理起来有所依从。

3. 结语

函的结语要根据不同内容的需要有所选择。如"特此函达""特此函商""特此函询""特此函告""请即复函"等。如果是复函就用"特此函复"等。

（四）落款

在正文右下方写明发文机关、成文日期，加盖印章。

五、函的写作要求

（一）一函一事，内容单一

为工作方便，一份函以谈一件事为宜。

（二）直陈其事，言简意明

函不能像个人书信那样问候、寒暄，搞感情投资，而要开门见山，直陈其事，力戒套话、空话。

（三）态度诚恳，用语得体

函是平行文，用语要表现对对方的尊重，如称对方为"贵"，与对方商洽事宜，要用商量口吻，语言要符合行文关系，亲切自然得体。

六、函与通知、批复的区别

（一）函与通知的区别

1. 目的、性质不同

函的目的是平行或不相隶属机关之间互相商洽公务或询问与答复问题，所以它的性质是商洽性、平等性,一般不具有指挥性、指导性。通知除了具有传达、告知性质外,还具有上级对下级的指导作用。

2. 行文关系不同

函主要在同级机关和不相隶属机关之间使用,它不受上下级、平级隶属关系的限制,属平行文。除会议通知外,通知一般用于上级机关对下级机关行文,其大部分内容属于下行文。

3. 作用效力不同

函的作用是商讨、询问、答复问题,它没有领导作用,一般不具有行政的约束力,更没有法律效力。通知则可用于上级对下级布置工作、发布文件、做出指示等,具有行政约束力。

(二)函和批复的区别

(1)从概念上来看,函是用来互相商洽工作、询问和答复问题,向有关主管部门请求批准的。批复是专门用来答复请示事项的。

(2)从作用和行文关系来看,批复的作用仅限于有隶属关系或业务主管关系的上级对所管辖的机关单位行文,准与不准的态度鲜明,往往具有通知和指示的性质,它只能是下行文。而函的答复更多是平级行文,并只是商洽性联系与咨询的答复,一般情况都是平行文。

例文赏析

××贸易公司关于商品运输被损索赔的函

××市航运局:

我公司向×省××彩电生产厂家购进一批彩电。厂家销售科将该批彩电交由贵局承运(承运号码10037号)。该批彩电于3月15日运出,3月20日抵达×市航运码头。在码头提货时,我们发现部分彩电的包装破损,即会同有关人员当场拆包检验,50台彩电被摔坏10台。经核实诚为贵局运输途中所致。为挽回损失,希贵局按有关规定赔偿该批商品的损失,计人民币××××元。

特此函达,即请查照。

附件:1.××市航运码头管理处证明
     2.××彩电厂销售科发货记录单
     3.××市××检验所检验报告

××贸易公司
2014 年 3 月 25 日

【例文评析】

这是一份商洽索赔事宜的去函。标题已主旨鲜明。正文先简要说明事件经过、损失情况及所负责任,实际上这也是在间接交代去函缘由,然后提出索赔要求和具体金额,最后有针对性地选择"特此函达,即请查照"作结。文章用语准确,事实具体充分,尤其是提供了三份附件,使索赔更有理有据。

例文赏析

教育部关于同意设立西湖大学的函

教发函〔2018〕10 号

浙江省人民政府:

《浙江省人民政府关于商请设立西湖大学的函》(浙政函〔2017〕95 号)和《浙江省人民政府关于报送西湖大学考察意见建议研究情况的函》(浙政函〔2018〕16 号)收悉。

根据《中华人民共和国高等教育法》《中华人民共和国民办教育促进法》《中华人民共和国民办教育促进法实施条例》《普通高等学校设置暂行条例》《普通本科学校设置暂行规定》有关规定和全国高等学校设置评议委员会考察评议结果,经研究,同意设立西湖大学,学校标识码为4133014626。现将有关事项通知如下:

一、西湖大学系社会力量举办、国家重点支持的新型高等学校,为非营利法人,由你省统筹管理和指导。

二、学校要切实加强党的领导,全面贯彻党的教育方针,坚持社会主义办学方向,落实立德树人根本任务,突出公益办学导向。

三、学校定位于研究型高等学校,主要开展基础性、前沿科学技术研究,着重培养拔尖创新人才。

四、学校从举办研究生教育起步,适时开展本科生教育,全日制在校生规模不超过5 000人。

五、学校要坚持发展有限学科,学科专业设置和学位授予单位申报,按国家有关规定办理。

六、我部将对学校办学情况进行评估检查,并根据评估检查结果研究其开展本科生教育问题。

望你省切实落实责任,加大对西湖大学的指导和支持力度,督促其进一步完善治理体系,健全办学经费保障机制,全面加强学校党的建设,按照高起点、小而精、研究型的办学定位,集聚一流师资,打造一流学科,培育一流人才,产出一流成果,为我国高等教育体制机制改革创新,建设高水平研究型大学作出积极贡献。

附件:1.西湖大学办学许可证信息
 2.西湖大学章程

教育部
2018 年 2 月 14 日
(资料来源:中华人民共和国教育部网)

【例文评析】

这是一份答复请示事项的复函。因为教育部和浙江省人民政府不是上下级关系，所以只能用"函"来答复审批事项。在写作上，此"函"有以下特点：①回复缘由、依据清楚。引述所收请示函及其发文字号，这是回复缘由；根据相关法律法规以及有关部门的研究决定，这是回复依据。②态度明朗，意见具体。③用语得体。如用"望"，体现了对平级单位、不相隶属机关单位的礼待、谦逊。

案例分析

公　函

武汉大学：

首先，我们以河北省水利学校的名义，向贵校致以亲切的问候。我们以崇敬和迫切的心情，冒昧地请求贵校帮助解决我校当前面临的一个难题。

事情是这样的：最近，我们经与武汉水运学院磋商，决定派4位老师到该院进修学习。只因该院教师宿舍还未修盖完毕，本院教师的住房和学生的宿舍及教室破旧拥挤，我校几位进修教师的住宿问题，虽几经协商，仍得不到解决。然而举国上下，齐头并进，培养人才，时不我待，我校几位教师出省进修学习机会难得，时间紧迫，任务繁重，要使他们有效地学习，则住宿问题是亟待解决的。

为此，我们在进退维谷的情况下，情急生智，深晓贵校府高庭阔、物实人齐，且具有宽大为怀、救人之危的美德，于是，我们抱着一线希望，与贵校商洽，能否为我校进修教师的住宿问题提供方便条件。但不知贵校是否有其他困难，如有另外的要求和条件，我校则尽力相助。若贵校对于住宿一事能够解决，我校进修教师在住宿期间可为贵校教学事务做些义务工作，如辅导和批改作业等，这样可以从中相得益彰。我们以校方的名义向贵校表示深深的感谢。

1. 标题不规范。作为正式的公文，应该采用公文标题的常规格式，只用"公函"二字做标题，显然不合要求。

2. 语言不得体、不准确。一是没有公文语言的严谨性与简洁性，有些话近乎口语，如"事情是这样的""希望尽快得到贵校的答复"等。二是有些语言分寸失当，有献媚之嫌，如"深晓贵校府高庭阔、物实人齐，且具有宽大为怀、救人之危的美德"。三是用词不当，如"宽大为怀""救人之危""相得益彰"，还有"我们以校方的名义"等。

3. 请求近乎无理。发函单位为解决自己进修教师的住宿问题，竟要求与此事无关的第三方帮助解决困难，这要求近乎无理。合作要在互利互惠的前提下才能得以实现，请求帮助也要在合情合理的情况下才能提出。

以上区区小事,不值得惊揽贵校,实为无奈,望谅解。并希望尽快得到贵校的答复。

此致。

敬礼!

河北省水利学校(公章)

2015 年 1 月 12 日

4. 结语不规范。此函用一般书信的祝颂语做结语,削减了公文的特色,有些不伦不类。

5. 落款位置不对。落款应该放在正文结束后的右下角。

知识拓展

这则征求意见函为啥这样改?

实战训练

一、选择题(备选答案中至少有一个是正确的)

1. 某省军区同某县人民政府之间的关系是( )。

    A. 领导与被领导关系   B. 不相隶属关系   C. 平行关系   D. 业务指导关系

2. "此令、此布、此告、为要、为盼、特此函达、特此批复"等用语,是公文中常见的( )。

    A. 经办用语   B. 引叙用语   C. 过渡用语   D. 结尾用语

3. 向不相隶属机关之间请求批准,用( )。

    A. 请示   B. 报告   C. 函   D. 批复

4. 标准式公文标题一般由( )组成。

    A. 发文机关   B. 相关介词   C. 事由

    D. 文种   E. 注意事项

5. 环保局向劳动局请求解决某项工作,劳动局对此进行答复。这一来一往分别适用什么文种?( )

    A. 函,批复   B. 函,函   C. 请示,批复   D. 报告,意见

二、病文修改

指出下面文稿中的错误和不妥之处,并提出修改意见。

关于请求派员为团训班讲课的请示

尊敬的××大学团委领导:

首先,我们以××职业技术学院的名义,向贵校致以亲切的问候!我们以崇高和迫切的心情,冒昧地请求贵校帮助我们解决目前面临的一个难题。

我校是 2006 年 8 月新建招生的高校,学校各分院和部门的团干部大多为刚毕业参加工作的大学生,团工作的理论素养普遍不高,团工作经验也不足。为此,经学校党委研究,我校决定在近期举办一期团干部培训班,以宣传我校的办学理念,扩大我校的社会影响。贵校是一所历史悠久颇负盛名的高校,团工作也很有建树。为此,我校请求贵校派几位经验丰富的

团干部来我校的团训班讲课,上课内容主要为团工作理论和团工作的实践与经验。如蒙不弃,我们将深感荣幸!

以上意见当否?请尽快批复。

非常感谢!

×× 职业技术学院(印)

2020 年 3 月 18 日

任务十一　公文信息化处理

任务驱动

了解电子公文的概述,掌握电子公文的制作。

知识导引

一、电子公文概述

(一)电子公文概念

电子公文是指各地区、各部门通过由国务院办公厅统一配置的电子公文传输系统处理后形成的具有规范格式的公文的电子数据。

(二)电子公文设计原则

1. 要坚持高技术的设计原则

电子公文处理系统设计应采用当代先进、适用的软件编辑技术和流程,并要充分考虑与计算机硬件系统的匹配、与其他运行系统的兼容。

2. 要坚持智能化的设计原则

电子公文处理系统要实现材料采集、文字图像输入、格式生成、审核流程、传递发送、审批签名、整理归档、限时办理、来文提示、退文警示多节点、全过程的自动化。

3. 要坚持便捷式的设计原则

要本着计算机为人服务的思想来设计公文处理流程和操作方式。

(三)电子公文处理程序

(1)要采用全面沟通的处理程序。就是上下左右全方位沟通,相互匹配。收文、办文、核稿、送审、签发、存档等各个环节同处一个系统,既能收得了、发得出,又能改得了、退得回;既能在固定场所处理公文,又能在运动中从事公文处理,真正实现公文处理的"无纸化"和"无址化"。同时,还应考虑到公文信息公开的需要,设计预留与互联网连接的功能。

(2)要采用自动生成的处理程序,就是实现公文格式自动生成:一是行政机关各类文种格式的自动生成;二是 16 个格式要素的自动生成。

（3）要采用高效运作的处理程序,就是多功能高效运作。在收文阶段,秘书部门对来自多方位的公文,通过计算机对登记、分发、审阅、办理、归档五个环节自动进行显示、排序、查询和流程跟踪。在办文阶段,办文处室通过计算机对秘书处等有关处室、上级领导和有关部门传来的办件,进行拟稿、审核、会签、签发,并对办文过程进行流程跟踪监控。在发文阶段,利用政务网实现全方位传送。在归档阶段,计算机按照档案部门的规定建立数据库,能够按年度、性质、文号等进行多种归档、查询处理。在各阶段工作环节上,设计错件追回、工作移交、工作授权等功能。

（四）电子公文技术要求

1. 要达到痕迹保留的技术要求

计算机对进入公文处理自动化系统进行操作的所有人员的工作日期、对象和操作过程、拟稿和修改的内容进行全过程的跟踪和记录,自动记录其修改痕迹。

2. 要达到全程监控的技术要求

上一级领导和有关人员通过计算机可以随时掌握流程中文秘人员的工作时间、修改内容,进行全过程监控和查询。

3. 要达到安全保密的技术要求

政府电子公文运行系统在软件编辑过程中,应充分利用 Lotus Domino/Notes 平台提供的双密钥加密和多层权限控制,建立相对安全可靠的加密机制和权限控制。

二、电子公文制作（基于 Office 2016）

（一）页面页码设置

1. 页边距

页面布局—页边距—自定义页边距。【页边距】"上 3.7 cm,下 3.5 cm,左 2.8 cm,右 2.6 cm",【纸张】"A4 纸",【版式】"奇偶页不同",【字体设置】"中文字体方正仿宋 GBK 三号,英文字体 Times New Roman 三号",【指定行和字符网格】"每行 28 字符,每页 22 行",最后点击【确定】,如图 4.1 至图 4.4 所示。

图 4.1　页边距设置　　　　　　　　　　图 4.2　版式设置

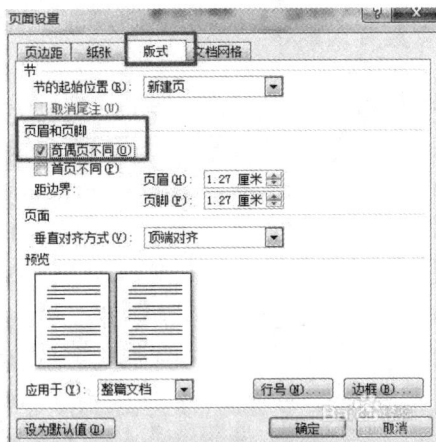

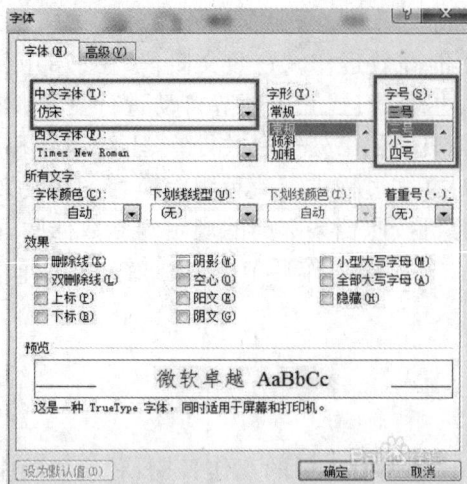

图 4.3　字体设置

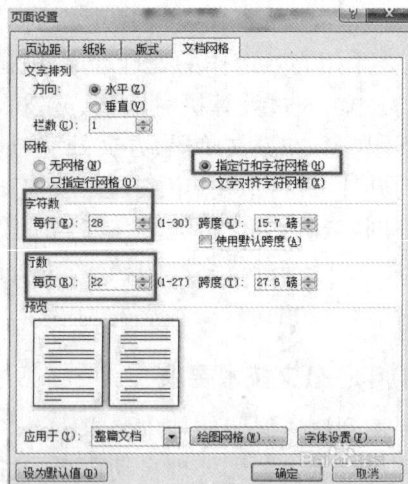

图 4.4　文档网络设置

2. 页码

（1）选择"插入""页码"，"位置"对话框设置为"页面底端（页脚）"，"对齐方式"对话框设置为"左对齐"，如图 4.5 所示。

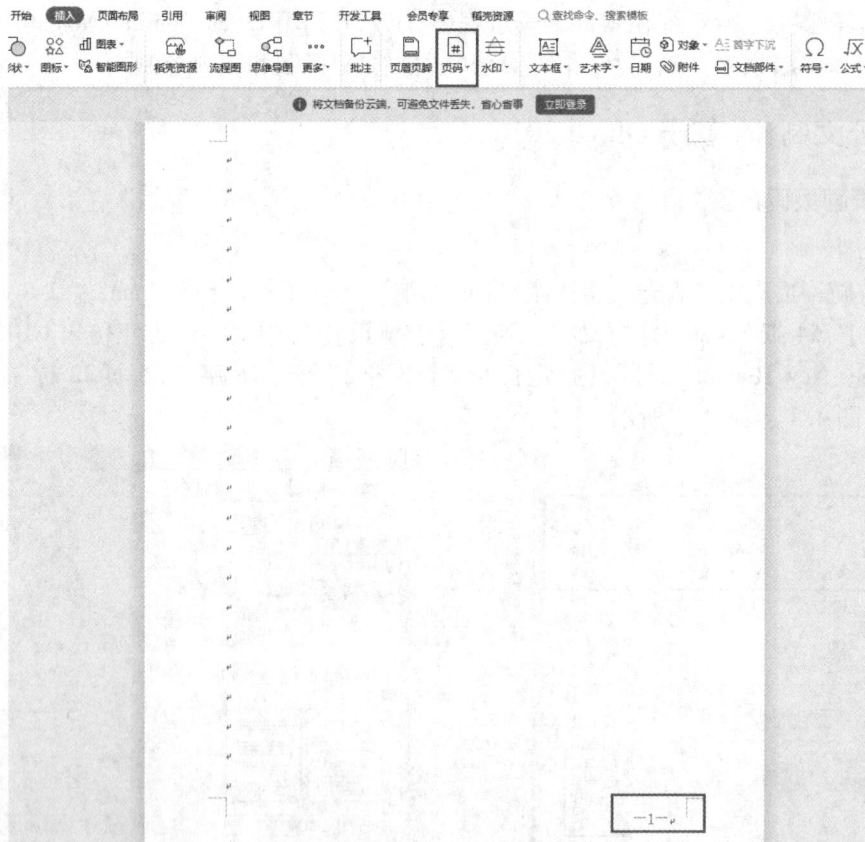

图 4.5　页码设置

(2)在页码两边各加上一条全角方式的短线,并将页码字号设置成“四号”。奇数页的页码设置成右空一个汉字,偶数页的页码设置成左空一个汉字,如图4.6所示。

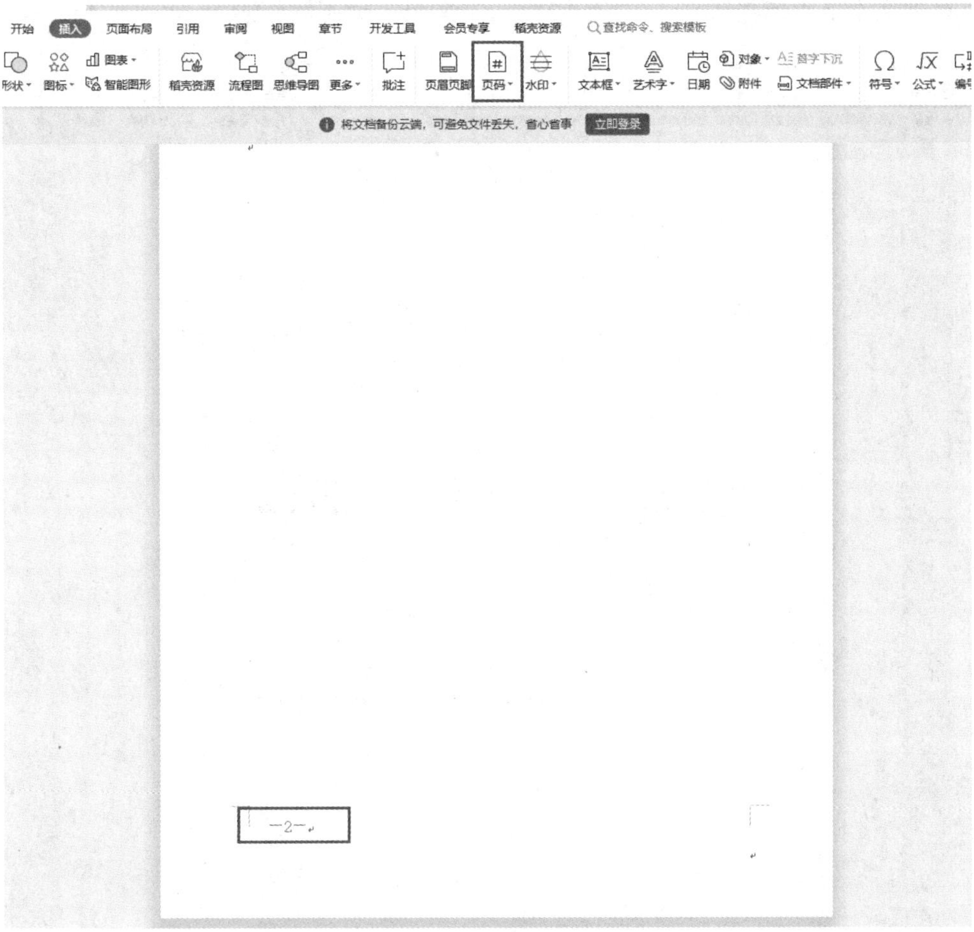

图4.6 页码设置

备注:页码设置完成后,敲击回车键到空白页查看页码是否能连续编排。

(二)版头制作

1.发文机关标志

(1)插入一个横排文本框,在文本框内输入发文机关的名称,后加“文件”二字,如“重庆××××××学院文件”。

(2)设置文本框格式。选择“形状填充”设置成“无填充颜色”,在“大小”组中将高度设置成“2 cm”,宽度设置成“15 cm”(可根据实际情况调节)。

(3)单击“对齐”按钮,选择“左右居中”。

(4)将文本框的内部边距上下左右均调为“0”。

(5)将字体颜色设置成“红色”,字体设置成“方正小标宋”(需另外安装),字号根据文本框的大小设置成相应字号,但要尽量充满该文本框。

（6）双击文本框，鼠标右键选择"其他布局选项"，【位置】水平对齐方式"居中"相对于"页边距"，垂直绝对位置"3.5 cm"，下侧"段落"，或者垂直绝对位置"7.2 cm"，下侧"上边距"，再双击文本框点击格式对齐"水平居中"，发文机关标志制作完成，如图4.7所示。

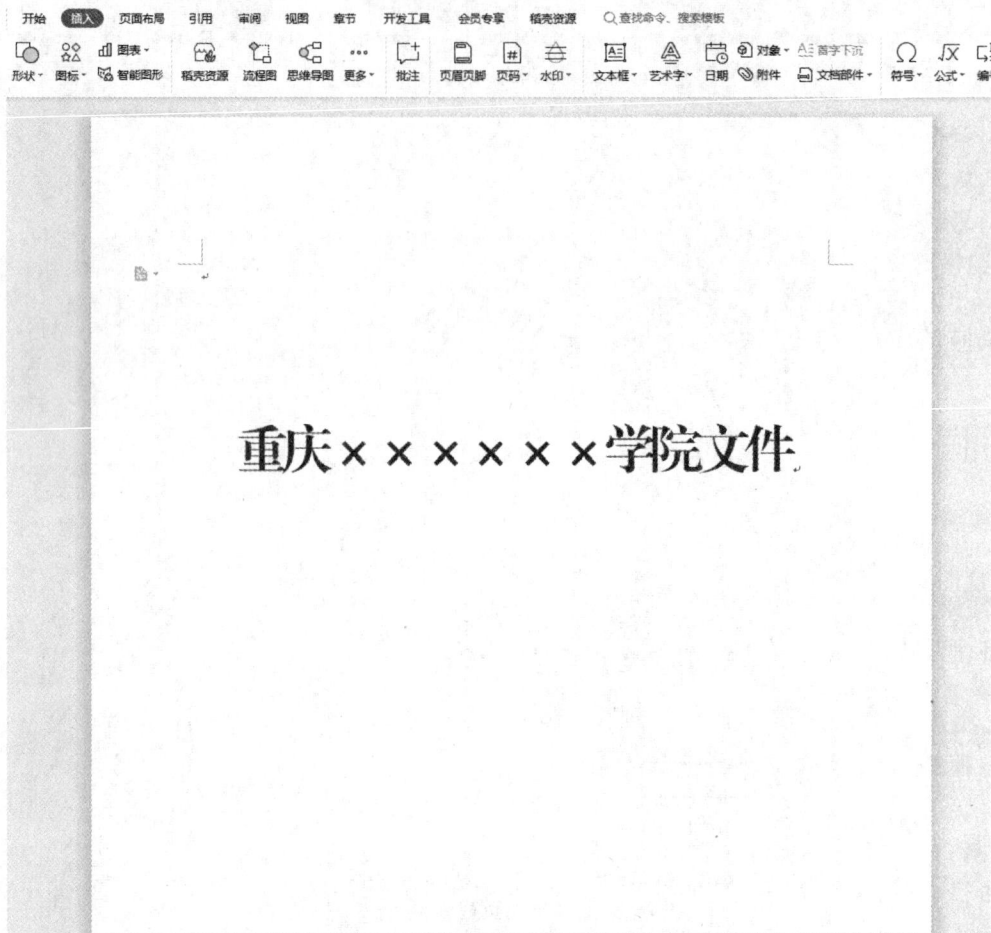

图4.7　发文机关标志

2. 发文字号和签发人

发文机关标志下空2行输入发文字号"渝×学院〔2020〕1号"，六角括号"〔〕"插入方式为：选择插入—符号—其他符号—字符代码，分别输入"3014"和"3015"，同时插入"〔""〕"。办公软件Office、WPS系列六角括号插入方式和其他符号字符代码一致。下行文发文字号居中，上行文发文字号靠左，靠右写"签发人：×××"，姓名字体为方正楷体GBK三号，发文字号左空1字符，签发人右空1字符。

3. 红色分隔线

插入—形状—直线，在发文字号字体下方画一条长4 mm的竖线，再画一条长15.6 cm的横线，双击横线设置形状格式宽度2.25磅，颜色红色，居中对齐，移动至发文字号竖线处，固定红色分割线之后删除竖线。画线时左手按住Ctrl+Shift键，同时用鼠标左键点击画线，如图4.8所示。

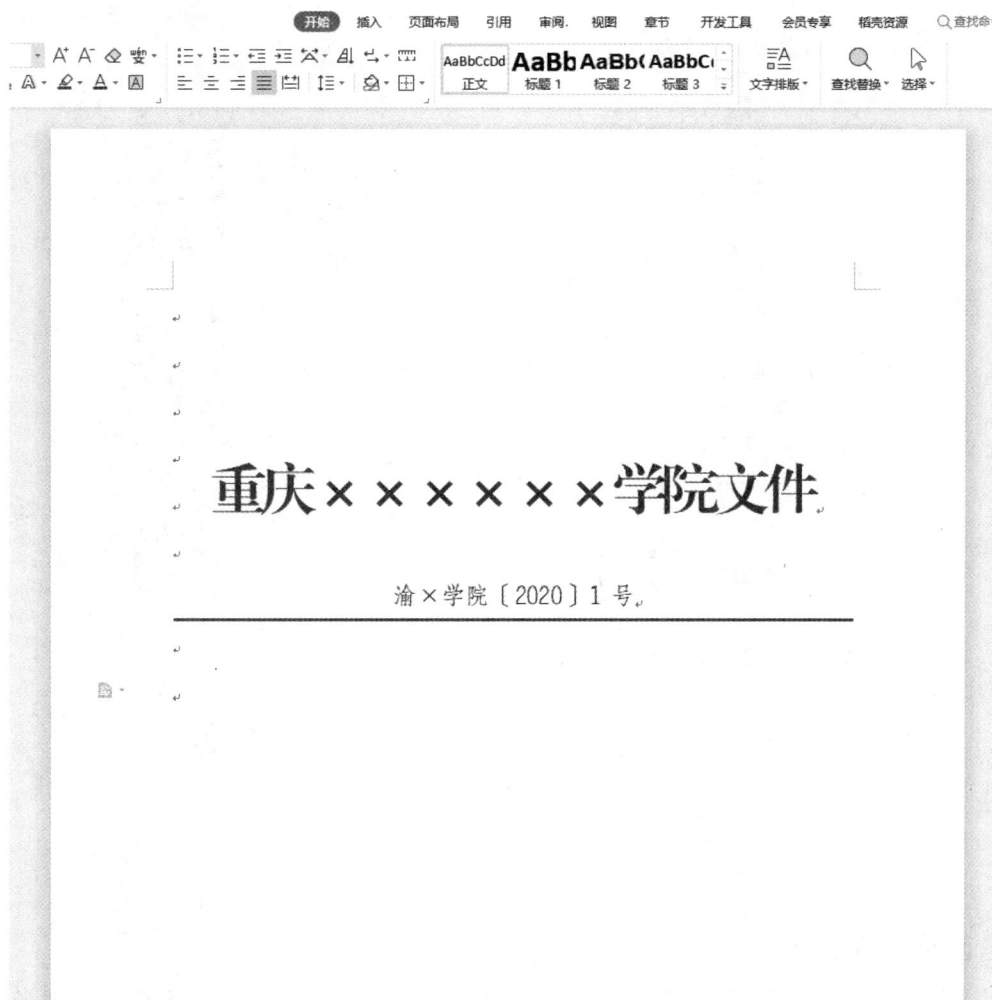

图 4.8　发文机关字号和红色分割线

（三）正文格式

正文包括标题、主送机关、主体、结束语、发文单位名称和成文日期等内容,其编排格式按《党政机关公文格式》处理。

（四）版记设计

插入—形状—直线。按住 Ctrl+Shift 键,同时用鼠标左键点击复印 3 条直线,分别为上中下直线,设置形状格式颜色均为黑色,上下宽度为 0.35 磅,中间为 0.25 磅,水平居中并对齐直角。需满足上中线能自动空行条件,才算合格,办公软件 Office Word 2016 有自动调整功能,其他办公软件需用计算机键盘上下左右键调整。抄送、印发机关左空一字排列,印发日期右空一字排列。如无抄送请删除上横线。版记位于偶数页底部。版记部分中文字用方正仿宋 GBK 四号,数字用阿拉伯数字 Times New Roman 四号,如图 4.9 所示。

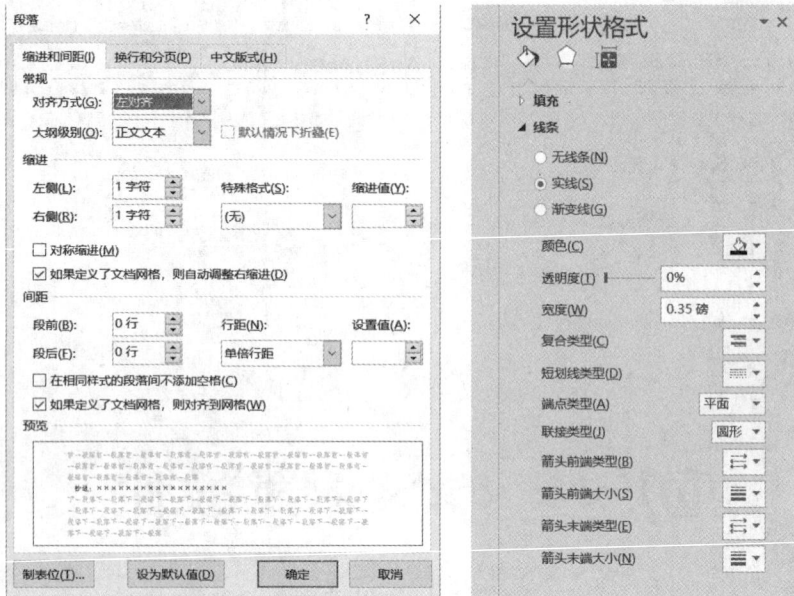

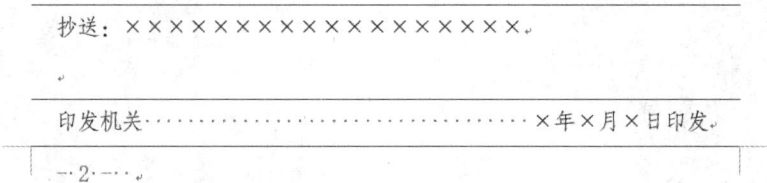

图 4.9　版记设置

三、信函格式制作

信函公文红头文件格式参考公文格式的一般红头文件的制作方法,所有步骤都先留两页空白页再进行操作。

【页码】信函格式页码首页不显示,双击页码设置首页不同,第二页仍然依序显示。

【发文机关标志】插入横向文本框,布局选项"位置",水平对齐方式"居中",相对于"页边距",垂直绝对位置"3 cm",下侧"页面",文本效果"转换—弯曲—正方形"。通过眼睛观察和打印预览显示效果,视实际情况而定。

【发文字号】发文字号位于红色分隔线下方位置居右,插入方法与一般公文格式均相同。

【红色分隔线】信函红色分隔线均在首页显示,第一条为上粗下细的红色双线,放在发文机关标志下 4 mm 处;第二条为上细下粗的红色双线,放在首页底部页脚,距离下页边 7 mm 处,设置形状格式,颜色为红色,宽度 6 磅。两条红色双线固定位置后,可以采用格式组合形式组合在一起,防止位置变动。

【主体】除标题位于发文字号下空 2 行外,主体部分格式与一般公文格式均相同。

【版记】函无版记。

发文机关编制和红色分割线对齐方式均为居中,如图 4.10 所示。

重庆安全技术服务公司

渝安技服司函〔202×〕×号

重庆安全技术服务公司
关于××××××××××××××××××的函

×××××××××××××××××××××
×××××××××××××××××××××
×××××××××××××××××××××
×××××××××××××××××××××
×××××××××××××××××××××
×××××××××××××××××××××
×××××××××××××××××××××
×××××××××××××××××××××
×××××××××××。
×××××××××××××××××××××

×××××××××××××××××××××
×××××××××××××××××××××
×××××××××××××××××××××
×××××。
×××××××××××××××××××××
×××××。

此函，盼复。

附件：1.×××××××××××
　　　2.×××××××××

重庆安全技术服务公司
201×年×月×日

（附注）

—2—

图4.10　信函格式

四、纪要格式制作

纪要格式参考公文格式的一般红头文件格式的制作方法，所有步骤都先留2页空白页再进行操作。

【页码】纪要页码格式与一般文件格式相同。

【发文机关标志】纪要发文机关标志由两部分组成。

第一部分为发文机关全称或规范化简称。布局选项"位置"，水平对齐方式"居中"，相对于"页边距"，垂直绝对位置"1 cm"，下侧"段落"，或者垂直绝对位置"4.7 cm"，下侧"上边距"，文本效果"转换—弯曲—正方形"。

第二部分为办公会议和专题会议纪要名称。布局选项"位置"，水平对齐方式"居中"，相对于"页边距"，垂直绝对位置"3.5 cm"，下侧"段落"，或者垂直绝对位置"7.2 cm"，下侧"上边距"，文本效果"转换—弯曲—正方形"。通过眼睛观察和打印预览显示效果，视实际情况而定。

【发文字号】发文字号位于发文机关标志下空1行，位置居中，插入方法均相同，如〔202×〕×号。

【发文机关和发文日期】位置在发文字号下1行，发文机关办公室居左空1字符，发文日期居右空1字符。

【红色分隔线】纪要红色分隔线在发文机关办公室和发文日期下4 mm处，设置形状格式，颜色为红色，宽度2.25磅。

【主体】除标题位于红色分隔线下空 2 行外,主体部分格式均相同。

【版记】纪要版记位于上下两条黑色 0.35 磅的直线之间,水平居中并对齐直角。需满足上下直线能自动空行条件才算合格,办公软件 Office Word 2016 有自动调整功能,其他办公软件需用电脑键盘上下左右键调整。报送机关左空 1 字符,印发份数右空 1 字符。版记位于偶数页底部。版记部分中文用方正仿宋 GBK 四号,数字用阿拉伯数字 Times New Roman 四号。

发文机关标志和红色分割线对齐方式均为居中,如图 4.11 所示。

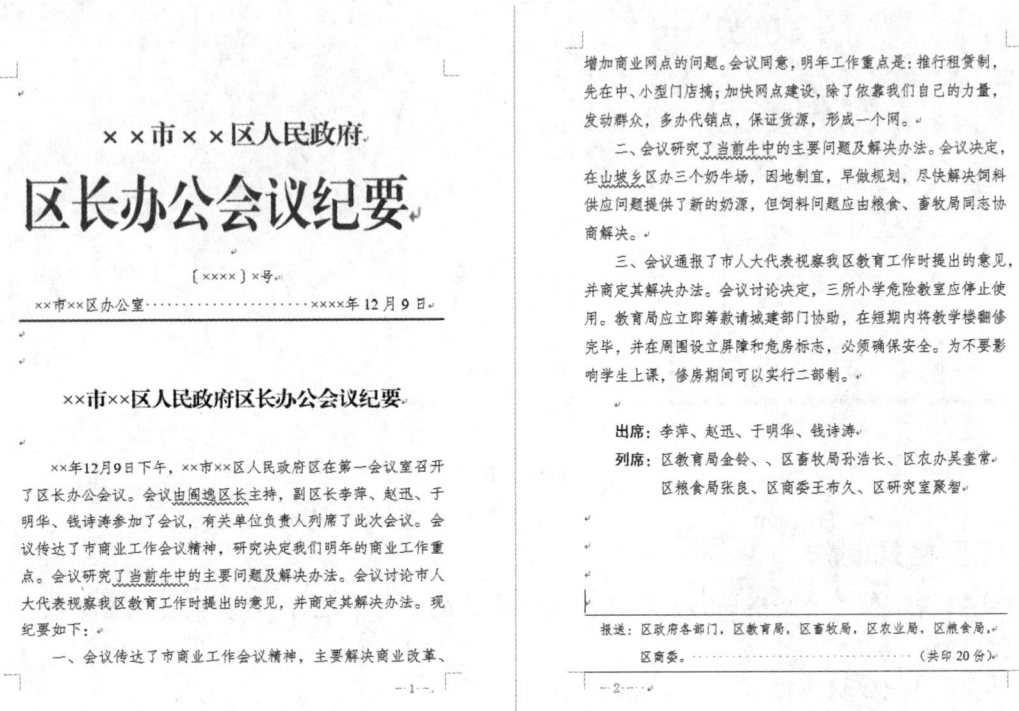

图 4.11　纪要格式

知识拓展

党政机关公文格式典型错误 20 例

实战训练

一、选择题(备选答案中至少有一个是正确的)

1.按现行规定,公文标题一般使用的字号字体是(　　)。

A.2 号黑体字　　　　B.2 号小标宋体字　　C.3 号仿宋体字　　　D.3 号楷体字

2.公文特定格式不同于一般格式,公文的特定格式除了命令格式之外,还有(　　)。

　A. 批复式格式　　　　B. 信函式格式　　　　C. 请示式格式　　　　D. 公报式格式

3.应当标注份号的公文是(　　)。

　A. 上行公文　　　　　B. 涉密公文　　　　　C. 紧急公文　　　　　D. 指令性公文

4.如无特殊说明,公文格式各要素一般用的字号字体是(　　)。

　A.3 号仿宋体字　　　B.3 号楷体字　　　　C.4 号仿宋体字　　　D.4 号楷体字

5.电子公文使用的标准纸张是(　　)。

　A. A4　　　　　　　　B. A3　　　　　　　　C. B4　　　　　　　　D. B5

二、判断题

1.公文页面设置中,页边距为:上边 37 mm、下边 35 mm、左边 28 mm、右边 26 mm。

(　)

2.信函式格式公文发文字号位置与一般公文格式一样。　　　　　　　　(　)

3.信函式格式首页不标页码。　　　　　　　　　　　　　　　　　　　(　)

4.公文版记可以放在奇数页。　　　　　　　　　　　　　　　　　　　(　)

5.公文页码位置为:奇数页靠右,偶数页靠左。　　　　　　　　　　　　(　)

第五章 科技文书

科技文书是指以科学技术为内容,以书面语言为载体的专用文书。按使用对象分,有科技论文、科技报告、科普读物、科技信息、科技新闻等。它以叙述、说明、议论为主要表达方式,总结、交流、推广、普及、传播自然科学领域内的某些现象的特征、本质、规律,对发展科学技术有着重要的影响。

任务一 毕业论文

任务驱动

结合本专业确定选题并完成毕业论文的撰写。

知识导引

一、毕业论文的概念

毕业论文是高等学校的应届毕业生毕业之际在教师的指导下,综合运用所掌握的基础理论、专门知识和技能解决本学科领域的某一具体问题,取得了创造性的结果或者有了新见解,并以此为内容撰写而成的具有一定学术价值或应用价值的议论文体。

二、毕业论文的特点

毕业论文作为一种理论性很强的议论文,首先要具备议论文的特点。同时,毕业论文作为一种学术论文,还应该具备专业性、创新性和可行性的特点。

三、毕业论文的结构及写作

国家标准局发布的《科学技术报告、学位论文和学术论文的编写格式》,对论文的编写格式规定由前置、主体、附录、结尾四部分构成。在四个部分中,作为论文编写的基本格式为前置部分和主体部分。

（一）前置部分

《科学技术报告、学位论文和学术论文的编写格式》规定,论文的前置部分应有封面、题名、序或前言、摘要、关键词、目录等主要项目。各高等院校根据实际情况,对论文的前置部分制定了相关的规定格式,学生只需根据其规定填写相关的内容即可。但前置部分中必不可少的项目有题名、署名、摘要、关键词。

1. 题名

题名又称为题目、标题,是论文的首要信息。标题是毕业论文的旗帜,要"题括文意",也就是要概括文章的内容,直接表达或提示主题,力求鲜明准确,让人一目了然。题名的制作应以最恰当、最简明的词语反映论文中最重要的特定内容的逻辑组合,题名中选定的词语概念要与内容思想统一,不宜用比喻、夸张等方式进行表达。应避免使用不常见的缩略词、首字母缩写字、字符、代号和公式等。题名应简洁、准确,一般不宜超过 20 字,可分为两行。另外,可以用副题名补充说明其特定内容。

2. 署名

毕业论文总标题下面要署上作者的真实姓名和指导老师姓名。

3. 摘要

摘要又称为提要,不是原文摘录,而是对论文内容不加注释和评论的简短陈述。摘要应具备独立性和自含性,即不阅读论文的全文,就能获得必要的信息。摘要应是一篇完整的短文,可以独立使用。

摘要中一般应说明研究工作的目的、研究方法、研究结果和最终结论等,其中重点是结果和结论部分。摘要的字数宜 200～300 字,摘要的写作一般省略人称,不用图、表、化学结构、非公知的符号和术语的方式来表达。

4. 关键词

关键词是为了文献标引工作从报告、论文中选取出来的用以表示全文主题内容信息款目的单词或术语,每篇论文选取 3～8 个关键词,以显著的字符另起一行,排在摘要的左下方,按词条外延层次(学科目录分类)由高至低顺序排列,尽量用《汉语主题词表》提供的规范词。为了便于国际交流,应标注与中文对应的英文关键词。

（二）主体部分

主体部分是毕业论文写作的核心和重点,编写格式可由作者自定,但一般由引言(或绪论)、正文、结论、致谢、参考文献等项目构成。

1. 引言

引言又称为绪论或前言,起到引导读者去领会正文内容的作用。引言应简要说明研究工作的目的、范围、相关领域的前人作品和存在的知识空白、研究设想及采用方法的预期结果或研究工作的意义。引言应言简意赅,不要与摘要雷同,不要成为摘要的注释。

2. 正文

正文是毕业论文的核心部分,占主要篇幅,可以包括调查对象、研究方法、调查结果,仪器设备、材料原料、实验和观测结果,计算方法和编程原理,数据资料、可经过加工整理的图表;形成的论点、可导出的结论等。由于研究工作涉及的学科、选题、研究方法、工作进程、结果、表达方式等有很大的差异,对正文内容不能做统一的规定,但是,必须实事求是,客观真切,准确完备,合乎逻辑,层次分明,简练可读。

毕业论文正文部分的结构层次一般采用以下三种方式。

(1)并列式:各分论点相提并论,各层次平行排列,分别从不同的角度、不同的侧面对问题加以论述,使文章呈现出一种齐头并进的局面。

(2)递进式:各分论点、各层次的内容步步深入,后一层次内容是对前一层次内容的发展,后一个分论点是对前一个分论点的深化。

(3)综合式:采用这种安排的论文往往是以某一种安排形式为主,中间掺以另一种形式。

由于不同学科的研究内容不同、方法各异,正文部分在写法上各有侧重。一般来说,理论型论文着重于论题的确定、理论的科学论证、逻辑推理以及对谬误的批驳;实证型论文着重于介绍现状,分析问题、影响及产生问题的原因,最后应针对存在的问题提出解决问题的方案;描述型论文着重于科学的观察、调查实验方法及科研结果的具体描述;综述型论文强调在客观叙述某一课题的成就、水平、情况、问题、发展趋势的基础上,进行具体的分析和评论,并提出作者的观点和建议。

3. 结论

这是论文最终的、总体的结论,应该是理论分析和实验结果的逻辑发展,而不是正文中各段小结的简单重复,也不是实验或观测结果的再次重复。结论的写作应做到准确、完整、明确、精练。如果不可能得出应有的结论,也可以没有结论而进行必要的讨论。可以在结论或讨论中提出建议、研究设想、仪器设备改进意见、尚待解决的问题等。

4. 致谢

致谢为毕业论文写作格式的选择项目,需要时才用,可以在正文后表示致谢,通常应对在毕业论文写作中给予帮助、指导、提供便利条件的单位或个人表示感谢。

5. 参考文献

在所写毕业论文中,凡引用了别人的文章、数据、图片等文献资料作为参考,均应在参考文献列表中列出被参考文献的相关信息。毕业论文的参考文献按照《信息与文献——参考文献著录规则》(GB/T 7714—2015)的规定执行。

四、毕业论文的写作步骤

毕业论文的写作过程是一个系统学习、专题研究、最终把研究导入更科学、更清晰、更有条理的完善境界的过程。其写作步骤如下。

(一)选题

选题就是确定论文的研究方向,是作者在系统学习理论的基础上选择研究对象和范围,确定论文的角度和切入口。选题是毕业论文写作的第一步,是论文写作成败的关键。一般说来,确定选题既要考虑培养要求,又要量力而行。

毕业论文的选题通常有三种方式:一是教师命题,一般由专业教师根据专业具体情况报订一些论文题目,学生可从中选择适合自己的题目;二是引导性命题,由指导教师在了解学生具体情况的基础上,引导学生选定较为适宜的论文题目;三是自选题,由学生在所学专业领域内,自主选择论文题目。

1.选题原则

毕业论文的选题要遵循以下原则:一是可行性原则;二是创新性原则;三是实用性原则;四是合理性原则。

2.毕业论文选题的主要方法

(1)从社会实践中选题。从实习或实践中发现问题进行选题,在平常的生活、工作中,我们总会遇到一些应解决却未能解决的问题。这些问题的范围非常之广,有的是自己难以驾驭的。我们必须选择适合自己的、社会普遍关心的热点、难点、焦点问题进行论文的写作。这样的选题,我们能够运用自己所学的理论知识对其进行分析、判断、推理,找到事物的内部关联规律性,提出自己的见解,探讨解决问题的方法。这是很有意义的。

(2)从文献资料中挖掘。学术问题总是在前人的基础上得到启发,在纠正别人谬误的过程中得到更新。毕业论文的选题能够对前人的课题进行补充或纠正,只要自圆其说即可。

(3)开发个性思维。兴趣是最好的老师。术业有专攻,人各有偏好。选题时一定要量力而行,从自己的专业着手,充分考虑所选方向与自己的知识结构、素质结构及写作水平相契合,避免"眼高手低"。一般地说,要用限制的方法,逐步缩小课题的外延,直至适合自己的目标。

(4)老师指导拟订。在指导老师的指导、布置下选定研究方向和论文题目,这样能少走弯路,利于顺利完成。

(二)收集、选择材料

毕业论文的选材就是通过各种途径、方法,去收集、选取与课题相关的理论、资料和数据。充分搜集资料,是撰写毕业论文的基础。

根据与论文的关系,材料可分为三类:核心材料,即研究对象本身的材料;背景材料,即对核心材料起参照、比较深化作用的材料,包括已有的研究成果材料和相关的参照材料;理论材料,即具有方法论意义的材料。

资料收集的途径主要有:文献、实地调查、科学实验和科学观察。

(三)整理研究材料,确立观点

论文写作不是堆积资料,而是写作者运用科学、系统的方法和理论,对搜集的资料进行分类、优选,然后进行分析、研究,从而发现问题,发现规律,提出新的、有价值的观点。这是论文撰写的关键所在,这一步直接决定论文水平的高低。

资料分类的方法主要有观点分类法和项目分类法。

分析研究资料,就是要求对整理后的全部资料和数据加以科学的分析、比较、归纳和综合,进行去粗取精、去伪存真的工作,以便从中筛选出可供论文作依据的材料,从而得出论点。论点正是从充分研究大量资料中确定的,而不是凭空捏造的。

(四)编写提纲

编写提纲是作者从整体上编写论文的篇章结构,立足论文全篇,及时发现原有设想可能存在的疏漏之处与薄弱环节,以便及时采取补救措施。

1. 提纲的形式

论文提纲的形式多种多样,一般可分为简单提纲和详细提纲两种。

2. 编写提纲的步骤

(1)初步确定论文的标题。

(2)确定论文的中心思想,写出主题句子。

(3)确定论文的总体框架,安排有关论点的次序。

(4)确定大的层次段落,确定每个段落的主旨句。

(5)填充材料,即每段选用哪些材料,按自己的习惯写法表示所选用材料的名称、页码、顺序。

(6)检查、修改提纲。

(五)撰写成文

提纲拟订之后,接下来就要进入具体的行文写作了。拟订提纲时,主要考虑的是如何构建论文的骨架,如何安排论文的逻辑关系和具体环节。待执笔写作时,更多考虑的则是如何按照毕业论文的写作格式恰当地使用材料,如何运用多种论证方法严谨而又充分地论述自己的观点。

执笔写作就承接论文提纲而言,常见的方式有两种。一种是按照提纲的顺序依次写作。论文的提纲就是行文写作的脉络,按照拟订的提纲顺序,逐步推进,或一气呵成再修改,或边写边思考边修改。另一种是各个击破。根据论文提纲的逻辑关系,把论文分成若干个相对独立的部分,从自己感觉准备最充分的部分开始动笔,一部分一部分地完成初稿,最后再统筹兼顾,全文贯通,构成有机整体。

(六)修改定稿

论文修改可以从以下几个方面考虑:一是检查观点;二是验证论据;三是检查结构;四是检查语句;五是检查格式。

五、毕业论文的格式规范

各个学校对毕业论文的格式都有明确的规范性要求,一般是依据《学位论文编写规则》(GB/T 7713.1—2006)、《信息与文献——参考文献著录规则》(GB/T 7714—2015)等国家标准制定的。

(一)各级标题的层级规范

第2章　××××

2.1　××××

2.1.1 ××××

2.1.2 ××××

2.2 ××××

2.2.1 ××××

2.2.2 ××××

2.3 ××××

……

(二)字体和段落排版规范

毕业论文应采用国家正式公布实施的简化汉字,以中文或英文为主来撰写,其他外语类专业除外。

正文的中文字体使用宋体,英文字体采用新罗马字体(Times New Roman)。论文各部分的字号大小和段落行间距需按所在学校的论文格式要求进行排版。

数学公式和专门文字(如计算机程序代码、国际音标等),这些内容的字体可根据需要进行选择。

(三)引文方式与引用标注规范

毕业论文中的引文标注是尊重他人研究成果的一种体现。引用时,不能断章取义,且须核对无误;引文的出处要规范标注。毕业论文对引文的标注一般采用文末注的形式,也就是在参考文献部分将引用的文献按照一定的方式排列出来。引用标注方式有两种:一种是顺序编码制;一种是著者-出版年制。

知识拓展

毕业论文怎么写

实战训练

一、判断题

1.毕业设计即使有参考,也可以不写参考文献。 ( )

2.毕业论文的标题是论文的重要组成部分,是论文内容的高度概括。论文标题要求准确、简练、醒目、新颖。 ( )

二、选择题(备选答案中至少有一个是正确的)

1.毕业论文的结构和一般学术论文大体相同,( )不是毕业论文的必要组成部分。

A. 正文 　　　　B. 摘要 　　　　C. 参考文献 　　　　D. 总结

2. 毕业设计报告本质上属于(　　),主要考查学生工程设计的能力。

A. 经济应用文 　　B. 科技论文 　　C. 事务文书 　　D. 法律事务文书

任务二　实习报告

任务驱动

请根据自己的实习经历写一份实习报告。

知识导引

一、实习报告的概念

实习是指学生在校期间,到实习单位的具体岗位上参与实践工作的一个教学环节,目的是理论联系实际,更好地学习理解科学文化知识,为走向工作岗位做好准备,以尽快适应社会需求。

实习报告是学生向学校汇报自己实习的过程、收获和心得体会的书面文体。

二、实习报告的特点

(一)实践性

实习是教学过程中非常重要的环节,是学生将理论知识转化为实践经验,提前适应就业岗位所做的重要准备。因此,作为实习的成果,实习报告要体现实践性。

(二)专业性

实习报告反映的是学生对专业知识的系统运用和转化,体现的是学生对专业知识的掌握程度和运用能力,因此,实习报告要体现出较强的专业性。

三、实习报告的结构

实习报告没有固定写法,每个学校对实习报告的要求也不尽相同,一般由前置、正文、结尾三部分组成。

(一)前置部分

前置部分一般包括封面和目录。封面一般包括标题、作者姓名、指导老师、专业、班级等信息。

实习报告的标题一般有以下几种写法。

1. 完整式标题

完整式标题由实习时间、实习单位、实习事由和文种组成，如《2020 年××公司药品检测员实习报告》。

2. 省略式标题

省略式标题由实习事由、文种组成，如《药品生物技术专业实习报告》，也可以直接用文种名称，即《实习报告》。

（二）正文部分

实习报告的正文一般包括前言和主体。主体是正文的核心部分。

1. 前言

实习报告的前言通常交代实习概况，包括实习单位、时间、地点、任务、个人简单介绍、个人总体表现等。

2. 主体

主体因实习的过程不同而异，但都要求说明以下几个方面。

（1）实习的目的。这部分主要回答两个问题：一是为什么来实习；二是想达到怎样的实习目的。

（2）实习的任务和过程。即实习完成的情况。要详细交代参加了哪些工作，了解、掌握了哪些知识、技能，取得了什么成果。

（3）实习心得体会。最好能结合事例说明自己的收获，突出自己学到了什么，取得了哪些成果，还有哪些不足。

（三）结尾部分

结尾部分可以用简短的语言点出这次实习的意义和今后努力的方向。

例文赏析

会计专业的实习报告

2019 级会计 3 班叶子

为期近一个月的会计实习已接近尾声了，这次的实习是对我们专业知识的一种检验，对我而言，受益匪浅。

刚开始进行的是填制凭证的工作。由于以前有过几次简单的实践经验，因此对于凭证也就一扫而过，总以为凭着记忆加上学校里学的理论对于区区原始凭证可以熟练掌握，也就是这种浮躁的态度让我忽视了会计循环的基石——会计分录，以至于后来制单时有点手足无措。会计分录在书本上可以学习，可一些银行账单、汇票、发票联等就要靠实习时才能真正接触，从而有了更深刻的印象。别以为光是认识就行了，还要把所有的单据按月按日分门别类,并把每笔业务的单据整理好,并装订好,才能为记账做好准备。

填制好凭证之后就进入记账程序了。虽说记账看上去有点像小学生都会做的事,可重复量如此大的工作如果没有一定的耐心和细心是很难胜任的,因为一出错并不是随便用笔涂了或橡皮擦了就算了,每一个步骤会计制度都是有严格要求的。例如写错数字就要用红笔画横线,再用钢笔在上面更正。而写错摘要栏,则可以用蓝笔画横线并在旁边写上正确的摘要。平常我们写字总觉得写正中好看,可摘要却不行,一定要靠左写,不能空格,这样就是为了防止摘要栏被人任意篡改。对于数字的书写也有严格要求,字迹一定清晰清秀,按格填写,不能东倒西歪。并且记账时要清楚每一明细分录及总账名称,不能乱写,否则总账的借贷双方就不能结平了。如此烦琐的程序让我不敢有丁点儿马虎,这并不是做作业时或考试时出错了就扣分而已,而是关乎一个企业的账务,是企业以后制订发展计划的依据。

所有的账记好了,接下来就结账,每一账页要结一次,每个月也要结一次,所谓月清月结就是这个意思。结账最麻烦的就是结算期间费用和税费了,敲计算机都敲到手酸,而且一不留神就会出错,要复查两三次才行。一开始我以为只要掌握了计算公式敲计算机这样的小事就不在话下了,可就是因为粗心大意反而算错了不少数据,好在同组的同学要我先用铅笔写数据,否则真不知道要把账本涂改成什么样子。

从制单到记账的整个过程基本上了解个大概后,就要认真结合书本知识总结一下手工做账到底是怎么一回事。通过实习资料教程,对每一种银行账单的样式和填写方式,以及什么时候才能使用这种账单有了基本认识,以后学习起来就会更得心应手。其实课本上学的知识都是最基本的知识,不管现实情况怎样变化,抓住了最基本的就可以以不变应万变。如今有不少学生实习时都觉得课堂上学的知识用不上,出现挫折感,可我觉得,要是没有书本知识做铺垫,又哪能应付瞬息万变的社会呢?

经过这些天的实习,使我对会计工作有了更进一步的认识,在取得实效的同时,我也在实习过程中发现了自身的一些不足。比如自己不够细心,经常看错或抄错数字,导致核算结果出错,引起不必要的麻烦;在编制会计分录方面还不够熟练,今后还得加强练习。总而言之,这次的会计实习让我学到了许多在课堂上学不到的知识,在实践中巩固了知识,也为我今后走向社会奠定了坚实的基础。

【例文评析】

这是一篇会计专业学生的实习报告。这篇实习报告比较完整地反映了该学生实习的过程和心得体会。文中第一部分介绍了目的,紧接着介绍了实习任务的完成情况以及在实习过程中取得的成绩与不足,最后一部分介绍了收获和体会以及今后努力的方向。整篇实习报告中心明确,层次井然,语言清晰明确。

实战训练

一、判断题

1. 实习报告的特点是自我性、专业性、概括性。 (   )

2.实习报告的开头部分用高度概括的语言介绍实习时间、地点、实习单位及岗位和实习任务、目的,要求详略得当、重点突出,着重介绍实习岗位。 （　　　）

二、**选择题**（备选答案中至少有一个是正确的）

1.实习报告是学生在某项实习活动中,除了实习目的、实习时间、实习地点、实习单位和部门、实习过程用简洁语言写成的书面报告外,还可以加(　　　)内容。

　　A.实习体会和收获　 B.实习心情　　　　　 C.实习工资　　　　 D. 人际关系

2.下列实习报告标题错误的是(　　　)。

　　A.《旅游管理学科毕业实习报告》

　　B.《采矿工程实习报告》

　　C.《业务拓展实习报告》

　　D.《利用软件工程解决信息拥塞问题——实习报告》

附　录

附录一

党政机关公文处理工作条例

第一章　总　则

第一条　为了适应中国共产党机关和国家行政机关（以下简称党政机关）工作需要，推进党政机关公文处理工作科学化、制度化、规范化，制定本条例。

第二条　本条例适用于各级党政机关公文处理工作。

第三条　党政机关公文是党政机关实施领导、履行职能、处理公务的具有特定效力和规范体式的文书，是传达贯彻党和国家方针政策，公布法规和规章，指导、布置和商洽工作，请示和答复问题，报告、通报和交流情况等的重要工具。

第四条　公文处理工作是指公文拟制、办理、管理等一系列相互关联、衔接有序的工作。

第五条　公文处理工作应当坚持实事求是、准确规范、精简高效、安全保密的原则。

第六条　各级党政机关应当高度重视公文处理工作，加强组织领导，强化队伍建设，设立文秘部门或者由专人负责公文处理工作。

第七条　各级党政机关办公厅（室）主管本机关的公文处理工作，并对下级机关的公文处理工作进行业务指导和督促检查。

第二章　公文种类

第八条　公文种类主要有：

（一）决议。适用于会议讨论通过的重大决策事项。

（二）决定。适用于对重要事项作出决策和部署、奖惩有关单位和人员、变更或者撤销下级机关不适当的决定事项。

（三）命令（令）。适用于公布行政法规和规章、宣布施行重大强制性措施、批准授予和晋升衔级、嘉奖有关单位和人员。

（四）公报。适用于公布重要决定或者重大事项。

（五）公告。适用于向国内外宣布重要事项或者法定事项。

（六）通告。适用于在一定范围内公布应当遵守或者周知的事项。

（七）意见。适用于对重要问题提出见解和处理办法。

（八）通知。适用于发布、传达要求下级机关执行和有关单位周知或者执行的事项，批转、转发公文。

（九）通报。适用于表彰先进、批评错误、传达重要精神和告知重要情况。

（十）报告。适用于向上级机关汇报工作、反映情况，回复上级机关的询问。

（十一）请示。适用于向上级机关请求指示、批准。

（十二）批复。适用于答复下级机关请示事项。

（十三）议案。适用于各级人民政府按照法律程序向同级人民代表大会或者人民代表大会常务委员会提请审议事项。

（十四）函。适用于不相隶属机关之间商洽工作、询问和答复问题、请求批准和答复审批事项。

（十五）纪要。适用于记载会议主要情况和议定事项。

第三章　公文格式

第九条　公文一般由份号、密级和保密期限、紧急程度、发文机关标志、发文字号、签发人、标题、主送机关、正文、附件说明、发文机关署名、成文日期、印章、附注、附件、抄送机关、印发机关和印发日期、页码等组成。

（一）份号。公文印制份数的顺序号。涉密公文应当标注份号。

（二）密级和保密期限。公文的秘密等级和保密的期限。涉密公文应当根据涉密程度分别标注"绝密""机密""秘密"和保密期限。

（三）紧急程度。公文送达和办理的时限要求。根据紧急程度，紧急公文应当分别标注"特急""加急"，电报应当分别标注"特提""特急""加急""平急"。

（四）发文机关标志。由发文机关全称或者规范化简称加"文件"二字组成，也可以使用发文机关全称或者规范化简称。联合行文时，发文机关标志可以并用联合发文机关名称，也可以单独用主办机关名称。

（五）发文字号。由发文机关代字、年份、发文顺序号组成。联合行文时，使用主办机关的发文字号。

（六）签发人。上行文应当标注签发人姓名。

（七）标题。由发文机关名称、事由和文种组成。

（八）主送机关。公文的主要受理机关，应当使用机关全称、规范化简称或者同类型机关统称。

（九）正文。公文的主体，用来表述公文的内容。

（十）附件说明。公文附件的顺序号和名称。

（十一）发文机关署名。署发文机关全称或者规范化简称。

（十二）成文日期。署会议通过或者发文机关负责人签发的日期。联合行文时，署最后签发机关负责人签发的日期。

（十三）印章。公文中有发文机关署名的,应当加盖发文机关印章,并与署名机关相符。有特定发文机关标志的普发性公文和电报可以不加盖印章。

（十四）附注。公文印发传达范围等需要说明的事项。

（十五）附件。公文正文的说明、补充或者参考资料。

（十六）抄送机关。除主送机关外需要执行或者知晓公文内容的其他机关,应当使用机关全称、规范化简称或者同类型机关统称。

（十七）印发机关和印发日期。公文的送印机关和送印日期。

（十八）页码。公文页数顺序号。

第十条　公文的版式按照《党政机关公文格式》国家标准执行。

第十一条　公文使用的汉字、数字、外文字符、计量单位和标点符号等,按照有关国家标准和规定执行。民族自治地方的公文,可以并用汉字和当地通用的少数民族文字。

第十二条　公文用纸幅面采用国际标准 A4 型。特殊形式的公文用纸幅面,根据实际需要确定。

第四章　行文规则

第十三条　行文应当确有必要,讲求实效,注重针对性和可操作性。

第十四条　行文关系根据隶属关系和职权范围确定。一般不得越级行文,特殊情况需要越级行文的,应当同时抄送被越过的机关。

第十五条　向上级机关行文,应当遵循以下规则:

（一）原则上主送一个上级机关,根据需要同时抄送相关上级机关和同级机关,不抄送下级机关。

（二）党委、政府的部门向上级主管部门请示、报告重大事项,应当经本级党委、政府同意或者授权;属于部门职权范围内的事项应当直接报送上级主管部门。

（三）下级机关的请示事项,如需以本机关名义向上级机关请示,应当提出倾向性意见后上报,不得原文转报上级机关。

（四）请示应当一文一事。不得在报告等非请示性公文中夹带请示事项。

（五）除上级机关负责人直接交办事项外,不得以本机关名义向上级机关负责人报送公文,不得以本机关负责人名义向上级机关报送公文。

（六）受双重领导的机关向一个上级机关行文,必要时抄送另一个上级机关。

第十六条　向下级机关行文,应当遵循以下规则:

（一）主送受理机关,根据需要抄送相关机关。重要行文应当同时抄送发文机关的直接上级机关。

（二）党委、政府的办公厅(室)根据本级党委、政府授权,可以向下级党委、政府行文,其他部门和单位不得向下级党委、政府发布指令性公文或者在公文中向下级党委、政府提出指令性要求。需经政府审批的具体事项,经政府同意后可以由政府职能部门行文,文中须注明已经政府同意。

（三）党委、政府的部门在各自职权范围内可以向下级党委、政府的相关部门行文。

（四）涉及多个部门职权范围内的事务,部门之间未协商一致的,不得向下行文;擅自行文的,上级机关应当责令其纠正或者撤销。

（五）上级机关向受双重领导的下级机关行文,必要时抄送该下级机关的另一个上级机关。

第十七条　同级党政机关、党政机关与其他同级机关必要时可以联合行文。属于党委、政府各自职权范围内的工作,不得联合行文。

党委、政府的部门依据职权可以相互行文。

部门内设机构除办公厅(室)外不得对外正式行文。

第五章　公文拟制

第十八条　公文拟制包括公文的起草、审核、签发等程序。

第十九条　公文起草应当做到:

（一）符合国家法律法规和党的路线方针政策,完整准确体现发文机关意图,并同现行有关公文相衔接。

（二）一切从实际出发,分析问题实事求是,所提政策措施和办法切实可行。

（三）内容简洁,主题突出,观点鲜明,结构严谨,表述准确,文字精练。

（四）文种正确,格式规范。

（五）深入调查研究,充分进行论证,广泛听取意见。

（六）公文涉及其他地区或者部门职权范围内的事项,起草单位必须征求相关地区或者部门意见,力求达成一致。

（七）机关负责人应当主持、指导重要公文起草工作。

第二十条　公文文稿签发前,应当由发文机关办公厅(室)进行审核。审核的重点是:

（一）行文理由是否充分,行文依据是否准确。

（二）内容是否符合国家法律法规和党的路线方针政策;是否完整准确体现发文机关意图;是否同现行有关公文相衔接;所提政策措施和办法是否切实可行。

（三）涉及有关地区或者部门职权范围内的事项是否经过充分协商并达成一致意见。

（四）文种是否正确,格式是否规范;人名、地名、时间、数字、段落顺序、引文等是否准确;文字、数字、计量单位和标点符号等用法是否规范。

（五）其他内容是否符合公文起草的有关要求。

需要发文机关审议的重要公文文稿,审议前由发文机关办公厅(室)进行初核。

第二十一条　经审核不宜发文的公文文稿,应当退回起草单位并说明理由;符合发文条件但内容需作进一步研究和修改的,由起草单位修改后重新报送。

第二十二条　公文应当经本机关负责人审批签发。重要公文和上行文由机关主要负责人签发。党委、政府的办公厅(室)根据党委、政府授权制发的公文,由受权机关主要负责人签发或者按照有关规定签发。签发人签发公文,应当签署意见、姓名和完整日期;圈阅或者签名的,视为同意。联合发文由所有联署机关的负责人会签。

第六章　公文办理

第二十三条　公文办理包括收文办理、发文办理和整理归档。

第二十四条　收文办理主要程序是：

（一）签收。对收到的公文应当逐件清点，核对无误后签字或者盖章，并注明签收时间。

（二）登记。对公文的主要信息和办理情况应当详细记载。

（三）初审。对收到的公文应当进行初审。初审的重点是：是否应当由本机关办理，是否符合行文规则，文种、格式是否符合要求，涉及其他地区或者部门职权范围内的事项是否已经协商、会签，是否符合公文起草的其他要求。经初审不符合规定的公文，应当及时退回来文单位并说明理由。

（四）承办。阅知性公文应当根据公文内容、要求和工作需要确定范围后分送。批办性公文应当提出拟办意见报本机关负责人批示或者转有关部门办理；需要两个以上部门办理的，应当明确主办部门。紧急公文应当明确办理时限。承办部门对交办的公文应当及时办理，有明确办理时限要求的应当在规定时限内办理完毕。

（五）传阅。根据领导批示和工作需要将公文及时送传阅对象阅知或者批示。办理公文传阅应当随时掌握公文去向，不得漏传、误传、延误。

（六）催办。及时了解掌握公文的办理进展情况，督促承办部门按期办结。紧急公文或者重要公文应当由专人负责催办。

（七）答复。公文的办理结果应当及时答复来文单位，并根据需要告知相关单位。

第二十五条　发文办理主要程序是：

（一）复核。已经发文机关负责人签批的公文，印发前应当对公文的审批手续、内容、文种、格式等进行复核；需作实质性修改的，应当报原签批人复审。

（二）登记。对复核后的公文，应当确定发文字号、分送范围和印制份数并详细记载。

（三）印制。公文印制必须确保质量和时效。涉密公文应当在符合保密要求的场所印制。

（四）核发。公文印制完毕，应当对公文的文字、格式和印刷质量进行检查后分发。

第二十六条　涉密公文应当通过机要交通、邮政机要通信、城市机要文件交换站或者收发件机关机要收发人员进行传递，通过密码电报或者符合国家保密规定的计算机信息系统进行传输。

第二十七条　需要归档的公文及有关材料，应当根据有关档案法律法规以及机关档案管理规定，及时收集齐全、整理归档。两个以上机关联合办理的公文，原件由主办机关归档，相关机关保存复制件。机关负责人兼任其他机关职务的，在履行所兼职务过程中形成的公文，由其兼职机关归档。

第七章　公文管理

第二十八条　各级党政机关应当建立健全本机关公文管理制度，确保管理严格规范，充分发挥公文效用。

第二十九条　党政机关公文由文秘部门或者专人统一管理。设立党委（党组）的县级以上单位应当建立机要保密室和机要阅文室，并按照有关保密规定配备工作人员和必要的安全保密设施设备。

第三十条　公文确定密级前，应当按照拟定的密级先行采取保密措施。确定密级后，应当按照所定密级严格管理。绝密级公文应当由专人管理。

公文的密级需要变更或者解除的,由原确定密级的机关或者其上级机关决定。

第三十一条　公文的印发传达范围应当按照发文机关的要求执行;需要变更的,应当经发文机关批准。

涉密公文公开发布前应当履行解密程序。公开发布的时间、形式和渠道,由发文机关确定。

经批准公开发布的公文,同发文机关正式印发的公文具有同等效力。

第三十二条　复制、汇编机密级、秘密级公文,应当符合有关规定并经本机关负责人批准。绝密级公文一般不得复制、汇编,确有工作需要的,应当经发文机关或者其上级机关批准。复制、汇编的公文视同原件管理。复制件应当加盖复制机关戳记。翻印件应当注明翻印的机关名称、日期。汇编本的密级按照编入公文的最高密级标注。汇编,确有工作需要的,应当经发文机关或者其上级机关批准。复制、汇编的公文视同原件管理。

复制件应当加盖复制机关戳记。翻印件应当注明翻印的机关名称、日期。汇编本的密级按照编入公文的最高密级标注。

第三十三条　公文的撤销和废止,由发文机关、上级机关或者权力机关根据职权范围和有关法律法规决定。公文被撤销的,视为自始无效;公文被废止的,视为自废止之日起失效。

第三十四条　涉密公文应当按照发文机关的要求和有关规定进行清退或者销毁。

第三十五条　不具备归档和保存价值的公文,经批准后可以销毁。销毁涉密公文必须严格按照有关规定履行审批登记手续,确保不丢失、不漏销。个人不得私自销毁、留存涉密公文。

第三十六条　机关合并时,全部公文应当随之合并管理;机关撤销时,需要归档的公文经整理后按照有关规定移交档案管理部门。

工作人员离岗离职时,所在机关应当督促其将暂存、借用的公文按照有关规定移交、清退。

第三十七条　新设立的机关应当向本级党委、政府的办公厅(室)提出发文立户申请。经审查符合条件的,列为发文单位,机关合并或者撤销时,相应进行调整。

第八章　附　则

第三十八条　党政机关公文含电子公文。电子公文处理工作的具体办法另行制定。

第三十九条　法规、规章方面的公文,依照有关规定处理。外事方面的公文,依照外事主管部门的有关规定处理。

第四十条　其他机关和单位的公文处理工作,可以参照本条例执行。

第四十一条　本条例由中共中央办公厅、国务院办公厅负责解释。

第四十二条　本条例自 2012 年 7 月 1 日起施行。1996 年 5 月 3 日中共中央办公厅发布的《中国共产党机关公文处理条例》和 2000 年 8 月 24 日国务院发布的《国家行政机关公文处理办法》停止执行。

附录二

党政机关公文格式（GB/T 9704—2012）

前 言

本标准按照 GB/T 1.1—2009 给出的规则起草。

本标准根据中共中央办公厅、国务院办公厅印发的《党政机关公文处理工作条例》的有关规定对 GB/T 9704—1999《国家行政机关公文格式》进行修订。本标准相对 GB/T 9704—1999 主要作如下修订：

a）标准名称改为《党政机关公文格式》，标准英文名称也作相应修改；

b）适用范围扩展到各级党政机关制发的公文；

c）对标准结构进行适当调整；

d）对公文装订要求进行适当调整；

e）增加发文机关署名和页码两个公文格式要素，删除主题词格式要素，并对公文格式各要素的编排进行较大调整；

f）进一步细化特定格式公文的编排要求；

g）新增联合行文公文首页版式、信函格式首页、命令（令）格式首页版式等式样。

本标准中公文用语与《党政机关公文处理工作条例》中的用语一致。

本标准为第二次修订。

本标准由中共中央办公厅和国务院办公厅提出。

本标准由中国标准化研究院归口。

本标准起草单位：中国标准化研究院、中共中央办公厅秘书局、国务院办公厅秘书局、中国标准出版社。

本标准主要起草人：房庆、杨雯、郭道锋、孙维、马慧、张书杰、徐成华、范一乔、李玲。

本标准代替了 GB/T 9704—1999。

GB/T 9704—1999 的历次版本发布情况为：

——GB/T 9704—1988。

党政机关公文格式

1 范围

本标准规定了党政机关公文通用的纸张要求、排版和印制装订要求、公文格式各要素的编排规则，并给出了公文的式样。

本标准适用于各级党政机关制发的公文。其他机关和单位的公文可以参照执行。

使用少数民族文字印制的公文，其用纸、幅面尺寸及版面、印制等要求按照本标准执行，其余可以参照本标准并按照有关规定执行。

2 规范性引用文件

下列文件对于本标准的应用是必不可少的。凡是注日期的引用文件,仅所注日期的版本适用于本标准。凡是不注日期的引用文件,其最新版本(包括所有的修改单)适用于本标准。

GB/T 148 印刷、书写和绘图纸幅面尺寸

GB 3100 国际单位制及其应用

GB 3101 有关量、单位和符号的一般原则

GB 3102(所有部分) 量和单位

GB/T 15834 标点符号用法

GB/T 15835 出版物上数字用法

3 术语和定义

下列术语和定义适用于本标准。

3.1

字 word

标示公文中横向距离的长度单位。在本标准中,一字指一个汉字宽度的距离。

3.2

行 line

标示公文中纵向距离的长度单位。在本标准中,一行指一个汉字的高度加 3 号汉字高度的 7/8 的距离。

4 公文用纸主要技术指标

公文用纸一般使用纸张定量为 $60 \sim 80$ g/m^2 的胶版印刷纸或复印纸。纸张白度80% ~ 90% ,横向耐折度≥15 次,不透明度≥85% , pH 值为 $7.5 \sim 9.5$。

5 公文用纸幅面尺寸及版面要求

5.1 幅面尺寸

公文用纸采用 GB/T 148 中规定的 A4 型纸,其成品幅面尺寸为:210 mm×297 mm。

5.2 版面

5.2.1 页边与版心尺寸

公文用纸天头(上白边)为 37 mm±1 mm,公文用纸订口(左白边)为 28 mm±1 mm,版心尺寸为 156 mm×225 mm。

5.2.2 字体和字号

如无特殊说明,公文格式各要素一般用 3 号仿宋体字。特定情况可以作适当调整。

5.2.3 行数和字数

一般每面排 22 行,每行排 28 个字,并撑满版心。特定情况可以作适当调整。

5.2.4 文字的颜色

如无特殊说明,公文中文字的颜色均为黑色。

6 印制装订要求

6.1 制版要求

版面干净无底灰,字迹清楚无断划,尺寸标准,版心不斜,误差不超过 1 mm。

6.2 印刷要求

双面印刷;页码套正,两面误差不超过 2 mm。黑色油墨应当达到色谱所标 BL100% ,红

色油墨应当达到色谱所标 Y80%、M80% 。印品着墨实、均匀;字面不花、不白、无断划。

6.3　装订要求

公文应当左侧装订,不掉页,两页页码之间误差不超过 4 mm,裁切后的成品尺寸允许误差±2 mm,四角成 90°,无毛茬或缺损。

骑马订或平订的公文应当:

a)订位为两钉外订眼距版面上下边缘各 70 mm 处,允许误差±4 mm;

b)无坏钉、漏钉、重钉,钉脚平伏牢固;

c)骑马订钉锯均订在折缝线上,平订钉锯与书脊间的距离为 3～5 mm。

包本装订公文的封皮(封面、书脊、封底)与书芯应吻合、包紧、包平、不脱落。

7　公文格式各要素编排规则

7.1　公文格式各要素的划分

本标准将版心内的公文格式各要素划分为版头、主体、版记三部分。公文首页红色分隔线以上的部分称为版头;公文首页红色分隔线(不含)以下、公文末页首条分隔线(不含)以上的部分称为主体;公文末页首条分隔线以下、末条分隔线以上的部分称为版记。

页码位于版心外。

7.2　版头

7.2.1　份号

如需标注份号,一般用 6 位 3 号阿拉伯数字,顶格编排在版心左上角第一行。

7.2.2　密级和保密期限

如需标注密级和保密期限,一般用 3 号黑体字,顶格编排在版心左上角第二行;保密期限中的数字用阿拉伯数字标注。

7.2.3　紧急程度

如需标注紧急程度,一般用 3 号黑体字,顶格编排在版心左上角;如需同时标注份号、密级和保密期限、紧急程度,按照份号、密级和保密期限、紧急程度的顺序自上而下分行排列。

7.2.4　发文机关标志

由发文机关全称或者规范化简称加“文件”二字组成,也可以使用发文机关全称或者规范化简称。

发文机关标志居中排布,上边缘至版心上边缘为 35 mm,推荐使用小标宋体字,颜色为红色,以醒目、美观、庄重为原则。

联合行文时,如需同时标注联署发文机关名称,一般应当将主办机关名称排列在前;如有“文件”二字,应当置于发文机关名称右侧,以联署发文机关名称为准上下居中排布。

7.2.5　发文字号

编排在发文机关标志下空二行位置,居中排布。年份、发文顺序号用阿拉伯数字标注;年份应标全称,用六角括号“〔〕”括入;发文顺序号不加“第”字,不编虚位(即 1 不编为 01),在阿拉伯数字后加“号”字。

上行文的发文字号居左空一字编排,与最后一个签发人姓名处在同一行。

7.2.6　签发人

由“签发人”三字加全角冒号和签发人姓名组成,居右空一字,编排在发文机关标志下空二行位置。“签发人”三字用 3 号仿宋体字,签发人姓名用 3 号楷体字。

如有多个签发人,签发人姓名按照发文机关的排列顺序从左到右、自上而下依次均匀编排,一般每行排两个姓名,回行时与上一行第一个签发人姓名对齐。

7.2.7　版头中的分隔线

发文字号之下 4 mm 处居中印一条与版心等宽的红色分隔线。

7.3　主体

7.3.1　标题

一般用 2 号小标宋体字,编排于红色分隔线下空二行位置,分一行或多行居中排布;回行时,要做到词意完整,排列对称,长短适宜,间距恰当,标题排列应当使用梯形或菱形。

7.3.2　主送机关

编排于标题下空一行位置,居左顶格,回行时仍顶格,最后一个机关名称后标全角冒号。如主送机关名称过多导致公文首页不能显示正文时,应当将主送机关名称移至版记,标注方法见 7.4.2。

7.3.3　正文

公文首页必须显示正文。一般用 3 号仿宋体字,编排于主送机关名称下一行,每个自然段左空二字,回行顶格。文中结构层次序数依次可以用"一、""(一)""1.""(1)"标注;一般第一层用黑体字、第二层用楷体字、第三层和第四层用仿宋体字标注。

7.3.4　附件说明

如有附件,在正文下空一行左空二字编排"附件"二字,后标全角冒号和附件名称。如有多个附件,使用阿拉伯数字标注附件顺序号(如"附件:1.×××××");附件名称后不加标点符号。附件名称较长需回行时,应当与上一行附件名称的首字对齐。

7.3.5　发文机关署名、成文日期和印章

7.3.5.1　加盖印章的公文

成文日期一般右空四字编排,印章用红色,不得出现空白印章。

单一机关行文时,一般在成文日期之上、以成文日期为准居中编排发文机关署名,印章端正、居中下压发文机关署名和成文日期,使发文机关署名和成文日期居印章中心偏下位置,印章顶端应当上距正文(或附件说明)一行之内。

联合行文时,一般将各发文机关署名按照发文机关顺序整齐排列在相应位置,并将印章一一对应、端正、居中下压发文机关署名,最后一个印章端正、居中下压发文机关署名和成文日期,印章之间排列整齐、互不相交或相切,每排印章两端不得超出版心,首排印章顶端应当上距正文(或附件说明)一行之内。

7.3.5.2　不加盖印章的公文

单一机关行文时,在正文(或附件说明)下空一行右空二字编排发文机关署名,在发文机关署名下一行编排成文日期,首字比发文机关署名首字右移二字,如成文日期长于发文机关署名,应当使成文日期右空二字编排,并相应增加发文机关署名右空字数。

联合行文时,应当先编排主办机关署名,其余发文机关署名依次向下编排。

7.3.5.3　加盖签发人签名章的公文

单一机关制发的公文加盖签发人签名章时,在正文(或附件说明)下空二行右空四字加盖签发人签名章,签名章左空二字标注签发人职务,以签名章为准上下居中排布。在签发人签名章下空一行右空四字编排成文日期。

联合行文时,应当先编排主办机关签发人职务、签名章,其余机关签发人职务、签名章依次向下编排,与主办机关签发人职务、签名章上下对齐;每行只编排一个机关的签发人职务、签名章;签发人职务应当标注全称。

签名章一般用红色。

7.3.5.4 成文日期中的数字

用阿拉伯数字将年、月、日标全,年份应标全称,月、日不编虚位(即 1 不编为 01)。

7.3.5.5 特殊情况说明

当公文排版后所剩空白处不能容下印章或签发人签名章、成文日期时,可以采取调整行距、字距的措施解决。

7.3.6 附注

如有附注,居左空二字加圆括号编排在成文日期下一行。

7.3.7 附件

附件应当另面编排,并在版记之前,与公文正文一起装订。"附件"二字及附件顺序号用 3 号黑体字顶格编排在版心左上角第一行。附件标题居中编排在版心第三行。附件顺序号和附件标题应当与附件说明的表述一致。附件格式要求同正文。

如附件与正文不能一起装订,应当在附件左上角第一行顶格编排公文的发文字号并在其后标注"附件"二字及附件顺序号。

7.4 版记

7.4.1 版记中的分隔线

版记中的分隔线与版心等宽,首条分隔线和末条分隔线用粗线(推荐高度为 0.35 mm),中间的分隔线用细线(推荐高度为 0.25 mm)。首条分隔线位于版记中第一个要素之上,末条分隔线与公文最后一面的版心下边缘重合。

7.4.2 抄送机关

如有抄送机关,一般用 4 号仿宋体字,在印发机关和印发日期之上一行、左右各空一字编排。"抄送"二字后加全角冒号和抄送机关名称,回行时与冒号后的首字对齐,最后一个抄送机关名称后标句号。

如需把主送机关移至版记,除将"抄送"二字改为"主送"外,编排方法同抄送机关。既有主送机关又有抄送机关时,应当将主送机关置于抄送机关之上一行,之间不加分隔线。

7.4.3 印发机关和印发日期

印发机关和印发日期一般用 4 号仿宋体字,编排在末条分隔线之上,印发机关左空一字,印发日期右空一字,用阿拉伯数字将年、月、日标全,年份应标全称,月、日不编虚位(即 1 不编为 01),后加"印发"二字。

版记中如有其他要素,应当将其与印发机关和印发日期用一条细分隔线隔开。

7.5 页码

一般用 4 号半角宋体阿拉伯数字,编排在公文版心下边缘之下,数字左右各放一条一字线;一字线上距版心下边缘 7 mm。单页码居右空一字,双页码居左空一字。公文的版记页前有空白页的,空白页和版记页均不编排页码。公文的附件与正文一起装订时,页码应当连续编排。

8 公文中的横排表格

A4 纸型的表格横排时,页码位置与公文其他页码保持一致,单页码表头在订口一边,双页码表头在切口一边。

9 公文中计量单位、标点符号和数字的用法

公文中计量单位的用法应当符合 GB 3100、GB 3101 和 GB 3102(所有部分),标点符号的用法应当符合 GB/T 15834,数字用法应当符合 GB/T 15835。

10 公文的特定格式

10.1 信函格式

发文机关标志使用发文机关全称或者规范化简称,居中排布,上边缘至上页边为 30 mm,推荐使用红色小标宋体字。联合行文时,使用主办机关标志。

发文机关标志下 4 mm 处印一条红色双线(上粗下细),距下页边 20 mm 处印一条红色双线(上细下粗),线长均为 170 mm,居中排布。

如需标注份号、密级和保密期限、紧急程度,应当顶格居版心左边缘编排在第一条红色双线下,按照份号、密级和保密期限、紧急程度的顺序自上而下分行排列,第一个要素与该线的距离为 3 号汉字高度的 7/8。

发文字号顶格居版心右边缘编排在第一条红色双线下,与该线的距离为 3 号汉字高度的 7/8。

标题居中编排,与其上最后一个要素相距二行。

第二条红色双线上一行如有文字,与该线的距离为 3 号汉字高度的 7/8。

首页不显示页码。

版记不加印发机关和印发日期、分隔线,位于公文最后一面版心内最下方。

10.2 命令(令)格式

发文机关标志由发文机关全称加"命令"或"令"字组成,居中排布,上边缘至版心上边缘为 20 mm,推荐使用红色小标宋体字。

发文机关标志下空二行居中编排令号,令号下空二行编排正文。

签发人职务、签名章和成文日期的编排见 7.3.5.3。

10.3 纪要格式

纪要标志由"××××纪要"组成,居中排布,上边缘至版心上边缘为 35 mm,推荐使用红色小标宋体字。

标注出席人员名单,一般用 3 号黑体字,在正文或附件说明下空一行左空二字编排"出席"二字,后标全角冒号,冒号后用 3 号仿宋体字标注出席人单位、姓名,回行时与冒号后的首字对齐。

标注请假和列席人员名单,除依次另起一行并将"出席"二字改为"请假"或"列席"外,编排方法同出席人员名单。

纪要格式可以根据实际制定。

11 式样

A4 型公文用纸页边及版心尺寸见图 1;公文首页版式见图 2;联合行文公文首页版式 1 见图 3;联合行文公文首页版式 2 见图 4;公文末页版式 1 见图 5;公文末页版式 2 见图 6;联合行文公文末页版式 1 见图 7;联合行文公文末页版式 2 见图 8;附件说明页版式见图 9;带附件公文末页版式见图 10;信函格式首页版式见图 11;命令(令)格式首页版式见图 12。

37 mm ± 1 mm天头

28 mm ± 1 mm订口

225 mm

297 mm

7 mm

— 2 —

— 1 —

156 mm

210 mm

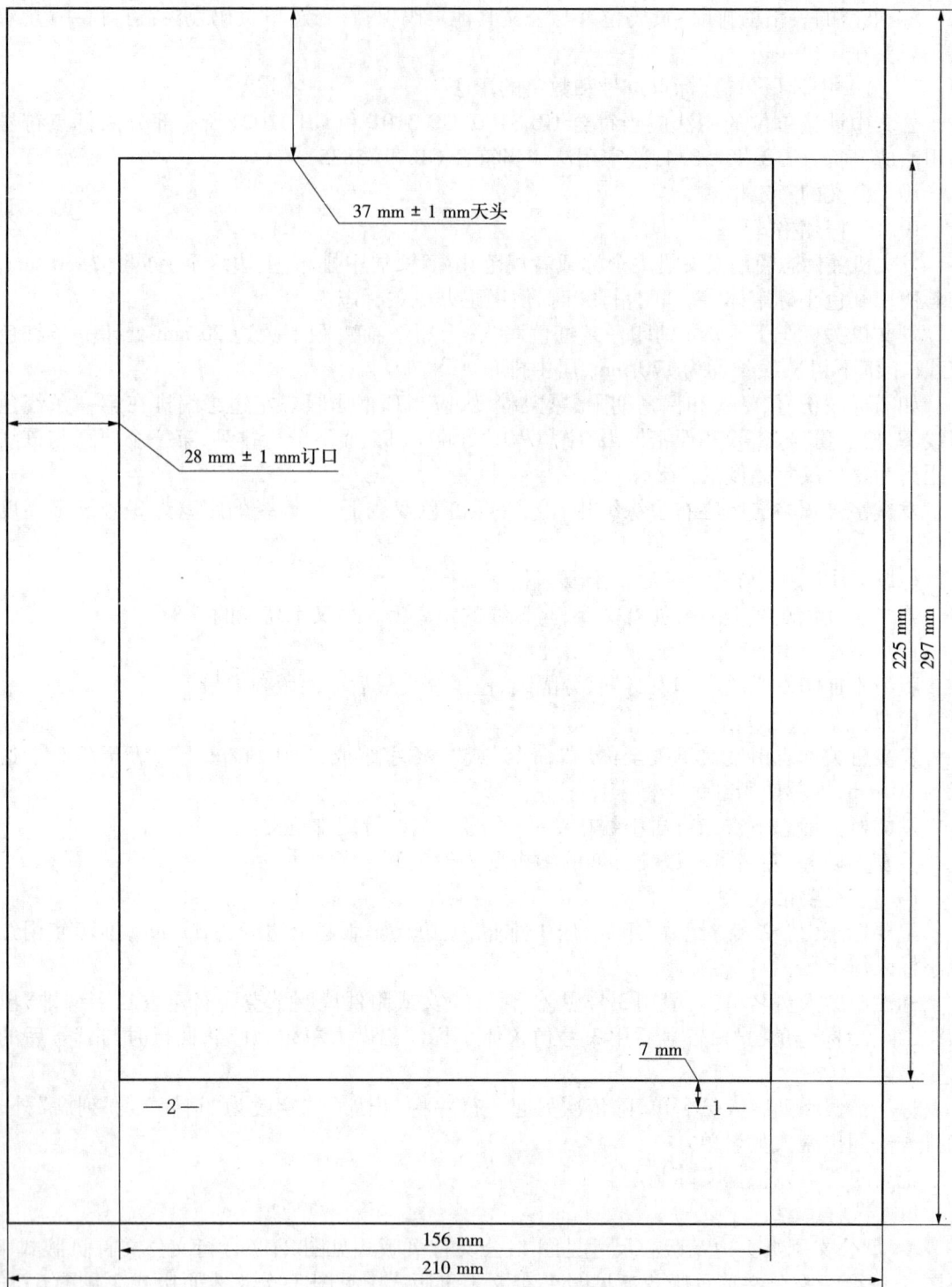

图 1　A4 型公文用纸页边及版心尺寸

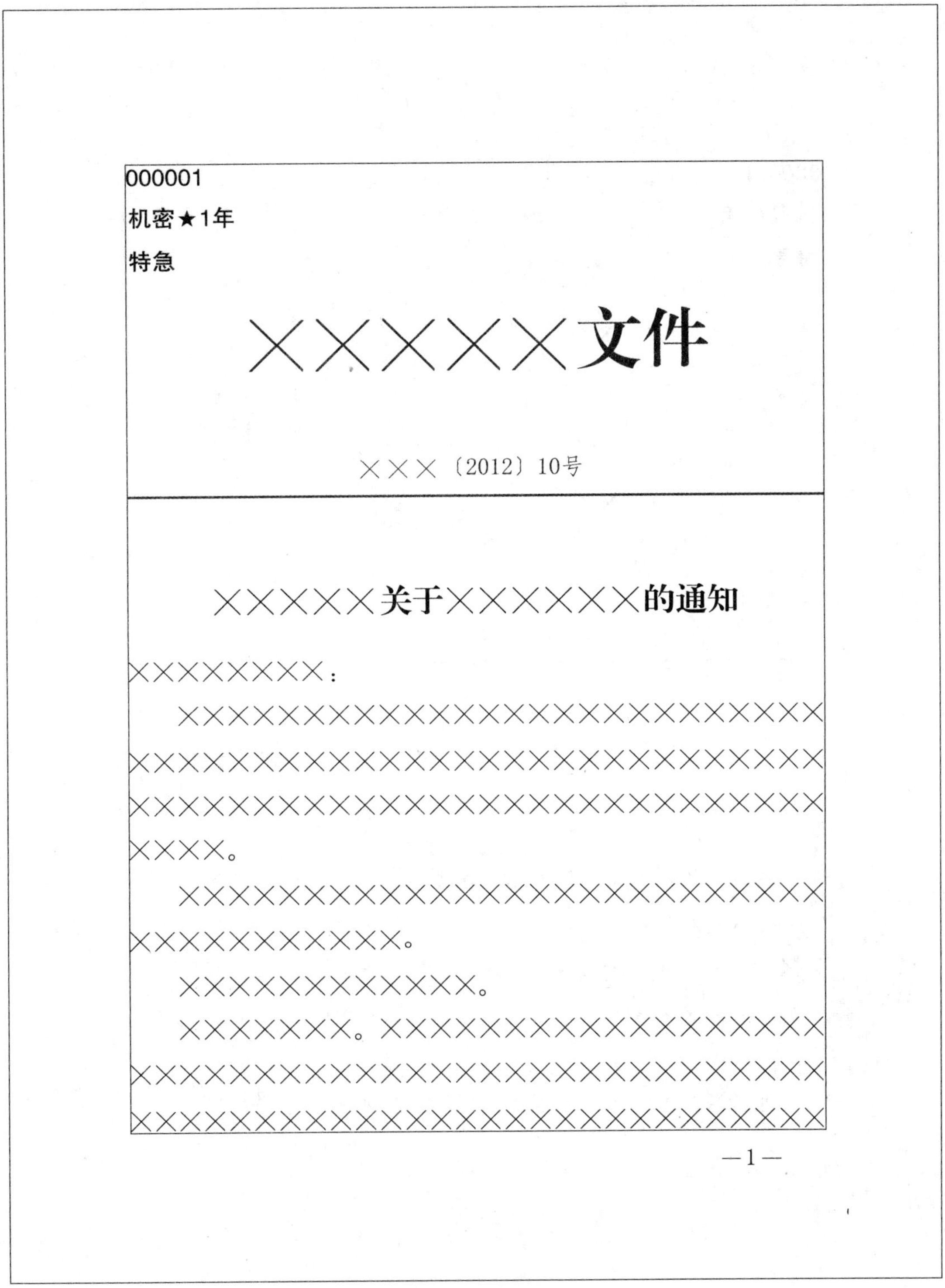

000001

机密★1年

特急

×××××文件

×××〔2012〕10号

×××××关于××××××的通知

×××××××:

　　×××××××××××××××××××××××××××

×××××××××××××××××××××××××××××

××××。

　　×××××××××××××××××××××××××××

×××××××××。

　　×××××××××××××××。

　　×××××××。×××××××××××××××××××

×××××××××××××××××××××××××××××

×××××××××××××××××××××××××××××

—1—

图2　公文首页版式

注:版心实线框仅为示意,在印制公文时并不印出。

000001

机密★1年

特急

××××××

×　　　×　　　× 文件

××××××

×××〔2012〕10号

×××××× 关于××××××× 的通知

×××××1×××:

　　××××××××××××××××××××××××××××。

　　××××××××××××××××××××××××××××

　　××××××××××××××××××××××××××××

　　××××××××××××××××××××××××××××

×××× 。

　　×××××××××××××××××××××××××××

图3　联合行文公文首页版式1

注:版心实线框仅为示意,在印制公文时并不印出。

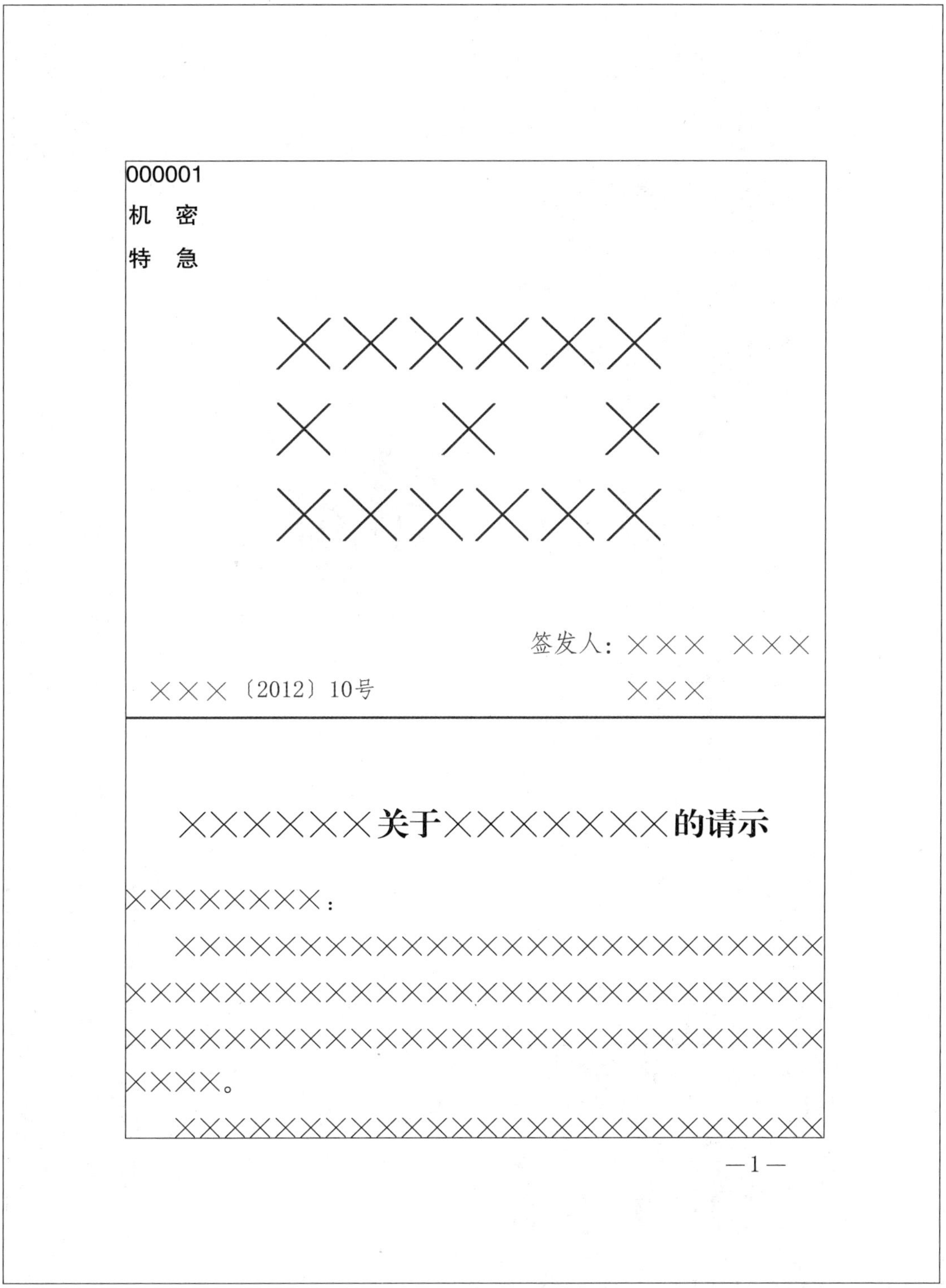

000001

机 密

特 急

×××××

× × ×

×××××

签发人：×××　×××

×××〔2012〕10号　　　　　　　×××

×××××× 关于××××××× 的请示

××××××××：

　　××××××××××××××××××××××××××

××××××××××××××××××××××××××××

××××××××××××××××××××××××××××

××××。

　　××××××××××××××××××××××××××

—1—

图4　联合行文公文首页版式2

注：版心实线框仅为示意，在印制公文时并不印出。

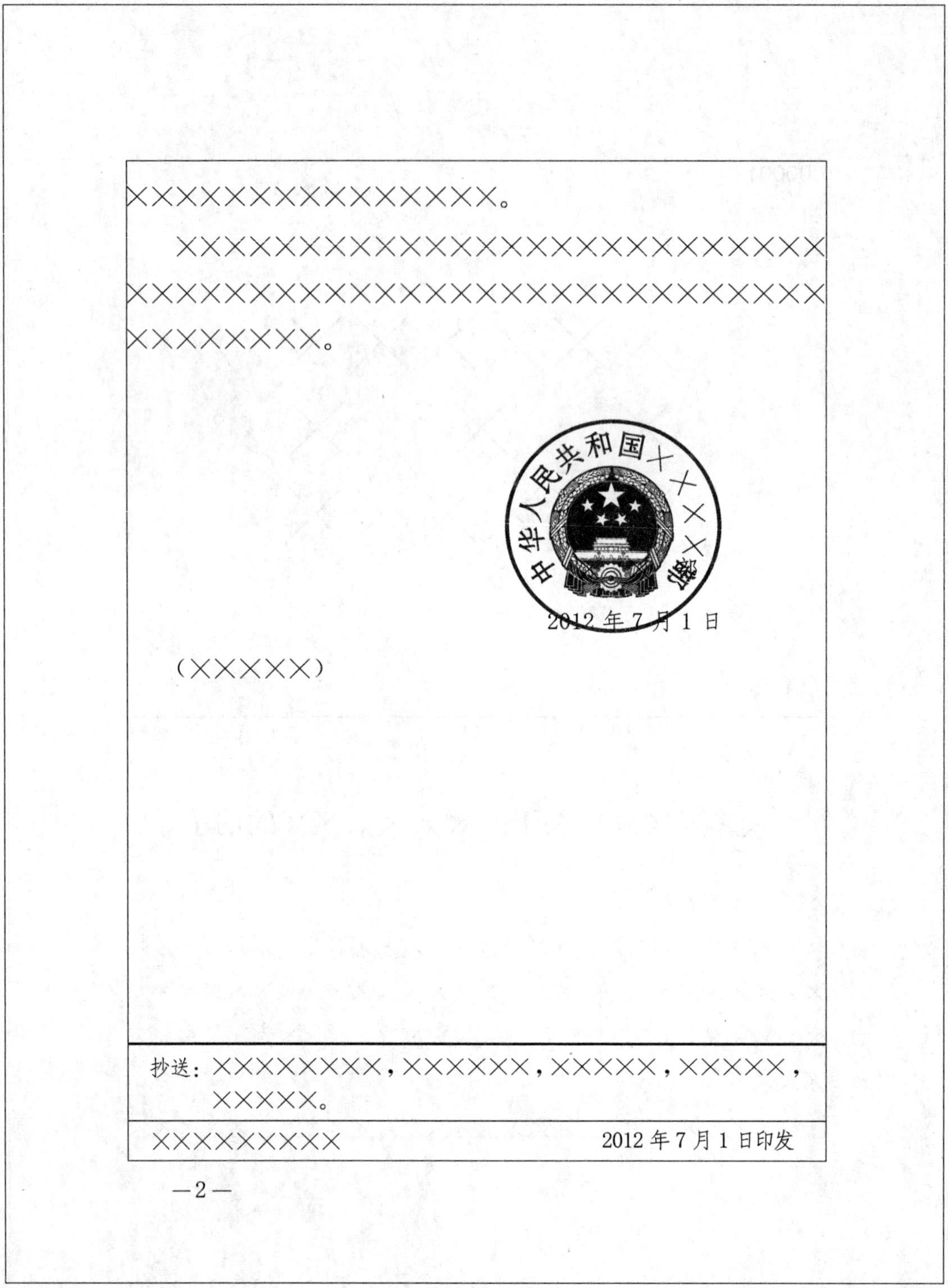

××××××××××××××。

×××××××××××××××××××××

××××××××××××××××××××××

×××××××××。

中华人民共和国×××章

2012 年 7 月 1 日

（×××××）

抄送：×××××××，××××××，×××××，×××××，
×××××。

×××××××× 　　　　　　　　　　2012 年 7 月 1 日印发

—2—

图 5　公文末页版式 1

注：版心实线框仅为示意，在印制公文时并不印出。

×××××××××××××××××。

　　×××××××××××××××××××××

×××××××××××××××××××××××

××××××××。

　　　　　　　　×××××××××××

　　　　　　　　2012 年 7 月 1 日

　（×××××）

抄送：×××××××××，×××××××，×××××，×××××，
　　　×××××。

××××××××× 　　　　　　　　　2012 年 7 月 1 日印发

—2—

图 6　公文末页版式 2

注：版心实线框仅为示意，在印制公文时并不印出。

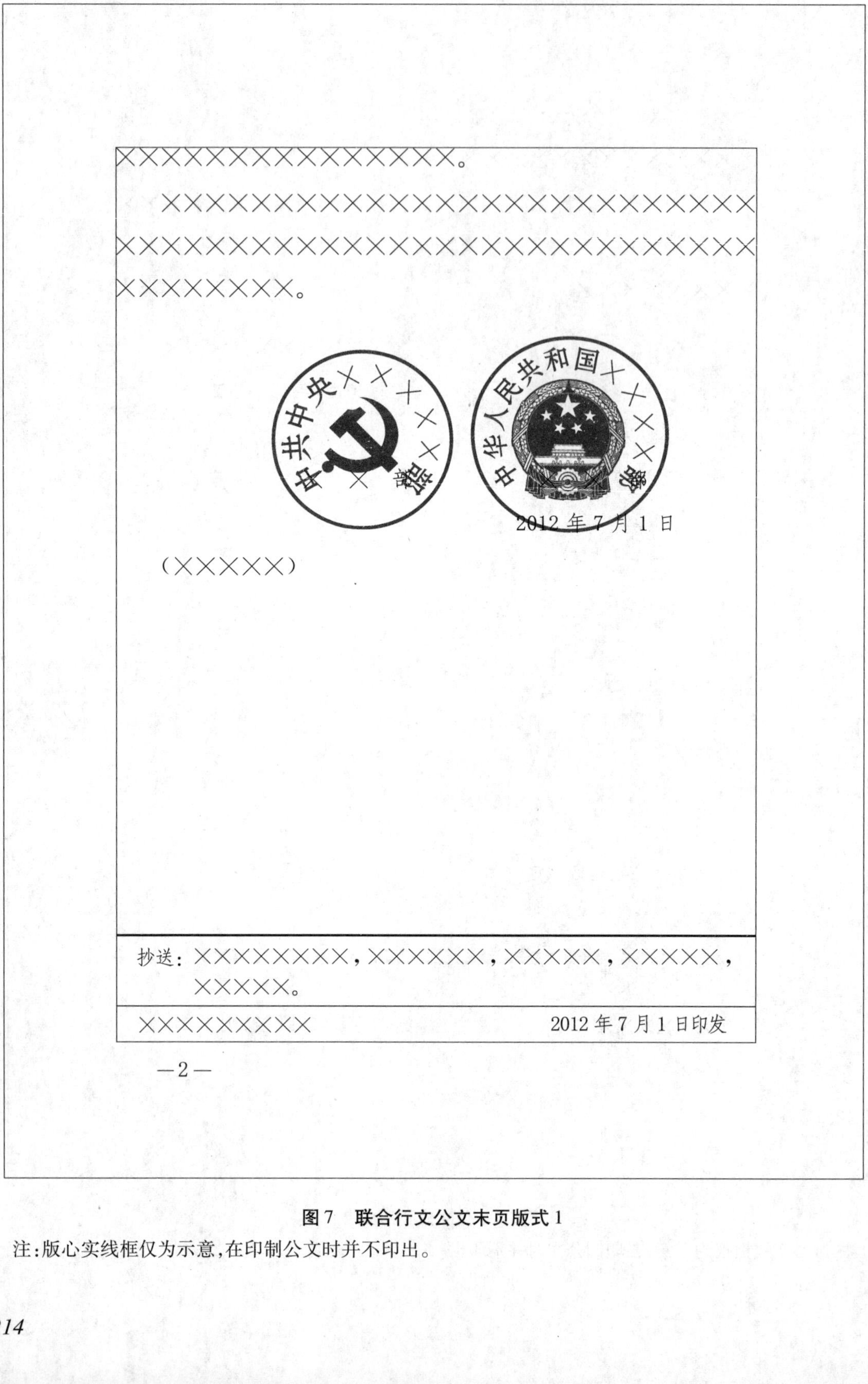

×××××××××××××××××。

×××。

2012 年 7 月 1 日

（×××××）

抄送：×××××××，××××××，×××××，×××××，
×××××。

××××××××   2012 年 7 月 1 日印发

—2—

图 7 联合行文公文末页版式 1

注：版心实线框仅为示意，在印制公文时并不印出。

××××××××××××××××××××。
　　××××××××××××××××××××××××××
××××××××××××××××××××××××××××××
××××××××。

（××××　××）

2012 年 7 月 1 日

（×××××）

抄送：×××××××，×××××××，×××××，×××××，
　　　×××××。

×××××××××　　　　　　　　　2012 年 7 月 1 日印发

—2—

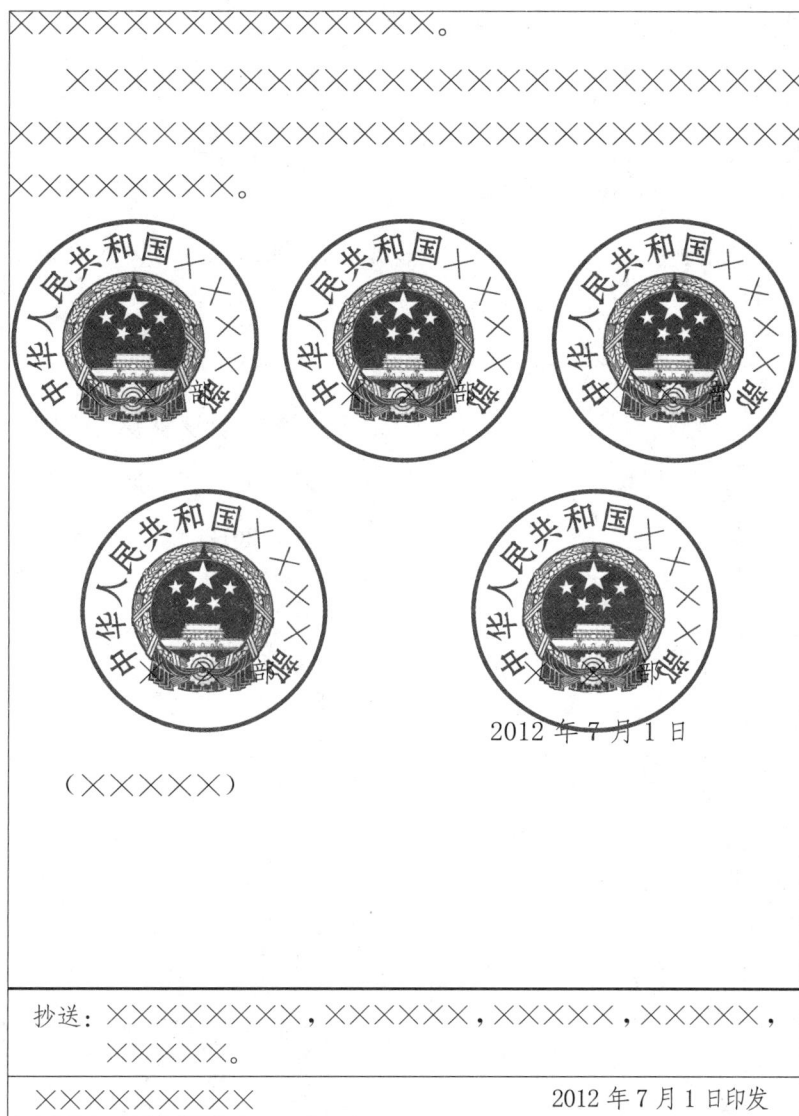

图 8　联合行文公文末页版式 2

注：版心实线框仅为示意，在印制公文时并不印出。

××××××××××××××××××。

　　×××××××××××××××××××××

×××××××××××××××××××××

××××××××××。

　　附件：1.××××××××××××××××××

　　　　　××××××

　　　　2.××××××××××××

　　　　　　　　×××××××

　　　　　　　　×　×　×　×

　　　　　　　　　2012 年 7 月 1 日

（×××××）

—2—

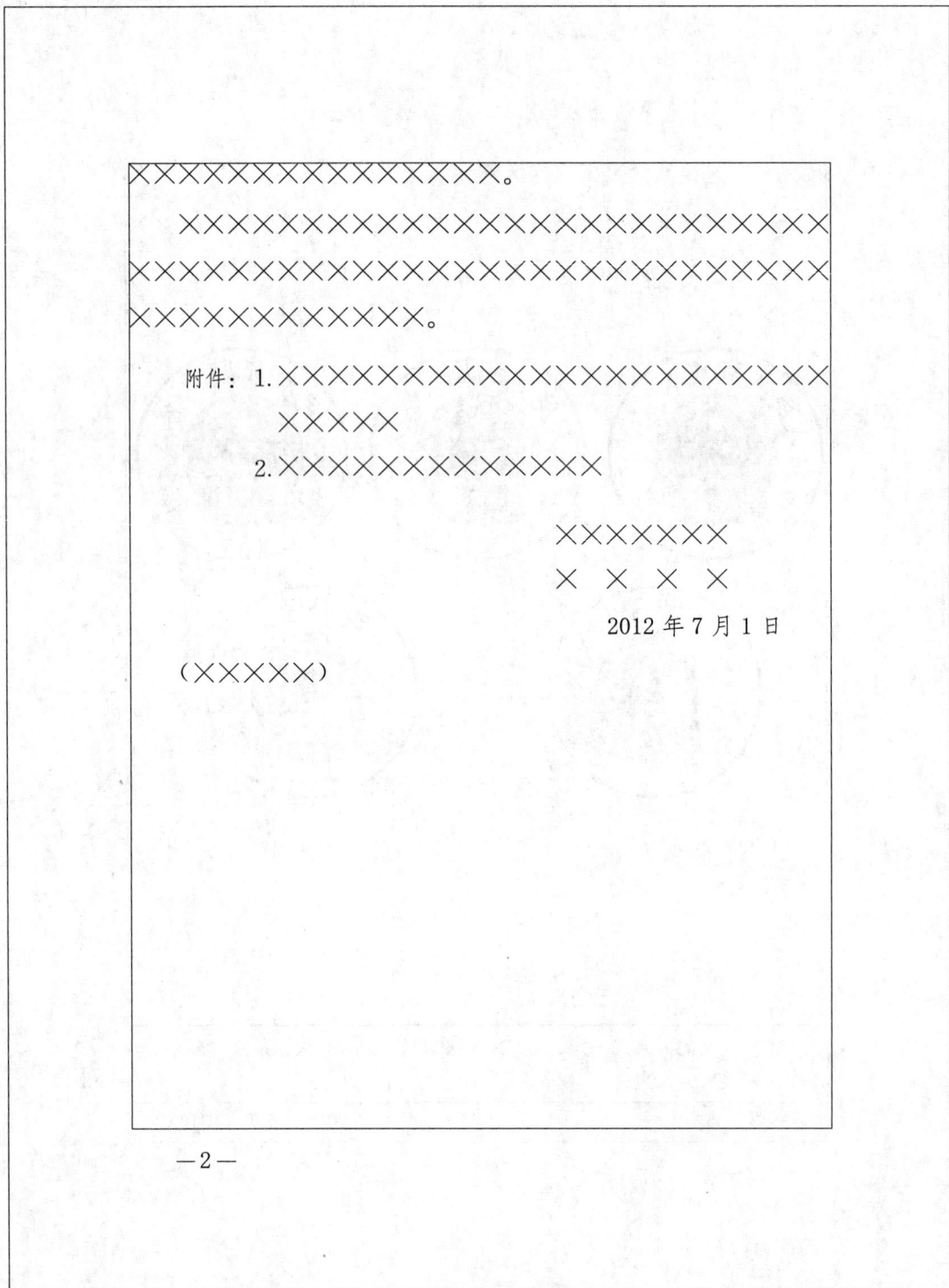

图 9　附件说明页版式

注：版心实线框仅为示意，在印制公文时并不印出。

附件2

$$\times\times\times\times\times\times\times\times\times\times\times$$

　　$\times\times\times\times\times\times\times\times\times\times\times\times\times\times\times\times$
$\times\times\times\times\times\times\times\times\times\times\times\times\times\times\times\times$
$\times\times$。

　　$\times\times\times\times\times\times\times\times\times\times\times\times\times\times\times$
$\times\times\times\times\times\times\times\times\times\times\times\times\times\times\times\times$
$\times\times\times\times\times\times\times\times\times\times\times\times\times\times\times\times$
$\times\times\times\times\times\times\times\times\times\times\times\times\times\times\times\times$
$\times\times\times\times\times\times\times\times\times\times\times\times$。

抄送：$\times\times\times\times\times\times\times\times$，$\times\times\times\times\times\times$，$\times\times\times\times\times$，$\times\times\times\times\times$，
　　　$\times\times\times\times\times$。

$\times\times\times\times\times\times\times\times\times$　　　　　　2012 年 7 月 1 日印发

—4—

图 10　带附件公文末页版式

注：版心实线框仅为示意，在印制公文时并不印出。

中华人民共和国×××××部

000001 　　　　　　　　　　　　　×××〔2012〕10号

机　密

特　急

×××××关于×××××××的通知

×××××××:

　　××××××××××××××××××××××××

××××××××××××××××××××××××××

××××××××××××××××××××××××××

××××××××××××××××××××××××××。

××××××××××××××××××××××××××

××××××××××××××××××××××××××

××××××××××××××××××××××××××

××××××××××××××××××××××××××。

　　××××××××××××××××××××××××

××××××××××××××××××××××××××

××××××××××××××××××××××××××

××××××××××××××××××××××××××

××××××××××××××××××××××××××

××××××××××××××××××××××××××。

图11　信函格式首页版式

注:版心实线框仅为示意,在印制公文时并不印出。

$$\times\times\times\times\times\times令$$

第×××号

×××××××××××××××××××××
××××××××××××××××××××××××。
×××××××××××××××××××××
××××××××××××××××××××××××。

部　长　　×××

2012 年 7 月 1 日

图 12　命令（令）格式首页版式

注：版心实线框仅为示意，在印制公文时并不印出。

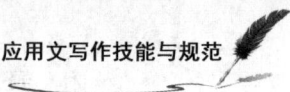

附录三

中华人民共和国国家标准

GB/T 7713. 1—2006
部分代替 GB/T 7713—1987

学位论文编写规则

Presentation of theses and dissertations

（ISO 7144:1986,Documentation—
Presentation of theses and similar documents，NEQ）

2006-12-05 发布　　　　　　　　　　　　　　　　2007-05-01 实施

中华人民共和国国家质量监督检验检疫总局
中国国家标准化管理委员会 发布

目　次

前言 ……………………………………………………………………………………………… I

1　范围 ………………………………………………………………………………………… 1

2　规范性引用文件 …………………………………………………………………………… 1

3　术语和定义 ………………………………………………………………………………… 2

4　一般要求 …………………………………………………………………………………… 3

5　组成部分 …………………………………………………………………………………… 3

5.1　一般要求 ………………………………………………………………………………… 3

5.2　前置部分 ………………………………………………………………………………… 3

5.3　主体部分 ………………………………………………………………………………… 5

5.4　参考文献表 ……………………………………………………………………………… 7

5.5　附录 ……………………………………………………………………………………… 7

5.6　结尾部分(如有) ………………………………………………………………………… 7

6　编排格式 …………………………………………………………………………………… 8

6.1　封面 ……………………………………………………………………………………… 8

6.2　目次页 …………………………………………………………………………………… 8

6.3　章、节 …………………………………………………………………………………… 8

6.4　页码 ……………………………………………………………………………………… 8

6.5　参考文献表 ……………………………………………………………………………… 8

6.6　附录 ……………………………………………………………………………………… 8

6.7　版面 ……………………………………………………………………………………… 8

6.8　书脊 ……………………………………………………………………………………… 8

附录A(规范性附录)　学位论文结构图 …………………………………………………… 10

附录B(规范性附录)　学位论文正文编排格式 …………………………………………… 11

附录C(规范性附录)　封面编排示例 ……………………………………………………… 12

附录D(规范性附录)　题名页示例 ………………………………………………………… 14

附录E(规范性附录)　摘要页示例 ………………………………………………………… 15

附录F(规范性附录)　目次页示例 ………………………………………………………… 16

附录G(规范性附录)　参考文献表示例 …………………………………………………… 17

附录H(规范性附录)　学位论文数据集 …………………………………………………… 18

参考文献 ……………………………………………………………………………………… 19

前　言

GB/T 7713 共分 3 部分:

——第 1 部分:学位论文编写规则;

——第 2 部分:学术论文编写规则;

——第 3 部分:科技报告编制规则。

本部分是 GB/T 7713 的第 1 部分,部分代替 GB/T 7713—1987《科学技术报告、学位论文和学术论文的编写格式》。

本部分修改采用 ISO 7144:1986《文献论文和相关文献的编写》(英文版)。本部分在学位论文组成要素及结构等方面尽可能与国际标准保持一致,以达到资源共享和国际交流的目的。

本部分与 GB/T 7713—1987 相比主要变化如下:

——将原标准中的学位论文部分单独列为一个标准,并将标准名称改为《学位论文编写规则》,修改了相应的英文名称。

——增加了第 2 章"规范性引用文件"。

——在第 3 章中,将原标准中与学位论文编写规则无关的术语和定义去掉,增加了"封面"、"题名页"、"摘要"、"摘要页"、"目次"、"目次页"、"注释"、"文献类型"、"文献载体"等定义。

——将第 3 章"编写要求"改为第 4 章"一般要求"。

——将第 4 章"编写格式"改为第 5 章"组成部分"和第 6 章"编排格式"。

——增加了部分附录。

——按照 GB/T 1.1—2000 对原标准的格式、编排进行了重新调整。

本部分的附录 A 到附录 H 为规范性附录。

本部分由国务院学位委员会办公室提出。

本部分由全国信息与文献标准化技术委员会归口。

本部分主要起草单位:国务院学位委员会办公室,中国科学技术信息研究所。

本部分主要起草人:吴一、刘春燕、沈玉兰、白光武。

本部分为第一次修订。

学位论文编写规则

1　范围

本部分规定了学位论文的撰写格式和要求,以利于学位论文的撰写、收集、存储、加工、检索和利用。

本部分对学位论文的学术规范与质量保证具有一定的参考作用,不同学科的学位论文可参考本部分制定专业的学术规范。

本部分适用于印刷型、缩微型、电子版、网络版等形式的学位论文。同一学位论文的不同载体形式,其内容和格式应完全一致。

2　规范性引用文件

下列文件中的条款通过 GB/T 7713 的本部分的引用而成为本部分的条款。凡是注日期的引用文件,其随后所有的修改单(不包括勘误的内容)或修订版均不适用于本部分,然而,鼓励根据本部分达成协议的各方研究是否可使用这些文件的最新版本。凡是不注日期的引用文件,其最新版本适用于本部分。

GB/T 788—1999　图书杂志开本及其幅面尺寸(neq ISO 6716:1983)

GB/T 2260　中华人民共和国行政区划代码

GB 3100　国际单位制及其应用(GB 3100—1993, eqv ISO 1000:1992)

GB3101—1993　有关量、单位和符号的一般原则(eqv ISO 31-0:1992)

GB3102.1　空间和时间的量和单位(GB 3102.1—1993,eqv ISO 31-1:1992)

GB3102.2　周期及其有关现象的量和单位(GB 3102.2—1993,eqv ISO 31-2:1992)

GB3102.3　力学的量和单位(GB 3102.3—1993,eqv ISO 31-3:1992)

GB3102.4　热学的量和单位(GB 3102.4—1993,eqv ISO 31-4:1992)

GB3102.5　电学和磁学的量和单位(GB 3102.5—1993,eqv ISO 31-5:1992)

GB3102.6　光及有关电磁辐射的量和单位(GB 3102.6—1993,eqv ISO 31-6:1992)

GB3102.7　声学的量和单位(GB 3102.7—1993,eqv ISO 31-7:1992)

GB3102.8　物理化学和分子物理学的量和单位(GB 3102.8—1993,eqv ISO 31-8:1992)

GB3102.9　原子物理学和核物理学的量和单位(GB 3102.9—1993,eqv ISO 31-9:1992)

GB3102.10　核反应和电离辐射的量和单位(GB 3102.10—1993,eqv ISO 31-10:1992)

GB3102.11　物理科学和技术中使用的数学符号(GB 3102.11—1993,eqv ISO 31-11:1992)

GB3102.12　特征数(GB 3102.12—1993,eqv ISO 31-12:1992)

GB 3102.13　固体物理学的量和单位（GB 3102.13—1993,eqv ISO 31-13:1992）

GB/T 3469　文献类型与文献载体代码

GB/T 3793　检索期刊文献条目著录规则

GB/T 4880　语种名称代码

GB 6447　文摘编写规则

GB 6864　中华人民共和国学位代码

GB/T 7156—2003　文献保密等级代码与标识

GB/T 7408　数据元和交换格式　信息交换　日期和时间表示法（GB/T 7408—1994,eqv ISO 8601:1988）

GB/T 7714—2005　文后参考文献著录规则（ISO 690:1987,ISO 690-2:1997,NEQ）

GB/T 12450—2001　图书书名页（eqv ISO 1086:1991）

GB/T 13417—1992　科学技术期刊目次表（eqv ISO 18:1981）

GB/T 13745　学科分类与代码

GB/T 11668—1989　图书和其他出版物的书脊规则（neq ISO 6357:1985）

GB/T 15834—1995　标点符号用法

GB/T 15835—1995　出版物上数字用法的规定

GB/T 16159—1996　汉语拼音正词法基本规则

CY/T 35—2001　科技文献的章节编号方法

ISO 15836:2003　信息与文献　都柏林核心元数据元素集

3　术语和定义

下列术语和定义适用于本部分。

3.1

学位论文　thesis；dissertation

作者提交的用于其获得学位的文献。

注1：博士论文表明作者在本门学科上掌握了坚实宽广的基础理论和系统深入的专门知识,在科学和专门技术上做出了创造性的成果,并具有独立从事创新科学研究工作或独立承担专门技术开发工作的能力。

注2：硕士论文表明作者在本门学科上掌握了坚实的基础理论和系统的专业知识,对所研究课题有新的见解,并具有从事科学研究工作或独立承担专门技术工作的能力。

注3：学士论文表明作者较好地掌握了本门学科的基础理论、专门知识和基础技能,并具有从事科学研究工作或承担专门技术工作的初步能力。

3.2

封面　cover

学位论文的外表面,对论文起装潢和保护作用,并提供相关的信息。

3.3

题名页　title page

包含论文全部书目信息,单独成页。

3.4

摘要　abstract

论文内容的简要陈述,是一篇具有独立性和完整性的短文,一般以第三人称语气写成,不加评论和补充的解释。

3.5

摘要页　abstract page

论文摘要及关键词、分类号等的总和,单独编页。

3.6

目次　table of contents

论文各章节的顺序列表,一般都附有相应的起始页码。

3.7

目次页　content page

论文中内容标题的集合。包括引言(前言)、章节或大标题的序号和名称、小结(结论或讨论)、参考文献、注释、索引等。

3.8

注释　notes

为论文中的字、词或短语作进一步说明的文字。一般分散著录在页下(脚注),或集中著录在文后(尾注),或分散著录在文中。

3.9

文献类型　document type

文献的分类。学位论文的代码为"D"。

3.10

文献载体　document carrier

记录文字、图像、声音的不同材质。纸质的载体代码为"P"。

4　一般要求

4.1　学位论文的内容应完整、准确。

4.2　学位论文一般应采用国家正式公布实施的简化汉字。学位论文一般以中文或英文为主撰写,特殊情况时,应有详细的中、英文摘要,正题名必须包括中、英文。

4.3　学位论文应采用国家法定的计量单位。

4.4　学位论文中采用的术语、符号、代号在全文中必须统一,并符合规范化的要求。论文中使用专业术语、缩略词应在首次出现时加以注释。外文专业术语、缩略词,应在首次出现的译文后用圆括号注明原词语全称。

4.5　学位论文的插图、照片应完整清晰。

4.6　学位论文应用 A4 标准纸(210 mm×297 mm),必须是打印件、印刷件或复印件。

5　组成部分

5.1　一般要求

学位论文一般包括以下 5 个组成部分：

a)前置部分；

b)主体部分；

c)参考文献；

d)附录；

e)结尾部分。

注:学位论文结构图见附录 A。

5.2　前置部分

5.2.1　封面

学位论文可有封面。

学位论文封面应包括题名页的主要信息,如论文题名、论文作者等。其他信息可由学位授予机构自行规定。

5.2.2　封二(可选)

学位论文可有封二。

包括学位论文使用声明和版权声明及作者和导师签名等,其内容应符合我国著作权相关法律法规的规定。

5.2.3　题名页

学位论文应有题名页。题名页主要内容：

a)中图分类号

采用《中国图书馆分类法》(第 4 版)或《中国图书资料分类法》(第 4 版)标注。

示例:中图分类号 G250.7。

b)学校代码

按照教育部批准的学校代码进行标注。

c)UDC

按《国际十进分类法》(Universal Decimal Classification)进行标注。

注:可登录 www.udcc.org,点击 outline 进行查询。

d)密级

按 GB/T 7156—2003 标注。

e)学位授予单位

指授予学位的机构,机构名称应采用规范全称。

f)题名和副题名

题名以简明的词语恰当、准确地反映论文最重要的特定内容(一般不超过 25 字),应中英文对照。题名通常由名词性短语构成,应尽量避免使用不常用缩略词、首字母缩写字、字符、代号和公式等。如题名内容层次很多,难以简化时,可采用题名和副题名相结合的方法,其中副题名起补充、阐明题名的作用。

示例1:斑马鱼和人的造血相关基因以及表观遗传学调控基因——进化、表达谱和功能研究。

示例2:阿片镇痛的调控机制研究:Delta 型阿片肽受体转运的调控机理及功能题名和副题名在整篇学位论文中的不同地方出现时,应保持一致。

g)责任者

责任者包括研究生姓名,指导教师姓名、职称等。

如责任者姓名有必要附注汉语拼音时,遵照 GB/T 16159—1996 著录。

h)申请学位

包括申请的学位类别和级别,学位类别参照《中华人民共和国学位条例暂行实施办法》的规定标注,包括以下门类:哲学、经济学、法学、教育学、文学、历史学、理学、工学、农学、医学、军事学、管理学。学位级别参照《中华人民共和国学位条例暂行实施办法》的规定标注,包括学士、硕士、博士。

i)学科专业

参照国务院学位委员会颁布的《授予博士、硕士学位和培养研究生的学科、专业目录》进行标注。

j)研究方向

指本学科专业范畴下的三级学科。

k)论文提交日期

指论文上交到授予学位机构的日期。

l)培养单位

指培养学位申请人的机构,机构名称应采用规范全称。

5.2.4 英文题名页

英文题名页是题名页的延伸,必要时可单独成页。

5.2.5 勘误页

学位论文如有勘误页,应在题名页后另起页。

在勘误页顶部应放置下列信息:

——题名;

——副题名(如有);

——作者名。

5.2.6 致谢

放置在摘要页前,对象包括:

——国家科学基金,资助研究工作的奖学金基金,合同单位,资助或支持的企业、组织或个人。

——协助完成研究工作和提供便利条件的组织或个人。

——在研究工作中提出建议和提供帮助的人。

——给予转载和引用权的资料、图片、文献、研究思想和设想的所有者。

——其他应感谢的组织和个人。

5.2.7   摘要页

5.2.7.1   摘要应具有独立性和自含性,即不阅读论文的全文,就能获得必要的信息。摘要的内容应包含与论文等同量的主要信息,供读者确定有无必要阅读全文,也可供二次文献采用。摘要一般应说明研究工作目的、方法、结果和结论等,重点是结果和结论。

5.2.7.2   中文摘要一般字数为 300～600 字,外文摘要实词在 300 个左右。如遇特殊需要字数可以略多。

5.2.7.3   摘要中应尽量避免采用图、表、化学结构式、非公知公用的符号和术语。

5.2.7.4   每篇论文应选取 3～8 个关键词,用显著的字符另起一行,排在摘要的下方。关键词应体现论文特色,具有语义性,在论文中有明确的出处。并应尽量采用《汉语主题词表》或各专业主题词表提供的规范词。

5.2.7.5   为便于国际交流,应标注与中文对应的英文关键词。

5.2.8   序言或前言(如有)

学位论文的序言或前言,一般是作者对本篇论文基本特征的简介,如说明研究工作缘起、背景、主旨、目的、意义、编写体例,以及资助、支持、协作经过等。这些内容也可以在正文引言(绪论)中说明。

5.2.9   目次页

学位论文应有目次页,排在序言和前言之后,另起页。

5.2.10   图和附表清单(如有)

论文中如图表较多,可以分别列出清单置于目次页之后。图的清单应有序号、图题和页码。表的清单应有序号、表题和页码。

5.2.11   符号、标志、缩略词、首字母缩写、计量单位、术语等的注释表(如有)

符号、标志、缩略词、首字母缩写、计量单位、术语等的注释说明,如需汇集,可集中置于图表清单之后。

5.3   主体部分

5.3.1   一般要求

主体部分应从另页右页开始,每一章应另起页。

主体部分一般从引言(绪论)开始,以结论或讨论结束。

引言(绪论)应包括论文的研究目的、流程和方法等。

论文研究领域的历史回顾、文献回溯、理论分析等内容,应独立成章,用足够的文字叙述。

主体部分由于涉及的学科、选题、研究方法、结果表达方式等有很大的差异,不能作统一的规定。但是,必须实事求是、客观真切、准备完备、合乎逻辑、层次分明、简练可读。

5.3.2   图

图包括曲线图、构造图、示意图、框图、流程图、记录图、地图、照片等。

图应具有"自明性"。

图应有编号。图的编号由"图"和从"1"开始的阿拉伯数字组成,图较多时,可分章编号。

图宜有图题,图题即图的名称,置于图的编号之后。图的编号和图题应置于图下方。

照片图要求主题和主要显示部分的轮廓鲜明,便于制版。如用放大缩小的复制品,必须清晰,反差适中。照片上应有表示目的物尺寸的标度。

5.3.3 表

表应具有"自明性"。

表应有编号。表的编号由"表"和从"1"开始的阿拉伯数字组成,表较多时,可分章编号。

表宜有表题,表题即表的名称,置于表的编号之后。表的编号和表题应置于表上方。

表的编排,一般是内容和测试项目由左至右横读,数据依序竖读。

表的编排建议采用国际通行的三线表。

如某个表需要转页接排,在随后的各页上应重复表的编号。编号后跟表题(可省略)和"(续)",置于表上方。

续表均应重复表头。

5.3.4 公式

论文中的公式应另行起,并缩格书写,与周围文字留足够的空间区分开。

如有两个以上的公式,应用从"1"开始的阿拉伯数字进行编号,并将编号置于括号内。公式的编号右端对齐,公式与编号之间可用"…"连接。公式较多时,可分章编号。

示例:

$$\omega_1 = u_{11} - u_{12}u_{21} \qquad\qquad \cdots(5)$$

较长的公式需要转行时,应尽可能在"="处回行,或者在"+""−""×""/"等记号处回行。公式中分数线的横线,其长度应等于或略大于分子和分母中较长的一方。

如正文中书写分数,应尽量将其高度降低为一行。如将分数线书写为"/",将根号改为负指数。

示例:

将 $\dfrac{1}{\sqrt{2}}$ 写成 $1/\sqrt{2}$ 或 $2^{-1/2}$

5.3.5 引文标注

论文中引用的文献的标注方法遵照 GB/T 7714—2005,可采用顺序编码制,也可采用著者-出版年制,但全文必须统一。

示例1:引用单篇文献的顺序编码制

德国学者 N. 克罗斯研究了瑞士巴塞尔市附近侏罗山中老第三纪断裂对第三系褶皱的控制[235];之后,他又描述了西里西亚第 3 条大型的近南北向构造带,并提出地槽是在不均一的块体的基底上发展的思想[236]。

示例2;引用多篇文献的顺序编码制

莫拉德对稳定区的节理格式的研究[255-256]

示例3:标注著者姓氏和出版年的著者-出版年制

结构分析的子结构法最早是为解决飞机结构这类大型和复杂结构的有限元分析问题而发展起来的(Przemienicki, 1968),而后,被用于共同作用分析(Haddadin, 1971),并且已经取得快速发展。

示例4:标注出版年的著者-出版年制

Brodaway 等(1986)报道在人工饲料中添加蛋白酶抑制剂会抑制昆虫的生长和发育。Johnson 等(1993)报道蛋白酶抑制剂基因在烟草中表达,可有效减少昆虫的危害。

5.3.6　注释

当论文中的字、词或短语,需要进一步加以说明,而又没有具体的文献来源时,用注释。注释一般在社会科学中用得较多。

应控制论文中的注释数量,不宜过多。

由于论文篇幅较长,建议采用文中编号加"脚注"的方式。最好不用采用文中编号加"尾注"。

示例1:这是包含公民隐私权的最重要的国际人权法渊源。我国是该宣言的主要起草国之一,也是最早批准该宣言的国家,[3]当然庄严地承诺了这条规定所包含的义务和责任。
…………

---

[3]中国为人权委员会的创始国。中国代表张彭春(P. C. Chang)出任第一届人权委员会主席,领导并参加了《世界人权宣言》的起草。

示例2;这包括如下事实:"未经本人同意,监听、录制或转播私人性质的谈话或秘密谈话;未经本人同意,拍摄、录制或转播个人在私人场所的形象。"[4]
…………

---

[4]根据同条规定,上述行为可被处以1年监禁,并科以30万法郎罚金。

5.3.7　结论

论文的结论是最终的、总体的结论,不是正文中各段的小结的简单重复。结论应包括论文的核心观点,交代研究工作的局限,提出未来工作的意见或建议。结论应该准确、完整、明确、精练。

如果不能导出一定的结论,也可以没有结论而进行必要的讨论。

5.4　参考文献表

参考文献表是文中引用的有具体文字来源的文献集合,其著录项目和著录格式遵照GB/T 7714—2005的规定执行。

参考文献表应置于正文后,并另起页。

所有被引用文献均要列入参考文献表中。

正文中未被引用但被阅读或具有补充信息的文献可集中列入附录中,其标题为"书目"。

引文采用著作-出版年制标注时,参考文献表应按著者字顺和出版年排序。

5.5　附录

附录作为主体部分的补充,并不是必需的。

下列内容可以作为附录编于论文后:

——为了整篇论文材料的完整,但编入正文又有损于编排的条理性和逻辑性,这一材料包括比正文更为详尽的信息、研究方法和技术更深入的叙述,对了解正文内容有用的补充信息等。

——由于篇幅过大或取材于复制品而不便于编入正文的材料。

——不便于编入正文的罕见珍贵资料。

——对一般读者并非必要阅读,但对本专业同行有参考价值的资料。

——正文中未被引用但被阅读或具有补充信息的文献。

——某些重要的原始数据、数学推导、结构图、统计表、计算机打印输出件等。

5.6　结尾部分(如有)

5.6.1　分类索引、关键词索引(如有)

可以编排分类索引,关键词索引等。

5.6.2　作者简历

包括教育经历、工作经历、攻读学位期间发表的论文和完成的工作等。

示例:

姓名:程晓丹　性别:女　民族:汉　出生年月:1976-07-23　籍贯:江苏省东台市

1995-09—1999-07　清华大学计算机系学士;

1999-09—2004-06　清华大学攻读博士学位(直博)

获奖情况:

参加项目:

攻读博士学位期间发表的学术论文:

5.6.3　其他

包括学位论文原创性声明等。

5.6.4　学位论文数据集

由反映学位论文主要特征的数据组成,共33项:

A1　关键词 * ,A2　密级 * ,A3　中图分类号 * ,A4　UDC,A5　论文资助;

B1　学位授予单位名称 * ,B2　学位授予单位代码 * ,B3　学位类别 * ,B4　学位级别 * ;

C1　论文题名 * ,C2　并列题名,C3　论文语种 * ;

D1　作者姓名 * ,D2　学号 * ;

E1　培养单位名称 * ,E2　培养单位代码 * ,E3　培养单位地址,E4　邮编;

F1　学科专业 * ,F2　研究方向 * ,F3　学制 * ,F4　学位授予年 * ,F5　论文提交日期 * ;

G1　导师姓名 * ,G2　职称 * ;

H1　评阅人;H2　答辩委员会主席 * ,H3　答辩委员会成员;

I1　电子版论文提交格式,I2　电子版论文出版(发布)者,I3　电子版论文出版(发布)地,I4　权限声明;

J1　论文总页数 * 。

注:有星号 * 者为必选项,共22项。

6　编排格式

6.1　封面

见附录C。

6.2　目次页

见附录F。

6.3　章、节

6.3.1　论文主体部分可根据需要划分为不同数量的章、节,章、节的划分建议参照CY/T 35—2001。

示例：

第一级	第二级	第三级
1	2.1	2.8.1
2	2.2	2.8.2
3	2.3	2.8.3
…	…	…
6	2.6	2.8.6
7	2.7	2.8.7
8	2.8	2.8.8

6.3.2 章、节编号全部顶格排，编号与标题之间空 1 个字的间隙。章的标题占 2 行。正文另起行，前空 2 个字起排，回行时顶格排。

6.4 页码

学位论文的页码，正文和后置部分用阿拉伯数字编连续码，前置部分用罗马数字单独编连续码（封面除外）。

6.5 参考文献表

见附录 G。

6.6 附录

附录编号、附录标题各占 1 行，置于附录条文之上居中位置。

每一个附录通常应另起页，如果有多个较短的附录，也可接排。

6.7 版面

论文在打印和印刷时，要求纸张的四周留足的空白边缘，以便于装订、复印和读者批注。每一面的上方（天头）和左侧（订口）应分别留边 25 mm 以上间隙，下方（地角）和右侧（切口）应分别留边 20 mm 以上间隙。

6.8 书脊

为便于学位论文的管理，建议参照 GB/T 11668—1989，在学位论文书脊中标注学位论文题名及学位授予单位名称。

示例：

学位论文题名　学位授予单位名称

附录 A
（规范性附录）
学位论文结构图

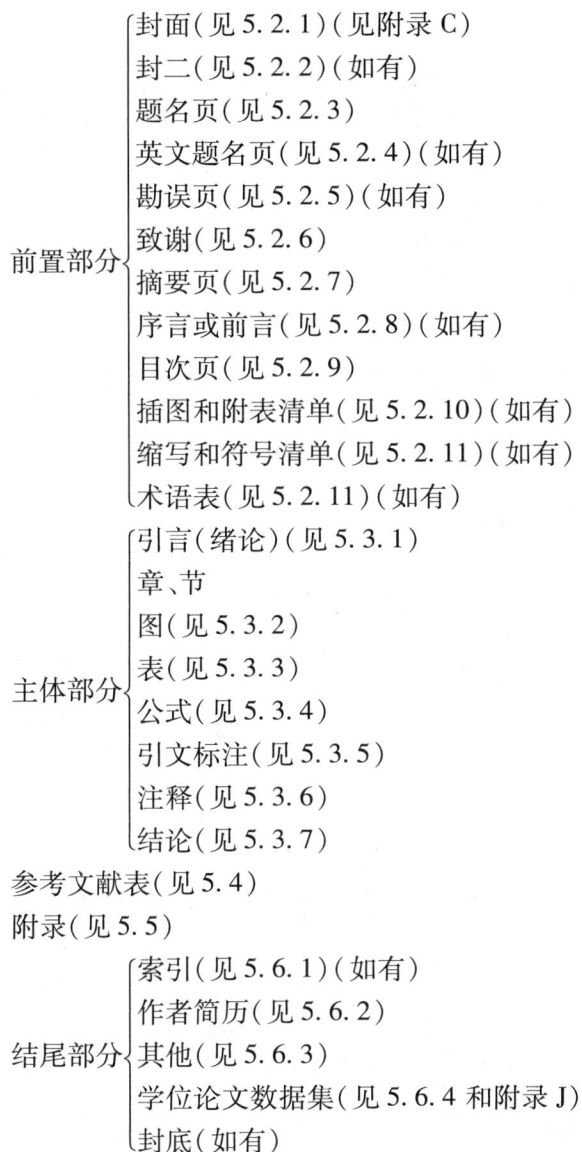

前置部分
- 封面（见5.2.1）（见附录 C）
- 封二（见5.2.2）（如有）
- 题名页（见5.2.3）
- 英文题名页（见5.2.4）（如有）
- 勘误页（见5.2.5）（如有）
- 致谢（见5.2.6）
- 摘要页（见5.2.7）
- 序言或前言（见5.2.8）（如有）
- 目次页（见5.2.9）
- 插图和附表清单（见5.2.10）（如有）
- 缩写和符号清单（见5.2.11）（如有）
- 术语表（见5.2.11）（如有）

主体部分
- 引言（绪论）（见5.3.1）
- 章、节
- 图（见5.3.2）
- 表（见5.3.3）
- 公式（见5.3.4）
- 引文标注（见5.3.5）
- 注释（见5.3.6）
- 结论（见5.3.7）

参考文献表（见5.4）

附录（见5.5）

结尾部分
- 索引（见5.6.1）（如有）
- 作者简历（见5.6.2）
- 其他（见5.6.3）
- 学位论文数据集（见5.6.4 和附录 J）
- 封底（如有）

附录 B
（规范性附录）
学位论文正文编排格式

1 （章的标题）

　×××××××××××××××××××××××××××××××××××××
×××××××××××××××××××××××××××××××××××××××
×××

1.1 （节的标题）

　×××××××××××××××××××××××××××××××××××××
×××××××××××××××××××××××××××××××××××××××

1.2 （节的标题）

　1.2.1 ×××××××××××××××××××××××××××××××
×××××××××××××××××××××××××××××××××

　1.2.2 ×××××××××××××××××××××××××××××××
×××××××××××××××××××××××××××××××××××××××
××

　×××××××××××××××××××××××××××××××××××××
×××××××××××××××××××××××××××××××××

　×××××××××××××××××××××××××××××××××××××
×××××××××××××××××××××××××××××××××××××××

2 （章的标题）

2.1 （节的标题）

2.1.1 ×××××××××××××××××××××××××××××××××
×××××××××××××××××××××××××××××××××

2.2 （节的标题）

　×××××××××××××××××××××××××××××××××××××
×××××××××××××××××××××××××××××××××

　×××××××××××××××××××××××××××××××××××××
×××××××××××××××××××××××××××××××××××××××

3 （章的标题）

3.1 （节的标题）

　×××××××××××××××××××××××××××××××××××××
×××××××××××××××××××××××××××××××××

　a.×××××××××××××××××××××××××××××××××××

　　b. ××××××××××××××××××××××××××××××××
××××××××××××××××××××××××××××

4　（章的标题）
　　××××××××××××××××××××××××××××××××
××××××××××××××××××××××××××××××××
××××××××××××××××××××××

　　…………

附录 C
（规范性附录）
封面编排示例

清华大学
博士学位论文

矩形截面 FS 约束混凝土柱抗震
性能的试验研究与理论分析

Experimental Investigation and Theoretical
Analysis on Seismic Behavior of FS
Confined Rectangular Section

作　者　李　静
导　师　钱嫁茹教授

清华大学土木水利学院
二〇〇三年十月

Experimental Investigation and Theoretical
Analysis on Seismic Behavior of FS
Confined Rectangular Section

By
Jing Li

A Dissertation Submitted to
Tsinghua University
In partial fulfillment of the requirement
For the degree of
Doctor of Engineering

Department of Civil and Engineering
October, 2003

附录 D

（规范性附录）

题名页示例

中图分类号　TU375.3

UDC　　624

学校代码　10003

密级　公开

清华大号

博士学位论文

矩形截面 FS 约束混凝土柱抗震
性能的试验研究与理论分析

Experimental Investigation and Theoretical
Analysis on Seismic Behavior of FS
Confined Rectangular Section

作　者	李静	导　师	钱嫁茹　教授
申请学位	工学博士	培养单位	清华大学土木水利学院
学科专业	土木工程	研究方向	结构工程
答辩委员会主席		评阅人	

二〇〇三年十月

附录 E
（规范性附录）
摘要页示例

E.1　中文摘要页示例

论文题名

摘要：_____

_____。图 X 幅,表 X 个,参考文献 X 篇

关键词:(3-8)_____;_____;_____;_____;_____

分类号:(1-2)_____;_____

E.2　英文摘要页示例

Title

Abstract：

Keywords：

Classification：

注:学位论文的英文摘要一般另起一页。

附录 F
（规范性附录）
目次页示例

序言（前言） ……………………………………………………………………… I

摘要 ……………………………………………………………………………… II

目次 …………………………………………………………………………… IV

1 （第 1 章）引言（绪论） …………………………………………………… 1

1.1 （第 1 章第 1 节）题名 …………………………………………………… 1

2 （第 2 章）题名 …………………………………………………………… 3

2.1 （第 2 章第 1 节）题名 …………………………………………………… 7

2.2 （第 2 章第 2 节）题名 …………………………………………………… 10

…

5 （第 5 章）结论 …………………………………………………………… 71

参考文献 …………………………………………………………………… 93

附录 A …………………………………………………………………… 96

附录 B …………………………………………………………………… 98

索引 ………………………………………………………………………… 101

作者简历 …………………………………………………………………… 102

学位论文数据集 …………………………………………………………… 103

附录 G
（规范性附录）
参考文献表示例

参考文献

［1］昂温 G，昂温 P S. 外国出版史［M］. 陈生铮，译. 北京：中国书籍出版社，1998.

［2］赵耀东. 新时代的工业工程师［M/OL］. 台北：天下文化出版社，1998［1998-09-26］. http：//www. ie. nthu. edu. tw/info/ie. newie. htm（Big5）.

［3］马克思. 关于《工资、价格和利润》的报告札记［M］//马克思，恩格斯. 马克思恩格斯全集：第 44 卷. 北京：人民出版社，1982：505.

［4］李炳穆. 理想的图书馆员和信息专家的素质与形象［J］. 图书情报工作，2000（2）：5-8.

［5］姜锡洲. 一种温热外敷药制备方案：中国，88105607. 3［P］. 1989-07-26.

［6］METCALF S W. The Tort Hall air emission study［C/OL］//The International Congress on Hazardous Waste，Atlanta Marriott Marquis Hotel，Atlanta，Georgia，June 5-8，1995：Impact on human and ecological health［1998-09-22］. http：//atsdrl. astdr. cdc. gov：8080/ Cong95. html.

附录 H

（规范性附录）

学位论文数据集

表 H.1   数据集页

关键词 *	密级 *	中图分类号 *	UDC	论文资助

学位授予单位名称 *	学位授予单位代码 *		学位类别 *	学位级别 *

论文题名 *	并列题名 *	论文语种 *		

作者姓名 *		学号 *		
培养单位名称 *	培养单位代码 *		培养单位地址	邮编

学科专业 *	研究方向 *	学制 *	学位授予年 *

论文提交日期 *			
导师姓名 *		职称 *	
评阅人	答辩委员会主席 *	答辩委员会成员	

电子版论文提交格式   文本（ ）   图像（ ）   视频（ ）   音频（ ）   多媒体（ ）

　　　　　　　　　　其他（ ）

推荐格式：application/msword；application/pdf

电子版论文出版（发布）者	电子版论文出版（发布）地	权限声明

论文总页数 *	

注：共 33 项，其中带 * 为必填数据，为 22 项。

参考文献

［1］中国标准研究中心等.GB/T 1.1—2000　标准化工作导则　第 1 部分:标准的结构和编写规则［S］.北京:中国标准出版社,2001.

［2］国防科工委情报研究所.GJB 567A—1997　中国国防科学技术报告编写规则［S］.北京:国防科工委军标出版社,1997.

［3］中华人民共和国教育部.中华人民共和国学位条例暂行实施办法［EB/OL］(1981-05-20)［2004-06-23］.http://www.moe.gov.cn/edoas/websitel8/info5897.htm.

［4］国务院学位委员会.关于审定学位授予单位的原则和办法［EB/OL］.(1981-02)［2004-06-23］.http://gov.hnedu.cn/fagui/Law/12/law_12_1013.htm.

［5］国务院学位委员会办公室,教育部.授予博士、硕士学位和培养研究生的学科、专业目录［EB/OL］(1997)［2004-06-23］.http://grs.zju.edu.cn/xkjw/major.htm.

［6］国务院学位委员会.关于审定学位授予单位的原则和办法［EB/OL］(1981-02-24)［2004-06-23］.http://gov.hnedu.cn/fagui/Law/12/law_12_1013.htm.

附录四

习题答案

参考文献

[1] 张兰,沙聪颖.应用文写作教程[M].北京:清华大学出版社,2016.

[2] 杨文丰.现代应用文书写作[M].5版.北京:中国人民大学出版社,2017.

[3] 李佩英.应用写作实训教程[M].3版.北京:高等教育出版社,2015.

[4] 杨文丰.高职应用写作[M].4版.北京:高等教育出版社,2018.

[5] 董小玉.现代应用写作教程[M].2版.北京:高等教育出版社,2016.

[6] 高滨,赵巍.高职应用文写作教程[M].2版.北京:中国铁道出版社,2018.

[7] 袁智忠,邓翠菊.应用写作[M].重庆:西南师范大学出版社,2020.

[8] 王用源.沟通与写作[M].北京:人民邮电出版社,2019.

[9] 夏晓鸣,等.应用文写作[M].4版.上海:复旦大学出版社,2012.

[10] 孙秀秋,吴锡山.应用写作教程[M].3版.北京:中国人民大学出版社,2013.

[11] 王用源.中文沟通与写作[M].北京:机械工业出版社,2016.